Liebe Leserin, lieber Leser,

Fotograf Heiner Müller-Elsner (links) musste mehrfach mit ins reißende Wasser des Rio Vez, um die beste Position für eine Aufnahme zu finden; die Bugkamera bediente er per Fernauslöser

wir wissen nicht, ob Sie dieses Heft nach reiflicher Überlegung gekauft oder eher intuitiv zugegriffen haben. Hat Sie allein das Thema interessiert? Waren es vor allem die Texte? Oder eher die Fotos? Oder stehen Sie womöglich vor einer wichtigen Entscheidung und hoffen durch die Lektüre auf neue Erkenntnisse aus der Wissenschaft? Tatsächlich können Forscher heute ziemlich genau sagen, wie wir bessere Urteile fällen können, wann wir eher dem Bauchgefühl folgen sollten und wann der Ratio.

EINES BESTÄTIGEN Psychologen wie auch Hirnforscher: Je mehr Details es zu bedenken gilt, desto eher sollte man auf seine Intuition hören. Das klingt paradox, ist es aber nicht. Denn wer beispielsweise bei einer Kajakfahrt im Wildwasser zu viel denkt und nicht blitzartig sein Erfahrungswissen abrufen kann, droht an einem Felsen zerschmettert zu werden. Das zeigt die Reportage über Peter Tümmers, einen der besten deutschen Kajakfahrer (Seite 102).

DIESER AUFTRAG war auch für den Fotografen Heiner Müller-Elsner alles andere als eine alltägliche Herausforderung. Eigenhändig konstruierte er ein Kameragehäuse für die Aufnahmen im Wasser. Und er tüftelte aus, wie sich eine Kamera am Kajak befestigen lässt – damit die, ausgelöst aus der Ferne, die Aktionen des Fahrers aus nächster Nähe dokumentiert. Noch dazu stellte das Wetter das Team auf eine Geduldsprobe: Die ersten drei Tage regnete es im Norden von Portugal ununterbrochen, was den Pegel des Rio Vez gefährlich ansteigen ließ.

UM ENTSCHEIDUNGEN ganz anderer Art ging es bei jenen Frauen und Männern, deren Lebensweg eine ungewöhnliche Wendung genommen hat (Seite 6); bei ihnen zeigt sich, dass jede Wahl, die der Kopf vornimmt, maßgeblich von Emotionen beeinflusst ist – auch das eine Erkenntnis der Forschung. Ähnliches gilt für Menschen, die große Fehlentscheidungen getroffen haben (Seite 58). Darüber zu reden fällt nicht leicht, vor allem, wenn es um Fragen von Leben und Tod geht. Doch ein Motiv für ihre Bereitschaft nannten alle Beteiligten: anderen zu helfen, ähnliche Fehler zu vermeiden.

Herzlich Ihr Claus Peter Simon

Claus Peter Simon
Geschäftsführender Redakteur

38 **Intuition** Handeln, ohne über jeden einzelnen Schritt nachzudenken – das zeichnet auch Künstler aus. Lässt sich diese Fähigkeit womöglich erlernen?

74 **Entscheidungsschwäche** Viele Menschen schieben Unangenehmes endlos vor sich her und denken im Kreis. Doch es gibt Hilfe bei Aufschieberei und krankhaftem Grübeln.

DOSSIER:

Welcher Entscheidungstyp sind Sie?

- Tests
- Denkaufgaben
- Ratschläge

ab Seite 115

INHALT

ENTSCHEIDUNG

INTUITION

WEITERE BEITRÄGE ZU DIESEM THEMA FINDEN SIE UNTER **GEO-WISSEN.DE** SOWIE UNTER **GEO.DE/ENTSCHEIDUNG**

Titelbild: Arthur Ash; Impressum: Seite 161; Bildnachweis: Seite 57; Vorschau: Seite 162; Redaktionsschluss: 23. April 2010

Kay-Henning Kruse, 21

Auf der Walz

Nach der Zimmererlehre in Kühren bei Lütjenburg ist Kay-Henning Kruse (im Foto links) eines klar: Auf keinen Fall möchte er sein Leben in dem kleinen Ort in Schleswig-Holstein verbringen. Der Zivildienst als Krankenpfleger hatte ihn bis nach Kiel geführt, doch die große weite Welt war das nicht. Die aber will er kennenlernen. Und er weiß, in seinem Beruf ist das möglich, ja geradezu Voraussetzung, um das Handwerk mit all seinen Feinheiten zu erlernen. Schließlich hat jede Region ihre besonderen Techniken bei der kunstvollen Verarbeitung von Holz hervorgebracht.

Als sich ein Freund auf die traditionelle Walz begibt, lässt Kruse der Gedanke daran nicht mehr los. Er liest viel darüber und lässt sich, wann immer er Wandergesellen trifft, von deren Erfahrungen berichten. Sein Entschluss steht bald darauf fest. Im Juni 2009, kurz vor seinem 21. Geburtstag, verabschiedet er sich von Eltern und Freunden und marschiert los.

Die wichtigste Regel dieses jahrhundertealten Handwerkerbrauchs, der heute nur noch von wenigen Gesellen gepflegt wird: Man darf sich seinem Heimatort drei Jahre und einen Tag lang nur bis auf 60 Kilometer nähern. Seit seinem Aufbruch ist Kruse zu Fuß und per Anhalter bis nach Süddeutschland und Österreich gekommen, sein nächstes Ziel ist Rumänien. Er schläft oft draußen, wird aber auch manchmal von Fremden zu einer Übernachtung eingeladen. Für einige Tage oder Wochen hilft er Zimmerer-Meistern, verdient sich so seinen Lebensunterhalt und lernt hinzu, kürzlich etwa die spezielle Blockbauweise in der Oberlausitz.

Bereut hat er seine Art zu leben bislang nicht, sondern genießt die Freiheit, nicht planen zu müssen. Was nach den drei Jahren kommen wird? Die Frage bewegt ihn derzeit nicht.

WENDEPUNKTE

DIE WEGE

Gehe ich ins Kloster? Verschenke ich meine Millionen? Ändere ich mein Geschlec

Drei Jahre lang ist der Zimmermann Kay-Henning Kruse (ganz links) auf der Walz; von Schleswig-Holstein aus ist er mit anderen Gesellen zu neuen Arbeitsstellen aufgebrochen. Nur wenige Zimmerleute wählen heute noch diese traditionelle Form der Weiterbildung

DES LEBENS

TEXTE: MARLENE WEISS UND CLAUS PETER SIMON

3 Frauen und Männer, deren Entscheidungen ihrem Leben eine – oft dramatische – Wende gegeben haben

Gerondissa Diodora, 45

Der Weg zu Gott

Charlotte Stapenhorst, so hieß sie früher, hat lange gesucht: Sie träumte davon, Künstlerin zu werden, studierte einige Semester Geschichte und Kunstgeschichte, dann Italienisch und schließlich bildende Kunst. Doch die Neigung der anderen Studenten zur Selbstdarstellung störte sie. Mit 22 reiste sie auf die griechische Insel Naxos, um dort mit weißem Marmor zu arbeiten. Viel mehr noch aber faszinierten sie die Kirchen der Insel. Im Hof eines der Gotteshäuser sprach ein Priestermönch vom Heiligen Berg Athos sie an – der Archimandrit Dionysios, einer der großen Weisen des orthodoxen Christentums.

Er fragte sie, woher sie komme und ob sie ihr Herz zu einer Kirche Christi machen wolle? Und Charlotte sagte ohne zu zögern: Ja.

Sie habe, erinnert sie sich später, nie zuvor eine Frage gehört, die so genau das Sehnen ihres Herzens ausdrückte. Ein halbes Jahr später begann sie die Vorbereitung auf die orthodoxe Taufe und zog nach Athen, wo sie Ikonografie, byzantinischen Gesang und Theologie studierte. Langsam reifte der Entschluss, Nonne zu werden; darin sah sie das sinnvolle Leben, das sie immer vermisst hatte. Nach der Taufe im Jordan und dem Übertritt zur orthodoxen Kirche erklärte sie der Familie ihren Entschluss.

Vier Jahre nach der Taufe wurde die damals 27-Jährige zur Nonne geweiht und nur drei Jahre später zur Äbtissin Gerondissa Diodora. Heute ist sie 45 und Managerin einer Großfamilie: Von einem Kloster in der Nähe von Theben aus leitet sie eine Gemeinschaft von 100 Nonnen und Novizinnen. Die Kirche und einige Wohngebäude haben sie und ihre Mitschwestern eigenhändig gebaut; während dieser Zeit lebten sie in Containern, mussten Trinkwasser aus einer Quelle heranschaffen und Mahlzeiten auf einem Campingkocher zubereiten. „Klöster", sagt sie, „sind die intensivste und kompromissloseste Form geistigen Lebens."

Auf der Akropolis: Schon als junges Mädchen reiste Charlotte Stapenhorst nach Griechenland. Auch zwei ihrer Freundinnen, mit denen sie damals unterwegs war, sind heute Nonnen

Das Land um das Kloster in der Nähe von Theben hatte die Kirche Mitte der 1990er Jahre geschenkt bekommen; beim Bau der Gebäude hat Gerondissa Diodora, die früher Charlotte Stapenhorst hieß, viel Eigenarbeit geleistet

Ove Carlsen, 63

Heirat unter Männern

1986 begegnet Ove Carlsen der Liebe seines Lebens. Damals ist der Sozialpsychologe 39 Jahre alt, verheiratet, Vater von zwei Kindern – und ahnt seit einiger Zeit, dass er homosexuell ist. In einer Kopenhagener Kneipe lernt er den evangelischen Pfarrer Ivan Larsen kennen und trifft schon bald die Entscheidung seines Lebens: mit Ivan zusammenzuleben; seine Frau und seine Kinder akzeptieren schließlich diesen Schritt.

Ein Jahr später zieht das Paar in eine gemeinsame Wohnung. Beide gehen von Anfang an offen mit ihrer Beziehung um und stoßen damit auf Toleranz – Ivan Larsen in seiner Gemeinde, Ove Carlsen bei den Eltern der lernbehinderten Kinder, mit denen er als Psychologe arbeitet.

Bis aber auch der dänische Staat die Verbindung der beiden akzeptiert, dauert es noch einige Zeit. Im Juni 1989 beschließt Dänemark als erstes Land der Welt, gleichgeschlechtliche Partnerschaften standesamtlich anzuerkennen und sie anderen Ehepaaren in fast allen Punkten gleichzustellen. Als das Gesetz am Sonntag, dem 1. Oktober 1989, in Kraft tritt, bleibt das Standesamt im Rathaus extra für diesen Anlass geöffnet.

Ove Carlsen und Ivan Larsen gehören zu den ersten Paaren, die sich trauen lassen.

Im Hochzeitssaal des Rathauses von Kopenhagen haben Ove Carlsen (im Bild rechts) und Ivan Larsen vor mehr als 20 Jahren geheiratet

New Jersey: Julia, 42, und Amelia, 6

Jerusalem: Dvori, 44, mit Bezalel, 5, Naama, 5, und Avichai, 8

Julia, Dvori, Karen, Anne-Marie

Schwanger ohne Mann

Eines ist für Julia* schon immer klar: Sie will Kinder haben. Doch sie ist Single. Mit 35 beschließt die Amerikanerin, ihren Wunsch auch ohne Mann in die Tat umzusetzen. Sie nimmt einen Marketing-Job an, der ihr erlaubt, ein Kind allein großzuziehen, und wird Mitglied bei „Single Mothers by Choice", einer Gruppe von Frauen, die ein Kind ohne Vater bekommen wollen oder bereits haben. In den Fotokatalogen einer Samenbank sucht die Frau aus New Jersey nach einem passenden Spender. Weil sie ihrem Kind die Kenntnis seiner biologischen Wurzeln nicht vorenthalten will, soll es ein sogenannter „Yes"-Spender sein: Zu denen dürfen die Kinder nach der Volljährigkeit Kontakt aufnehmen. Unter den infrage kommenden Männern wählt sie denjenigen aus, der ihr am ähnlichsten sieht.

Heute ist ihre Tochter Amelia neun Jahre alt – und hat eine große Familie: Zehn Halbgeschwister stammen von demselben

* Die Frauen möchten nur mit ihren Vornamen genannt werden

Colorado: Lisa, 53, und Karen, 41, mit Aidan, 6, und Luca, 6

New Jersey: Anne-Marie, 44, mit Pierre, 4, und Henri, 2

Yes-Spender ab, den aber bislang noch niemand kennt. Amelias Halbbruder Pierre, 4, lebt nicht weit von ihr entfernt, die Mutter Anne-Marie ist mit Julia befreundet. Die Zwillinge Aidan und Luca wachsen in Colorado mit zwei Müttern auf, die seit Langem ein Paar sind. Und dann sind da noch Avichai, Naama und Bezalel, die in Jerusalem leben. Ihre Mutter Dvori ist orthodoxe Jüdin. Weil auch sie einen Yes-Spender wollte, musste sie das Genmaterial aus den USA importieren, denn in Israel bleiben Spender generell anonym. Vor der künstlichen Befruchtung besprach sie sich mit dem Rabbi ihrer Gemeinde: Sex ohne Ehe sei zwar tabu, sagte der, Kinder ohne Ehe seien es jedoch nicht.

Keiner der Mütter ist die Entscheidung leichtgefallen, ein Kind ohne Vater großzuziehen. Julia und Anne-Marie hätten sich einen Partner gewünscht; die lesbischen Mütter machten sich Sorgen, dass die Kinder in der Schule gehänselt werden könnten. Und die Eltern von Dvori versuchten verzweifelt, die Tochter von ihrem Plan abzubringen. Doch der Kinderwunsch war stärker als alle Bedenken.

Lena Schmidt, 29

In ein fernes Land

Als die Auswanderung nach Deutschland endlich genehmigt ist, wird Lena Schmidt unsicher. Mit 17 hatte sie zusammen mit ihrem älteren Bruder die Eltern überzeugt, einen Antrag zu stellen. Aber inzwischen ist sie 22, und ihr Leben in der Stadt Slawgorod an Russlands Grenze zu Kasachstan verläuft in geregelten Bahnen. Die Arbeit bei einer Zeitung für die deutschsprachige Minderheit sowie als Deutschlehrerin gefällt ihr gut, sie hat Freunde und Verwandte dort. Ihre neue Heimat dagegen kennt sie nur aus Erzählungen. Jetzt alles aufgeben und ins Ungewisse reisen? Obwohl sie als Russland-Deutsche zweisprachig aufgewachsen ist und ältere Geschwister bereits in Deutschland leben, macht der Gedanke Lena Angst. Doch ernsthaft infrage stellt sie ihren Entschluss nun nicht mehr.

Vier Tage ist sie gemeinsam mit Mutter und Bruder – der Vater ist zwischenzeitlich gestorben – unterwegs ins niedersächsische Grenzdurchgangslager Friedland. Dort leben sie einen Monat zu dritt in einem Raum, bis sie in ein Übergangsheim ziehen. Ein Jahr lang ist Lena arbeitslos, wünscht sich oft, sie wäre in Sibirien geblieben. Heute, vier Jahre später, arbeitet sie als Erzieherin und fühlt sich in Deutschland daheim. Als sie vor zwei Jahren zu Besuch in ihrer Heimatstadt war, spürte sie, wie sehr sie sich verändert hat: Die spontanen Verabredungen und die Gesprächsthemen ihrer Bekannten sind ihr fremd geworden; Slawgorod ist ihr fremd geworden.

Im sibirischen Slawgorod hat Lena Gänse gehütet, mit 22 ist sie ausgewandert

Ihren Traum, für eine Zeitschrift zu schreiben, hat Lena Schmidt in Deutschland aufgeben müssen; doch zurück nach Sibirien möchte sie nicht

Ismael Khatib, 44

Eine Spende fürs Leben

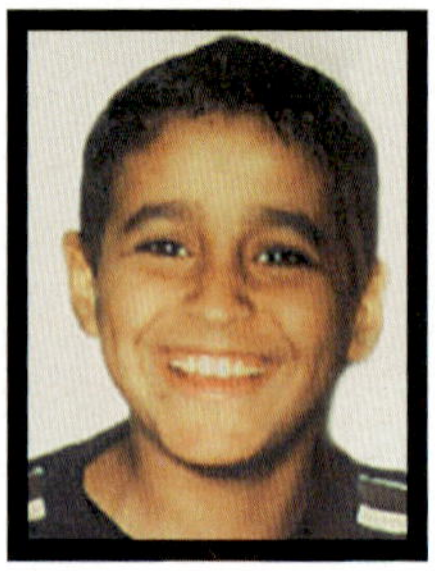

Ahmed, 12, wurde von Soldaten erschossen

Am 5. November 2005 verändert sich Ismael Khatibs Leben für immer. Im Flüchtlingslager Jenin im Westjordanland spielt sein zwölfjähriger Sohn Ahmed mit Freunden auf der Straße, sie hantieren mit einem Spielzeuggewehr. Israelische Soldaten halten es für echt und schießen auf die Kinder. Eine Kugel trifft Ahmed am Hinterkopf, er stirbt noch am gleichen Nachmittag im Krankenhaus in Haifa.

An dieser Stelle hätte die Geschichte enden können. Ismael Khatib ist einer von vielen Vätern, die im Nahostkonflikt ihr Kind verloren haben. Aber noch im Krankenhaus tritt ein Pfleger an den Palästinenser heran: ob Ismael Khatib sich vorstellen könne, die Organe seines Sohnes zur Transplantation in Israel freizugeben? Nach Rücksprache mit einem islamischen Rechtsgelehrten treffen Ismael Khatib und seine Frau ihre Entscheidung. Ahmeds Tod haben sie nicht verhindern können, aber andere Kinder sollen leben, unabhängig von der Religion ihrer Eltern.

Die zwölfjährige Samah, die der Religionsgemeinschaft der Drusen angehört, erhält Ahmeds Herz. Lunge, Leber und Nieren des Jungen retten vier weiteren schwer kranken Kindern das Leben, darunter dem Beduinenjungen Mohammed und der jüdisch-orthodoxen Menuha. Die selbstlose Entscheidung macht Schlagzeilen. Ein paar Jahre später begleitet ein Kamerateam Ismael Khatib auf einer Reise zu den Kindern, die mit den Organen seines Sohnes weiterleben. So entsteht die Dokumentation „Das Herz von Jenin". Natürlich hätte er sich damals auch in die Luft sprengen können, sagt Ismael Khatib im Film. Aber Menschen zu retten, das sei größer.

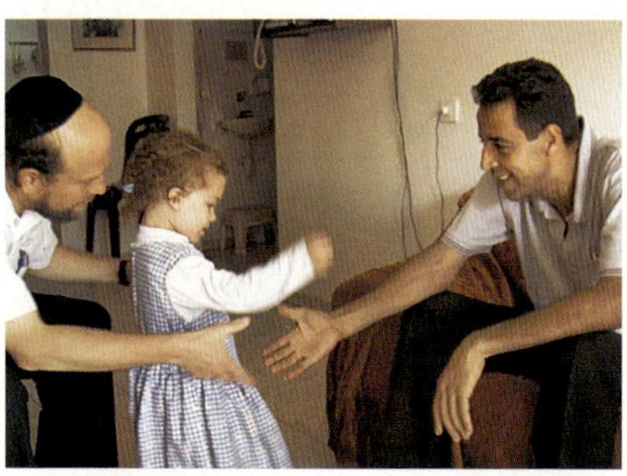

Menuha (mittleres Bild) hat ebenfalls eine Niere verpflanzt bekommen, das Mädchen Samah lebt mit Ahmeds Herz

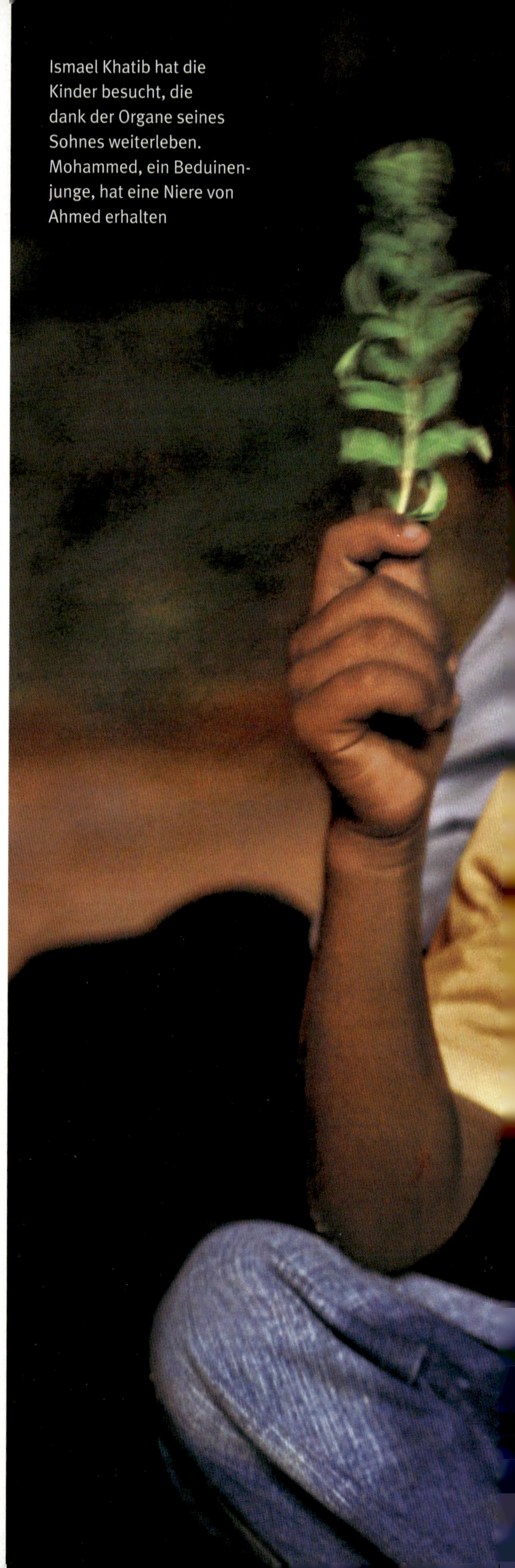

Ismael Khatib hat die Kinder besucht, die dank der Organe seines Sohnes weiterleben. Mohammed, ein Beduinenjunge, hat eine Niere von Ahmed erhalten

Karl Rabeder, 47

Weg mit den Millionen!

Um sein bisheriges Leben wurde Karl Rabeder von vielen beneidet, denn er war ein sehr erfolgreicher Unternehmer – mit Trockenblumen, Vasen und Kugelkerzen hat er Millionen verdient und sich eine Luxusvilla in den österreichischen Alpen zugelegt, mit mehr als 300 Quadratmeter Wohnfläche, Sauna, Dampfbad, einem Beachvolleyballplatz, einem Garten mit Schwimmteich, einem Blick auf die Stubaier Alpen. Er besitzt ein weiteres Haus in Südfrankreich und hatte fünf Segelflugzeuge. Hat in Neuseeland zwei Streckenflugrekorde gebrochen sowie Expeditionen in aller Welt unternommen. Doch immer öfter fragte er sich: Was will ich eigentlich? Wozu bin ich auf dem Planeten? Und wie viel Geld brauche ich wirklich?

Seine Antwort lautete: Freiheit ist das Gegenteil von Besitz. Und genauso konsequent, wie er sein Vermögen verdient hatte, entledigte Karl Rabeder sich nach und nach seiner Reichtümer. Zunächst verkaufte er die Firma und verbrachte viel Zeit in Entwicklungsländern. Er nahm dort erstmals die Armut wahr, unterstützte Waisenhäuser und gründete eine Organisation, die Kleinkredite vergibt.

Inzwischen hat er seine Autos und die Flugzeuge verkauft; die Villa lässt er verlosen (www.luxusvillatirol.at). Um mit dem Erlös und seinem Vermögen Entwicklungshilfeprojekte in Lateinamerika und Afrika zu unterstützen. Er selbst lebt von 1000 Euro im Monat, verdient das Geld als Berater, mit Vorträgen, Seminaren und als Buchautor. Und will eine kleine Wohnung mieten, wahrscheinlich in Innsbruck. Ich folge einfach der Stimme meines Herzens, sagt er.

Die Villa mit Schwimmteich in den österreichischen Alpen will Karl Rabeder im Sommer 2010 verlosen lassen – von den 21999 Losen zu je 99 Euro sind die meisten schon verkauft

Anna Schwartz, 25

Abschied von den Amish

Lange Zeit unterschied sich das Leben von Anna Schwartz nicht wesentlich von dem ihrer Mutter oder Großmutter. In ihrer Amish-Gemeinde in der Nähe von Chicago lebte sie ohne Autos und Anschluss ans Stromnetz, fuhr mit Pferdekutschen und trug die traditionell schlichte Kleidung der christlichen Glaubensgemeinschaft. Mit Anfang 20 heiratete sie ihre Jugendliebe Marlin, bald wurde die erste Tochter geboren, dann eine zweite.

Doch einige Zeit nach ihrer Hochzeit verspürte sie ein unbändiges Bedürfnis nach Individualität – sich einmal anders anziehen oder spontan in eine andere Stadt fahren. Die über 300 Jahre alten Regeln der religiösen Gemeinschaft schienen sie zu ersticken. Die meisten Amish-Gruppen halten an den Traditionen fest, verbieten technische Errungenschaften – selbst Fahrräder – und schreiben eine bestimmte Kleiderordnung vor.

War es wirklich Gottes Wille, dass das Leben so eintönig ist? Im Gottesdienst wurde die Bibel nur auf Deutsch gelesen und war daher nicht zu verstehen. Also besorgte Anna sich eine englische Ausgabe. Die meisten Vorschriften, die ihr Leben bestimmten, fand sie darin nicht. Wozu dann die Quälerei, fragte sie sich?

Sie sprach mit ihrem Mann über ihre Zweifel. Anfangs verstand er ihr Aufbegehren nicht, und Gemeindemitglieder warnten ihn, er solle nicht auf seine rebellische Frau hören. Aber für Anna und Marlin war klar, dass sie ihre Ehe nicht aufs Spiel setzen wollten. Marlins Überzeugung, dass das Leben der Amish das einzig richtige sei, begann zu wanken. Dann fassten sie einen Entschluss: Als im Sommer 2009 die Zeremonie zur Erneuerung des Bekenntnisses zur Amish-Kirche anstand, sagte Anna: Nein – sie könne das nicht. Auch Marlin verneinte.

Seither sind Anna und Marlin von der Gemeinde mit einem Bann belegt, sie dürfen selbst mit ihren Eltern nur eingeschränkt Kontakt haben, gemeinsame Mahlzeiten etwa sind ihnen verboten. Die beiden sind nach Indiana gezogen – und auch dort religiös engagiert, in der Erweckungsbewegung „Born Again Christians“.

Vor einiger Zeit hat Anna den Führerschein gemacht und mit ihrem Mann New York besucht. Glücklich, sagt sie, mache sie heute vor allem, dass ihre Töchter nun frei über ihr künftiges Leben entscheiden könnten – so wie sie selbst.

Als Amish-Frau musste Anna Schwartz ihre Haare verhüllen und die traditionelle Tracht tragen

Sich die Haare frisieren lassen, modische Kleidung tragen, Ausflüge machen – solche Freiheiten hatte sich Anna Schwartz schon in ihrer Amish-Gemeinde gewünscht

Nicole Schnaß, 39

Vom Mann zur Frau

Schon als Kind hat Nicole Schnaß das Gefühl, dass mit ihr etwas nicht stimmt. Da heißt sie noch Elmar und wächst als Junge auf. Sein Wachstumsschub kommt spät, der Stimmbruch nie, und der Bart bleibt ein Flaum. Mit den Gesprächsthemen der Jungen kann er ohnehin nichts anfangen. Lange weiß Elmar nicht, wieso er sich unwohl fühlt – bis er mit Mitte 20 einen Ausflug in Frauenkleidern wagt. Er wirkt so natürlich, dass es nicht auffällt. Schließlich erscheint er nur noch zur Arbeit als Chemielaborant als Mann – und dann auch dort nicht mehr.

Die Kollegen sind irritiert. Doch der Beschluss zur Geschlechtsumwandlung steht längst fest. Elmar beginnt eine Hormontherapie, die ihn auch körperlich zu einer Frau werden lässt. Sein Sport, der Triathlon, und der Rückhalt im Verein helfen ihm, diese Zeit durchzustehen. Seither fühlt sich Nicole Schnaß wohl in ihrem Körper, obwohl ihre Leistungen im Triathlon aufgrund der Hormone einbrechen und Mitsportlerinnen sie misstrauisch beäugen.

Nach drei Jahren, Anfang 2007, lässt sie sich endgültig zur Frau operieren und ihre Geburtsurkunde ändern. Erst danach wagt sie erstmals, sich auf eine Beziehung mit einem Mann einzulassen. Als sie ihm ihr früheres Ich offenbart, ist er verblüfft. Aber dann sagt er: „Für mich bist Du einzigartig."

Beim Triathlon im niederländischen Almere 1997 trat Nicole Schnaß noch als Mann an

Nicole Schnaß fühlt sich in ihrem weiblichen Körper wohl; ihre Mitsportlerinnen beim Triathlon haben sie nach anfänglichem Zögern akzeptiert

Nurdan Eker †

Flucht vor dem Hass

Am Telefon hatte der in Deutschland lebende Türke sehr sympathisch gewirkt. Und mit ihren zwei Töchtern hatte Nurdan Eker es in Ostanatolien nicht leicht. Ihr erster Ehemann, den sie mit 16 Jahren geheiratet hatte, war nach fünf Jahren Ehe an Krebs gestorben. Jetzt redeten die Leute, es schicke sich nicht, dass die junge Frau ohne Mann lebe. Also willigte sie ein, den acht Jahre älteren Mann zu heiraten, der dazu zurück in die Türkei kam.

Doch drei Monate nach der Hochzeit begann er sie zu prügeln. Nach einem Jahr zog er mit ihr nach Deutschland, sagte zu, sie nicht mehr zu schlagen. Nurdan sprach kein Wort Deutsch und hatte große Angst. Aber sie folgte ihrem Mann. Doch es wurde noch schlimmer. Ihr Mann misshandelte sie und ihre beiden Töchter. Er erschlug vor Nurdan und den Kindern einen Hundewelpen, weil der seiner Frau gehorchte. Schließlich hielt Nurdan die Grausamkeiten nicht mehr aus. Auf den Rat einer Nachbarin hin floh sie mit ihren Töchtern in ein Frauenhaus.

Dort begann für sie ein neues Leben. Nurdan Eker zeigte ihren Mann an (er wurde zu neun Monaten auf Bewährung verurteilt) und lernte Deutsch. Nach 15 Monaten zog sie im Sommer 2008 mit ihren Töchtern in eine Wohnung und reichte die Scheidung ein.

Doch ein Jahr später nahm ihre Entscheidung eine dramatische Wendung: Am 30. September 2009, kurz nachdem die Scheidung rechtsgültig geworden war, fanden die elf und 13 Jahre alten Töchter ihre Mutter in der Wohnung – erstochen.

Der Mord ist noch ungeklärt. Tatverdächtig ist der Ex-Ehemann, er sitzt in Untersuchungshaft.

Nurdan Eker wurde 31 Jahre alt. □

Im Frauenhaus der Arbeiterwohlfahrt Wiesbaden fanden Nurdan Eker und ihre beiden Töchter vorübergehend Schutz vor dem Ehemann. Das Bild entstand wenige Monate vor dem Mord

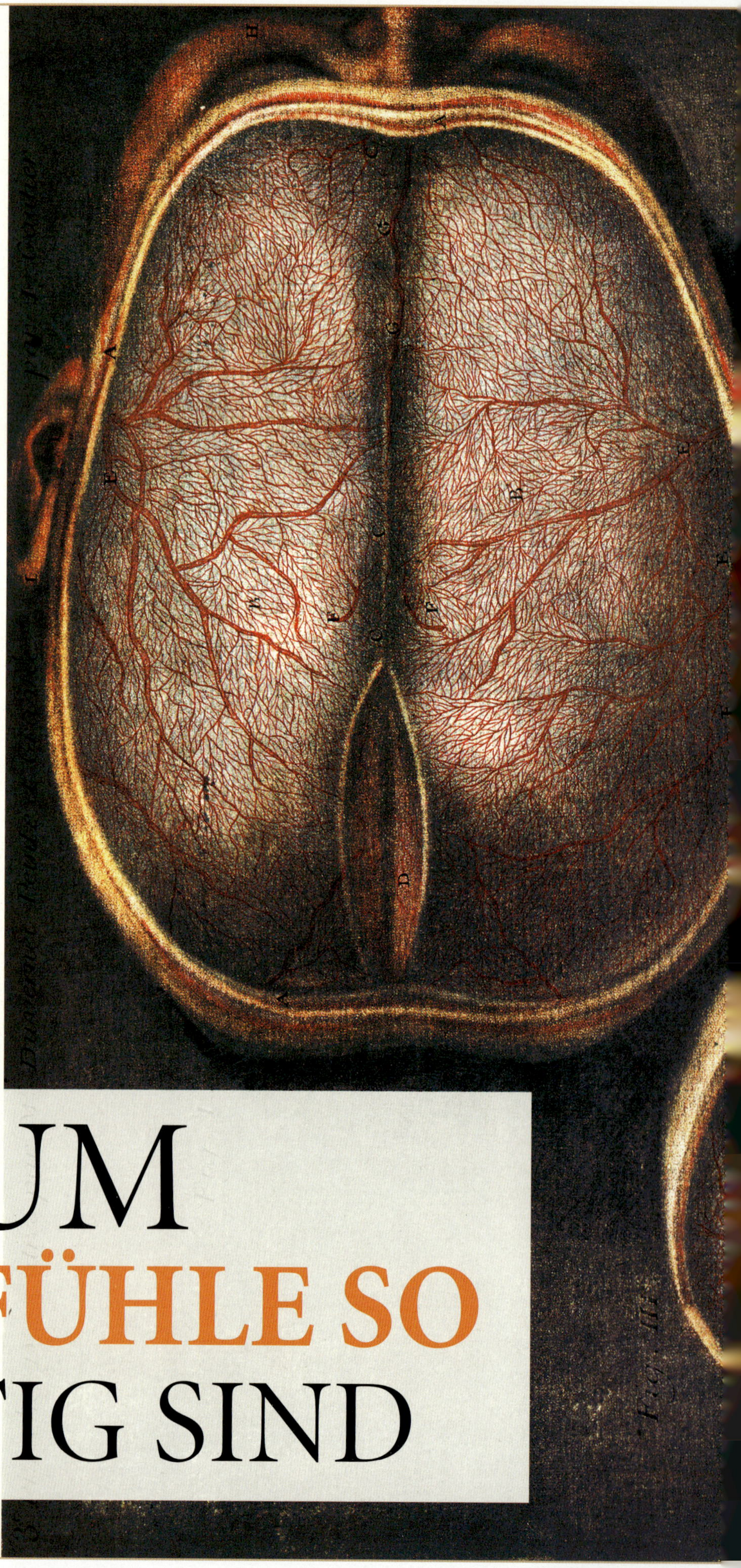

HIRNFORSCHUNG

Wer oder was wählt da eigentlich, wenn wir uns überlegen, noch ein drittes Eis zu essen, ein Cabrio zu kaufen oder den Job im Ausland doch lieber nicht anzunehmen? Philosophen glaubten jahrhundertelang an die Vorherrschaft der Vernunft. Die moderne Neurowissenschaft zeigt jedoch, dass Emotionen eine entscheidende Voraussetzung dafür sind, dass wir sicher durchs Leben navigieren

WARUM GEFÜHLE SO WICHTIG SIND

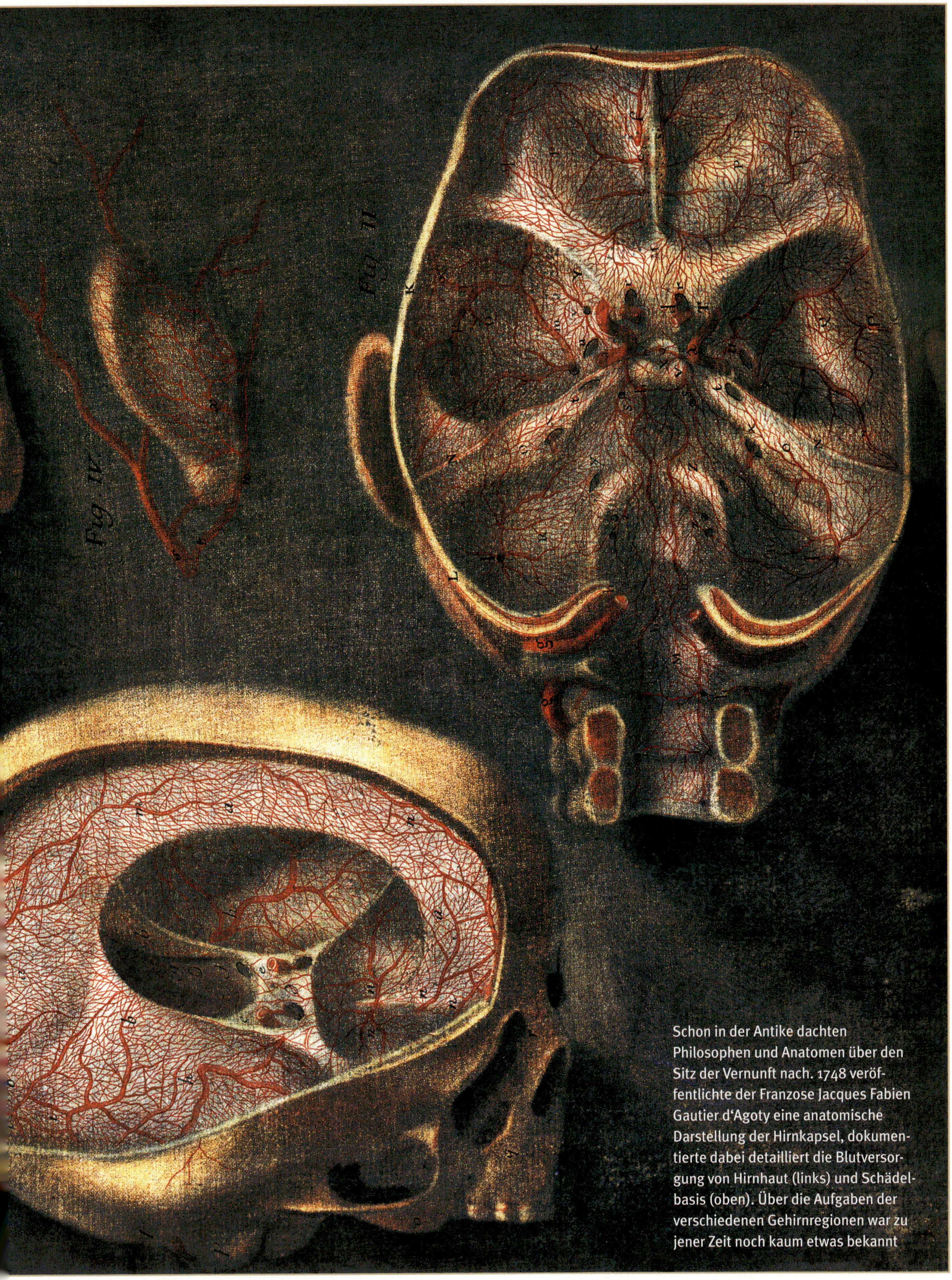

Schon in der Antike dachten Philosophen und Anatomen über den Sitz der Vernunft nach. 1748 veröffentlichte der Franzose Jacques Fabien Gautier d'Agoty eine anatomische Darstellung der Hirnkapsel, dokumentierte dabei detailliert die Blutversorgung von Hirnhaut (links) und Schädelbasis (oben). Über die Aufgaben der verschiedenen Gehirnregionen war zu jener Zeit noch kaum etwas bekannt

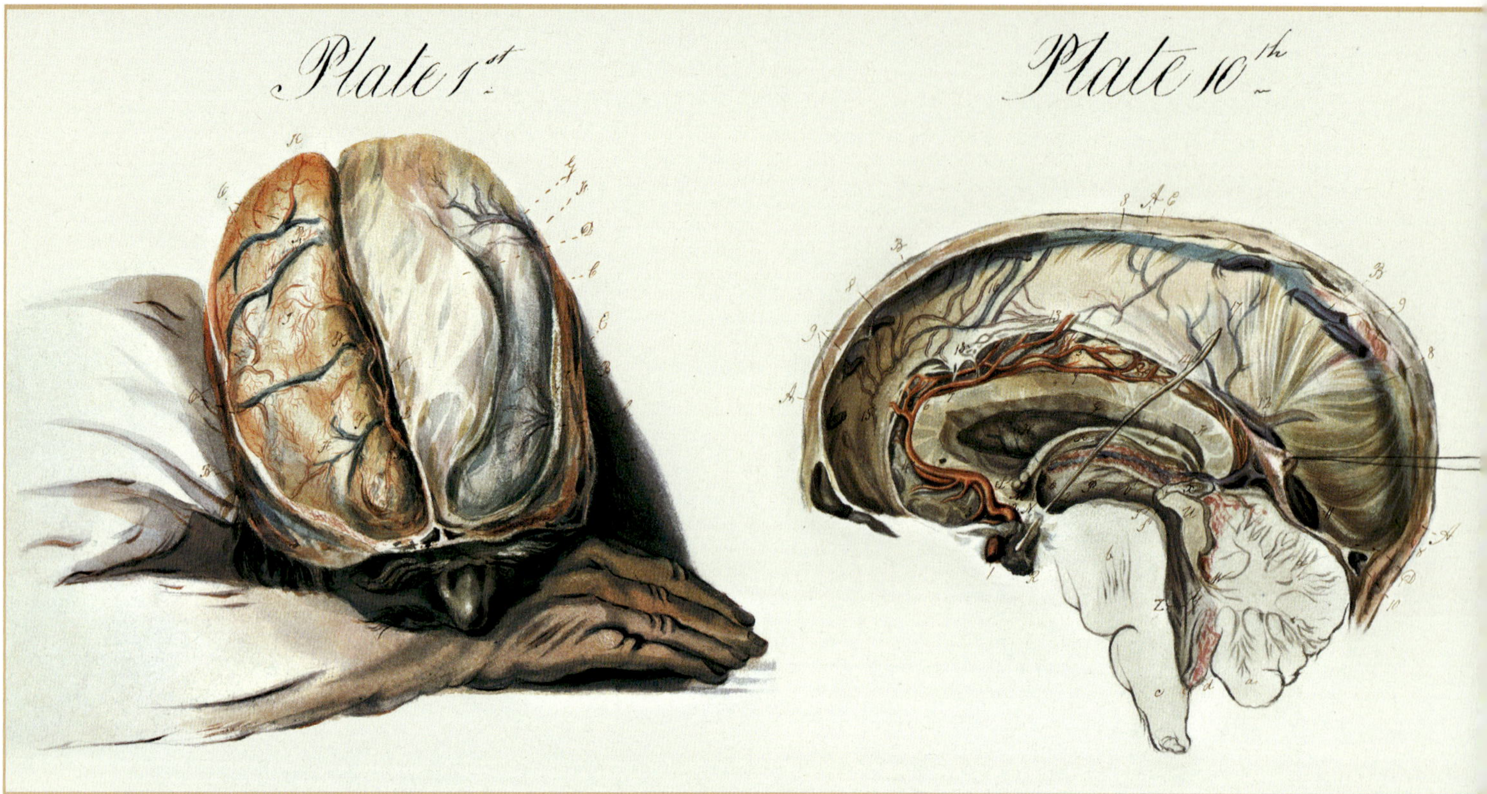

VON MARTIN PAETSCH

Als der neue Patient in seinem Büro erscheint, kann der amerikanische Neurologe Antonio Damasio nicht ahnen, dass der Besuch seine Vorstellungen vom Gehirn grundlegend verändern wird. Ärzte haben den etwa 40-Jährigen an Damasio überwiesen, um zu klären, ob er berufsunfähig ist.

Auf den ersten Blick scheint ihm nichts zu fehlen: Der ehemalige Rechnungsprüfer ist klug und charmant. Er plaudert über das Weltgeschehen, macht bissige Bemerkungen über Politik.

Doch „Elliot", so nennt ihn Damasio, hat ein Problem: Er kann sich nicht entscheiden. Stundenlang hält er sich mit banalen Fragen auf – etwa, ob er zum Schreiben einen schwarzen oder blauen Kugelschreiber benutzen soll. Manchmal dauert es den ganzen Tag, bis er sich rasiert und die Haare gewaschen hat.

Wenn er essen gehen will, wiegt er schier endlos die Vor- und Nachteile verschiedener Lokale ab. Er vergleicht Speiseangebot, Sitzanordnung und Beleuchtung. Fährt zu jedem Restaurant, um zu sehen, wie voll es ist. Und kann doch keine Wahl treffen.

Elliot hat diese Schwierigkeiten nicht immer gehabt. Früher galt er als mustergültiger Ehemann und Familienvater. In seinem Unternehmen hatte er Karriere gemacht, war ein Vorbild für Kollegen. Doch als er 35 war, musste ein fast apfelsinengroßer Tumor, der hinter der Stirn wuchs, aus seinem Gehirn geschnitten werden.

Danach brach Elliots Leben auseinander. Er verlor seinen Job, verspielte seine Ersparnisse mit fragwürdigen Geschäften. Seine Frau verließ ihn mit zwei Kindern, reichte nach 17 Jahren Ehe die Scheidung ein.

Einer der Gründe für Elliots Misere seither ist seine lähmende Entscheidungsunfähigkeit. Doch in psychologischen Tests zeigt er keinerlei Beeinträchtigung, sein Intelligenzquotient ist sogar überdurchschnittlich hoch. Besitzt er damit nicht alle Fähigkeiten, um vernünftige Entscheidungen zu treffen?

Nur langsam beginnt Damasio zu verstehen, was Elliot fehlt. Der Neurologe bemerkt verwundert, wie ungerührt der Patient über sein gescheitertes Leben spricht – ganz so, als ginge ihn die Tragödie nichts an. Damasio wird klar, dass sein Patient nicht etwa ungewöhnlich zurückhaltend ist – sondern: dass er einfach nichts mehr fühlt. Kein Bedauern, keine Trauer, keinen Schmerz.

Zusammen mit dem herausoperierten Stück Gehirn sind auch seine Gefühle verschwunden. Könnte das der Grund dafür sein, dass Elliot nicht einmal mehr in der Lage ist, einfache Entscheidungen zu treffen?

Als Damasio seine Beobachtungen veröffentlicht, erschüttern sie die Fachwelt. Denn seit der Antike gilt der Mensch vor allem als rationales Wesen – als einzige Spezies, die in der Lage ist, ihre Gefühle zu unterdrücken, ein Problem nüchtern zu analysieren und einzig mit der Vernunft zu entscheiden.

Der griechische Philosoph Platon etwa beschrieb die menschliche Vernunft als den Lenker eines Wagens, der von einem störrischen Pferd – den Leidenschaften – mal in die eine, mal in die andere Richtung gerissen wird. Stets müsse der Lenker den Gaul zügeln, müsse die Vernunft die animalischen Gelüste unterdrücken. Nur so lasse sich der „Seelenwagen" auf Kurs halten.

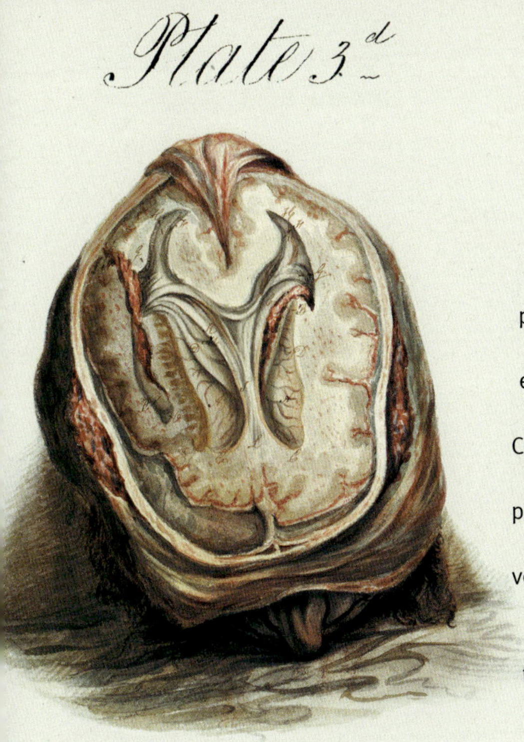

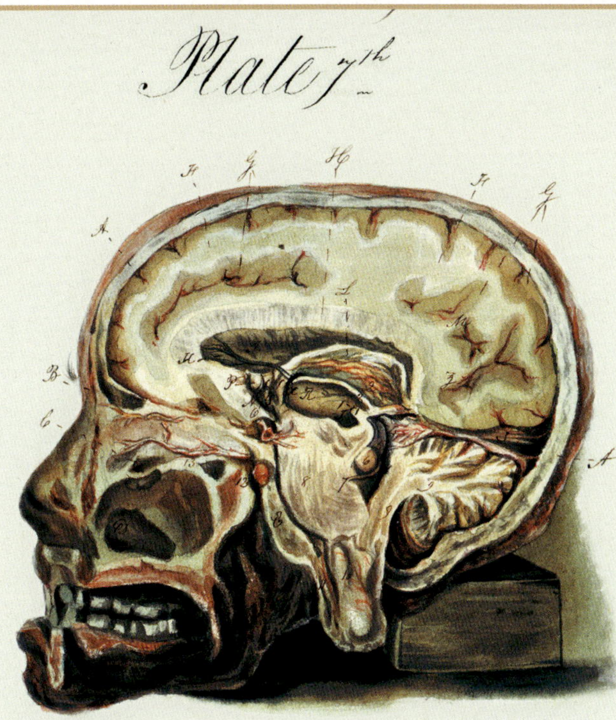

Im Jahr 1811 publizierte der schottische Chirurg Charles Bell ein Buch zur Anatomie des Gehirns, das als »Magna Charta der Neurologie« galt. Er entdeckte, dass das periphere Nervensystem mit bestimmten Hirnarealen verbunden ist. Die Aquarelle der von Bell präparierten Schädel und Gehirne faszinierten durch eine bis dahin unbekannte anatomische Exaktheit

Die Moral dieser Metapher: Unsere Ziele erreichen wir nur, wenn wir einen kühlen Kopf bewahren. Emotionen verleiten uns dagegen zu übereilten und falschen Entscheidungen.

Seither haben Scharen von Denkern dazu geraten, sich beim Schlussfolgern nicht von Gefühlen beirren zu lassen. Der französische Philosoph René Descartes etwa predigte im 17. Jahrhundert, dem „reinen Licht der Vernunft“ zu folgen. Und Sigmund Freud, der Begründer der Psychoanalyse, stellte den Trieben, dem „Es“, ein „Über-Ich“ als Kontrollinstanz gegenüber. Das Abwägen zwischen beiden übernimmt das bewusste „Ich“.

Eine ähnlich eindeutige Hierarchie glaubte man lange in der Anatomie des Gehirns wiederzuerkennen – vor allem in dessen beiden äußeren Schichten.

Die innere davon, die zugleich die Grenze zu noch tieferen Arealen bildet, bezeichnete der französische Hirnforscher Paul Broca im 19. Jahrhundert als „limbischen Lappen“ (lat. *limbus*: Rand, Saum). Dieser Bereich – heute ein Teil des limbischen Systems – galt als Sitz unserer Triebe, jener primitiven Gefühle also, die wir mit den Tieren teilen.

Darüber spannt sich die Großhirnrinde. In dieser hochkomplexen Deckschicht des Denkorgans verorteten Forscher lange Zeit all jene Fähigkeiten, die den Menschen von seinen animalischen Vorfahren abhoben: Intelligenz, Vernunft, Moral.

Gespeicherte Körpergefühle – die »somatischen Marker« – erleichtern die täglichen Entscheidungen

Der Fall Elliot aber widersprach dieser Vorstellung. Ihm fehlte ein Teil der Großhirnrinde, der sogenannte ventromediale präfrontale Cortex. Doch nicht etwa sein Verstand hatte darunter gelitten – sondern sein Gefühlsleben.

Und obwohl er klar denken konnte, fielen ihm Entscheidungen schwer. Offenbar braucht das menschliche Gehirn dazu mehr als nur Vernunft. Doch wie, wenn nicht allein durch rationales Abwägen, treffen wir Entscheidungen?

Angeregt vom Fall seines Patienten, stellte Damasio eine Hypothese auf: Danach greift unser Gehirn, wenn es zwischen Alternativen wählt, auf eine Bibliothek von Gefühlen zurück, die es zuvor angesammelt hat. Damasio nannte sie „somatische Marker“.

Wenn wir zum Beispiel viel Geld verloren haben, weil wir Aktien nicht rechtzeitig verkauft haben, wird das damit verbundene Angstgefühl im Gehirn abgespeichert. In Zukunft kann ein Reiz wie etwa schnell fallende Aktienkurse zur Ausschüttung von Botenstoffen führen, die das einmal erlebte körperliche Unbehagen wiedererwecken. So kann uns dieser Mechanismus davor bewahren, erneut Verluste zu machen.

Manchmal dringen solche Gefühle bis in unser Bewusstsein vor, doch oft beeinflussen sie unsere Wahl nur unterschwellig. Nach Ansicht des Neurologen entsteht auf diese Weise auch die Intuition – jene geheimnisvolle Fähigkeit, die es uns oft ermöglicht, unwillkürlich die rechte Wahl zu treffen (siehe auch Seite 38).

Damasio zufolge erleichtern die somatischen Marker unsere täglichen

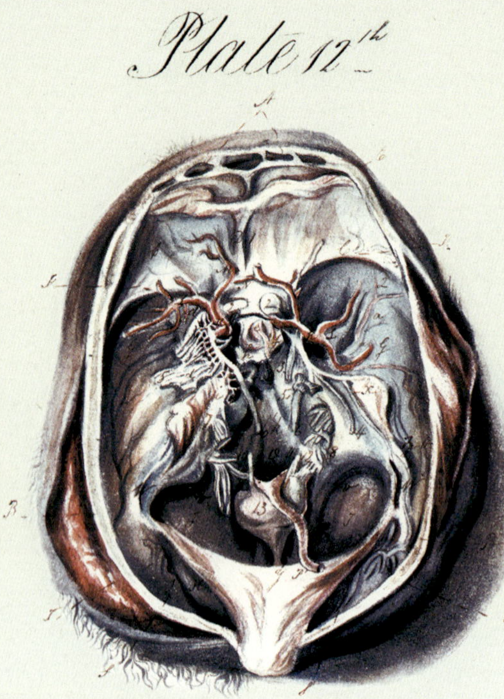

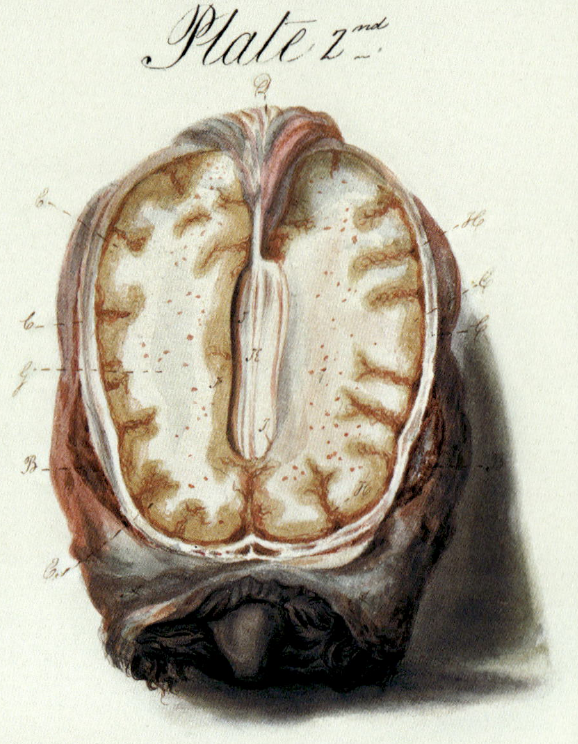

Charles Bells anatomische Studien waren eine wichtige Voraussetzung für die spätere Erforschung der verschiedenen Hirnfunktionen

Entscheidungen: Eine Fülle gespeicherter Körpergefühlen hilft uns beispielsweise, im Restaurant zwischen Dutzenden Gerichten zu wählen – sei es ein früheres Unwohlsein nach einem Muschelessen oder die Euphorie beim Verzehr eines perfekt gegarten Steaks.

Bewiesen ist diese Hypothese noch nicht. Doch gehen viele Forscher inzwischen davon aus, dass Gefühle mitnichten ein Störfaktor für gute Entscheidungen sind.

Sondern: eine unabdingbare Voraussetzung.

Wer einem Stück Torte widersteht, bei dem zeigt sich im Hirnscanner erhöhte Aktivität in einer Region für Selbstkontrolle

Der Versuch, menschliche Entscheidungen zu verstehen, hat eine eigene Wissenschaftsdisziplin entstehen lassen, die Neuroökonomie. Hier treffen Forscher aufeinander, die in der Vergangenheit oft miteinander konkurriert haben: Neurologen, Psychologen, Philosophen – und Ökonomen.

Um etwa Börsencrashs besser zu verstehen, versuchen Wirtschaftswissenschaftler schon länger, das menschliche Entscheidungsverhalten mit theoretischen Modellen zu erklären. Viele dieser Überlegungen dienen nun als gedankliches Grundgerüst der Neuroökonomie.

Eine der Theorien besagt, dass Menschen danach streben, mit möglichst geringem Einsatz möglichst viel zu gewinnen – und dementsprechend ihre Entscheidungen treffen. Ganz gleich, ob es dabei um Börsenprofite, den Lustgewinn beim Sex oder den Kauf eines günstigen Gebrauchtwagens geht.

Was im Denkorgan vorgeht, wenn es solche Kosten-Nutzen-Rechnungen anstellt, versuchen die Wissenschaftler seit einiger Zeit mit den Methoden der Gehirnforschung zu klären. So konfrontieren sie Testpersonen mit Entscheidungen, während ein Magnetresonanztomograph die Hirnaktivität misst.

Doch was genau sich in Entscheidungssituationen abspielt, ist derzeit allenfalls in Ansätzen zu entschlüsseln. Denn abhängig von den jeweiligen Umständen sind stets unterschiedliche Areale an einer Entscheidungsfindung beteiligt: Wenn etwa ein Schachspieler eine von mehreren Zugvarianten auswählt, ist dieser Vorgang für das Hirn etwas anderes, als wenn ein Fußballer in Sekundenbruchteilen zwischen Torschuss oder Pass entscheiden muss.

Hinzu kommt: Mit der heutigen Technik können die Wissenschaftler lediglich alle zwei Sekunden einen unscharfen Schnappschuss der Gehirnaktivität aufnehmen. Die Auflösung beträgt dabei maximal einen Millimeter; ein Hirnareal von dieser Größe enthält jedoch mehrere Hunderttausend Nervenzellen.

Immerhin erlauben zahlreiche Studien erste Rückschlüsse. Demnach ist die antike Vorstellung – Vernunft und Gefühl kämpfen um die Vorherrschaft – gar nicht so abwegig. Denn grob betrachtet lassen sich die an einer Entscheidung beteiligten Hirnareale zwei verschiedenen Schaltkreisen zuordnen: Einer von ihnen arbeitet schnell, unterbewusst und gefühlsmäßig – der andere dagegen langsam, bewusst und rational.

Zwar ist bislang unklar, ob sich die beiden Netze auch anatomisch scharf voneinander abgrenzen lassen. Doch werden einige Gehirnregionen überwiegend bei Gefühlsreaktionen tätig, andere vor allem beim bewussten Planen und Abwägen.

Zum eher emotionalen Schaltkreis gehören demnach Teile des limbischen Systems sowie Bereiche wie die Amygdala (ein mandelförmiger Fortsatz an der Unterseite jeder Hirnhälfte). Und auch den ventromedialen präfrontalen Cortex, der bei Elliot zerstört worden war, rechnen viele Wissenschaftler zu diesem Netz.

Die Komponenten des anderen Schaltkreises befinden sich vor allem dort, wo Wissenschaftler seit Langem die menschliche Vernunft vermuten: in der vorderen Großhirnrinde.

Eines der Areale, die diesem, eher rationalen Schaltkreis zugeordnet werden, liegt hinter der menschlichen Schläfe – der sogenannte dorsolaterale präfrontale Cortex. Dieser Bereich schaltet sich unter anderem dann ein, wenn wir uns bewusst einem Problem zuwenden.

Doch anders als in Platons Metapher vom Wagenlenker führt dieses vernunftbetonte Netzwerk nicht immer zu den besseren Entscheidungen. Denn jeder der beiden Schaltkreise ist für seine Aufgaben eben speziell gerüstet.

So ist der emotionale Schaltkreis überlegen, wenn ein blitzschneller Beschluss gefordert ist – zum Beispiel einem angreifenden Stier auszuweichen.

Umgekehrt kann die rationale Ebene sogar Ereignisse in Betracht ziehen, die noch nicht eingetreten sind – und so etwa entscheiden, durch welche politischen Maßnahmen sich eine globale Klimakatastrophe verhindern lässt.

Häufig jedoch geraten die beiden Schaltkreise in Konflikt. Mitunter versucht dann das bewusste, rationale Denken seinen Gegenpart zu überstimmen.

Etwa wenn es gilt, einem Stück Schokoladentorte zu widerstehen.

Den Gegensatz, der sich dabei im Gehirn abspielt, haben Neurowissenschaftler am California Institute of Technology in Pasadena untersucht. Dazu rekrutierten sie Testpersonen, die gerade Diät hielten. Um ihren Hunger zu steigern, durften die Probanden drei Stunden vor Beginn des Experiments keine Nahrung mehr zu sich nehmen. Im Labor sollten sie sich dann entscheiden, was sie nach dem Versuch essen wollten.

Dazu bekamen sie, während ein Magnetresonanztomograph ihre Gehirnaktivität maß, Bilder verschiedener Snacks gezeigt: darunter ungesunde wie etwa Chips oder Schokoriegel, aber auch gesunde wie Äpfel oder Brokkoli.

Während die Probanden ihre Wahl trafen, trat knapp hinter und oberhalb ihrer Augenbrauen ein Hirnareal in Aktion. Und zwar der ventromediale präfrontale Cortex – jene Region, die bei dem Patienten Elliot beschädigt war.

In dieser Region feuerten die Neuronen umso stärker, je attraktiver das Lebensmittel erschien. Offenbar ordnete das Gehirn genau hier den diversen Wahlmöglichkeiten einen Wert zu.

Manche der Versuchspersonen waren nicht in der Lage, ihren Heißhunger zu bändigen: Sie entschieden sich für Schokoriegel und andere Kalorienbomben.

Andere dagegen widerstanden und wählten gesündere Snacks, selbst wenn sie diese eigentlich weniger mochten.

Was war im Gehirn dieser disziplinierten Versuchspersonen geschehen? Bei ihnen stellten die Forscher eine erhöhte Aktivität in einem anderen Hirnareal fest: dem dorsolateralen präfrontalen Cortex.

Die Wissenschaftler vermuten, dass diese Region für die Selbstkontrolle zuständig ist: Sie wirkt auf den ventromedialen präfrontalen Cortex ein und lässt in dessen Bewertungen auch langfristige Erwägungen einfließen – beim Schokoriegel zum Beispiel die drohende Gewichtszunahme mit all ihren Konsequenzen.

Die von dieser Region ausgeübte Kontrolle beschränkt sich nicht auf Lebensmittel. Wie andere Tests gezeigt haben, hilft sie uns auch, Risiken zu vermeiden: So verhielten sich Probanden, bei denen diese Hirnregion durch schwache elektrische Ströme stimuliert wurde, beim Glücksspiel vorsichtiger.

Welche Rolle aber spielt dieser ventromediale präfrontale Cortex? Forscher wie Antonio Damasio glauben, dass die Region ein Vermittler ist zu der in

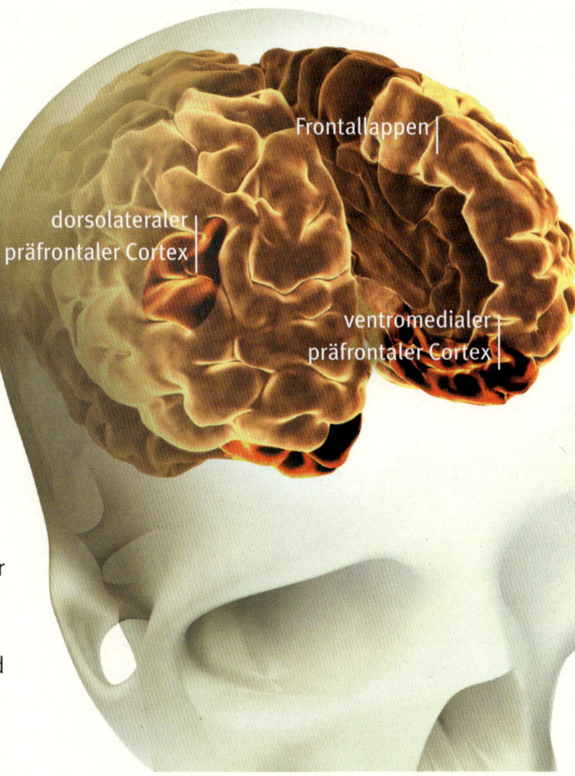

Auf dem Frontallappen des Großhirns liegen Hirnareale, die an Entscheidungen beteiligt sind: der eher gefühlsmäßig arbeitende ventromediale präfrontale Cortex und der eher rational agierende dorsolaterale präfrontale Cortex

unseren Nervenverbindungen gespeicherten Bibliothek der Gefühle.

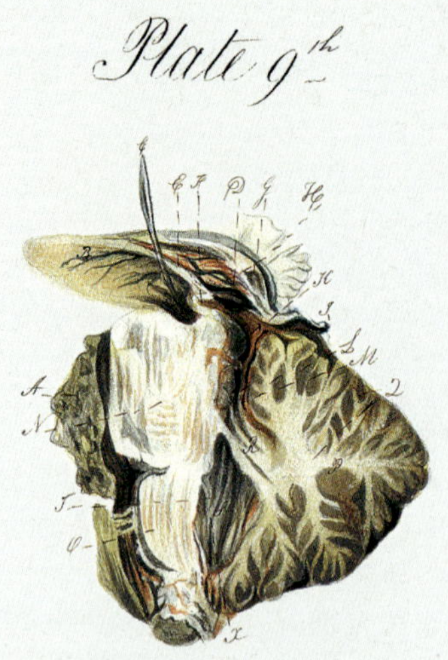

Das Kleinhirn im Schnitt. Solche Zeichnungen wurden auch in der Medizinerausbildung eingesetzt

In dem Versuch von Pasadena brachte das Hirnareal einen Reiz – das Bild eines Schokoriegels – mit dem Glücksgefühl in Verbindung, das der Verzehr der gleichen Süßigkeit früher hervorgerufen hat. Und indem er diese Emotion wiedererweckte, beeinflusste der ventromediale präfrontale Cortex die Entscheidung der Versuchspersonen: Sie wählten tatsächlich den ungesunden Snack – solange nicht der dorsolaterale präfrontale Cortex Einspruch erhob.

Für eine solche Vermittlerfunktion des ventromedialen präfrontalen Cortex sprechen auch die Nervenverbindungen, die von diesem Areal ausgehen: Es ist mit allen anderen wichtigen Bereichen des Gehirns vernetzt – darunter auch jenen, die mit Emotionen in Verbindung gebracht werden.

Vermutlich also bringt diese Hirnregion, während das Gehirn verschiedene Entscheidungsmöglichkeiten durchspielt, die Emotionen mit ins Spiel. Sie verraten uns, welche Option sich am besten anfühlt. Oft helfen sie uns dann, die richtige Entscheidung zu treffen.

Zum Beispiel, wenn der Verstand überfordert ist.

Wie schnell das geschehen kann, hat der niederländische Sozialpsychologe Ap Dijksterhuis mit einem Versuch bewiesen, der von einer alltäglichen Situation inspiriert war: dem Kauf eines Autos.

Ist unser freier Wille, wie manche Neurobiologen behaupten, nichts anderes als eine Illusion?

Im richtigen Leben bringen solche Aufgaben das Gehirn leicht an seine Grenzen: Es muss die unterschiedlichsten Informationen vergleichen und bewerten – neben dem Preis und Benzinverbrauch der Modelle auch deren Fahrverhalten, Ausstattung und Design.

Angesichts dieser Datenflut gerät die Entscheidung oft zu einer langwierigen und fehleranfälligen Angelegenheit.

Dijksterhuis und seine Kollegen machten es ihren Testpersonen jedoch zunächst leicht: Die Probanden wurden mit vier hypothetischen Automodellen konfrontiert, bei denen es jeweils nur vier verschiedene Eigenschaften zu beurteilen galt. Eines der Modelle schnitt in drei Kategorien gut ab, zwei hatten zwei gute Eigenschaften, eines lediglich ein positives Merkmal.

Jeweils acht Sekunden lang durften die Probanden dann in zufälliger Reihenfolge eingeblendete Aussagen wie „Das Getriebe des Hatsdun lässt sich schlecht schalten" am Computer studieren. Am Ende sollte die eine Hälfte der Gruppe vier Minuten lang überlegen, welches Auto wohl das beste sei. Die andere Hälfte musste sich mit Denksportaufgaben ablenken. Danach mussten sich alle Versuchspersonen entscheiden.

Die bessere Wahl trafen erwartungsgemäß jene, die über die Vor- und Nachteile der Modelle nachdenken konnten: Sie entschieden sich zu etwa 55 Prozent für das Auto mit den insgesamt besten Eigenschaften, die anderen Teilnehmer nur zu 40 Prozent.

Die Situation änderte sich jedoch, als Dijksterhuis die Probanden zwischen Autos mit jeweils zwölf Eigenschaften wählen ließ. Das Nachgrübeln half nun nicht mehr: Unter den bewusst abwägenden Probanden traf nur etwa jeder Vierte die bestmögliche Entscheidung. Dagegen waren nun ausgerechnet jene im Vorteil, die nicht weiter an Autos gedacht und stattdessen Rätsel gelöst hatten. Derart gezwungen, ihren Gefühlen zu folgen, wählten 60 Prozent dieser Testpersonen das optimale Fahrzeug.

Weitere Experimente bestätigten: Das bewusste Denken ist schnell überfordert, wenn es viele Kriterien zu bedenken gilt. Als Dijksterhuis und seine Kollegen etwa Konsumenten zu ihren Anschaffungen befragten, ergab sich folgende Korrelation: Je länger die Probanden ihren Kauf überdacht hatten, desto zufriedener waren sie – jedoch nur, wenn es sich um einfache Produkte wie Kleidung oder Haushaltsprodukte handelte. Beim Kauf von Möbeln (den Forschern zufolge „komplexe Produkte", bei denen es diverse Aspekte zu berücksichtigen gilt) waren dagegen jene Kunden zufriedener, die sich ohne großes Nachdenken entschieden hatten.

In schwierigen Situationen hilft uns also das Unterbewusstsein, die richtigen Entscheidungen zu treffen – um beispielsweise eine Fülle von Informationen auszuwerten, die unser rationales und bewusstes Denken überfordern.

Oft sind höhere geistige Prozesse unseren Entscheidungen sogar im Weg. Etwa wenn es gilt, einem herabfallenden Gegenstand auszuweichen: Jeder rational gefasste Beschluss käme dabei zu spät. Rund 90 Prozent unserer täglichen Entscheidungen laufen so ab, schätzen Wissenschaftler. Das bewusste Selbst spielt dabei keine Rolle.

EINIGE HIRNFORSCHER gehen sogar noch weiter. Sie glauben, dass all unsere Entscheidungen bereits vorbestimmt sind, fest angelegt in den Schaltkreisen unseres Gehirns – dass also unser freier Wille (jene Fähigkeit, ohne inneren Zwang zwischen verschiedenen Handlungen zu wählen) nichts ist als eine Illusion.

Dabei berufen sie sich auf ein mittlerweile berühmtes Experiment des US-Psychologen Benjamin Libet. Libet wollte herausfinden, wie viel Zeit zwi-

Entdecken Sie Geschichte auf eine vollkommen neue Weise.

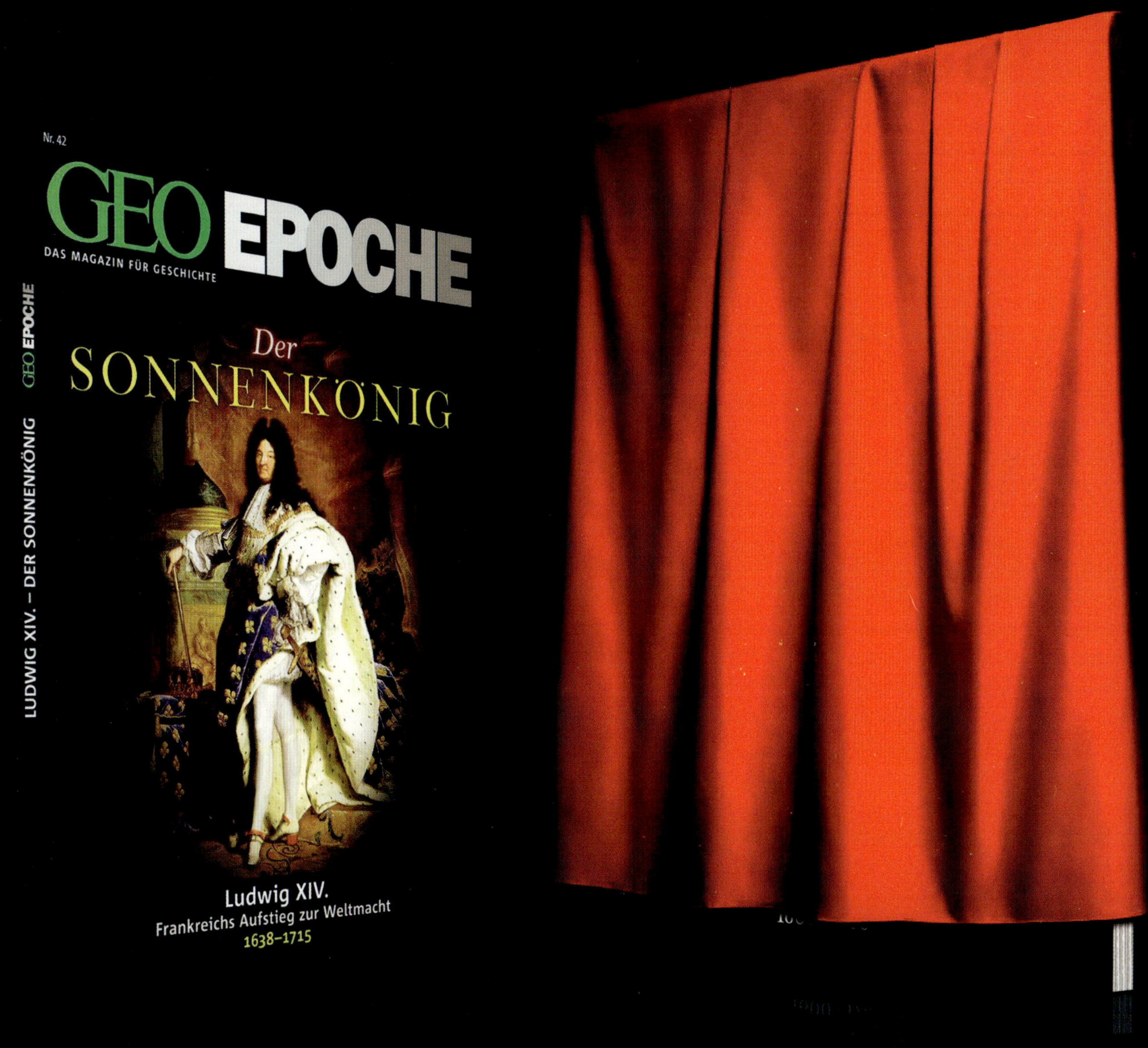

www.geo-epoche.de

Geschichte erleben mit GEO

schen einer bewussten Entscheidung und ihrer Umsetzung in eine Handlung verstreicht. Er bat seine Probanden, sich zu einem frei gewählten Zeitpunkt zu entscheiden, ihr Handgelenk zu bewegen. Elektroden registrierten dabei, wann sich der Arm anspannte, um die Handlung auszuführen.

Zugleich sollten die Versuchspersonen eine Art Ziffernblatt im Auge behalten, über das sich – ähnlich dem Zeiger einer Uhr, aber viel schneller – ein Lichtpunkt bewegte. Dessen Position sollten sie sich einprägen, sobald sie den Drang verspürten, ihre Hand zu bewegen.

Anhand der Zeigerposition konnte Libet relativ genau berechnen, wann sich die Probanden ihrer Entscheidung bewusst wurden. Zusätzlich maß er ihre Hirnaktivität mit am Kopf angebrachten Elektroden.

Eigentlich war eine klare Abfolge zu erwarten: Ungefähr zu dem Zeitpunkt, an dem sich die Probanden bewusst entschieden, sollte ihre Hirnaktivität ansteigen. Kurz darauf sollten sich dann ihre Armmuskeln zusammenziehen.

Doch in seinen Daten sah Libet etwas ganz anderes: Im Denkorgan der Freiwilligen baute sich bereits Aktivität auf, *bevor* sich diese überhaupt ihrer Entscheidung bewusst wurden. Im Schnitt war ihr Gehirn bereits fast eine halbe Sekunde lang tätig, bevor sie realisierten, dass sie ihr Handgelenk bewegen wollten.

Dieses Ergebnis warf verstörende Fragen auf. Wie konnte es sein, dass unser Bewusstsein bei einer vermeintlich freiwilligen Handlung eine so untergeordnete Rolle spielt? War am Ende gar das Unterbewusstsein der eigentliche Entscheider? Ist also unser bewusstes Selbst, wie manche Hirnforscher meinen, nichts weiter als ein Statist, der dem längst gefällten Entschluss lediglich zustimmt?

Und sich dabei nur vorgaukelt, es sei sein eigener?

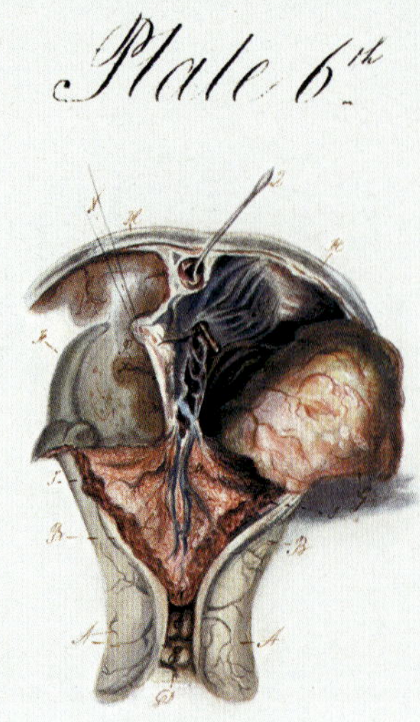

Der hintere Bereich des Gehirns, von unten gesehen; ein Teil des Großhirns (rechts) ist vorgeklappt

Sollten unsere Handlungen tatsächlich vorbestimmt sein, hätte das weitreichende Konsequenzen: Ein Mörder etwa könnte sich vor Gericht darauf berufen, dass seine Tat schon vorher feststand, dass er sie gar nicht bewusst beeinflussen konnte. Dass er somit gar nicht schuldig ist an seinem Verbrechen.

Ist die für Emotionen zuständige Hirnregion geschädigt, verändert sich die moralische Einstellung der Betroffenen

Doch so erstaunlich die Ergebnisse von Libets Experiment auch sind – sie schließen einen freien Willen nicht aus. Und der Forscher selbst stellte unsere Fähigkeit, freie Entscheidungen zu treffen, auch gar nicht infrage.

Seiner Ansicht nach werden Entscheidungen zwar vom Gehirn vorbereitet, lange bevor sie schließlich in unser Bewusstsein dringen. Diesem bleibt jedoch ein kurzes Zeitfenster, um die Handlung doch noch zu verhindern.

In Libets Experiment trat es in Aktion, bevor sich die Armmuskeln anspannten. Rund 150 Millisekunden lang folgte es dem Entscheidungsprozess – genügend Zeit, so Libet, um ein „Veto" einzulegen und das Nervensignal zu unterbinden.

Dieser „freie Unwille" kommt Libet zufolge auch dann ins Spiel, wenn wir einen Drang verspüren, der gegen unsere moralischen Vorstellungen verstößt – etwa einen anderen Menschen umzubringen. Dann hat unser Bewusstsein normalerweise immer noch Gelegenheit, den Impuls zu unterdrücken. Und so die Tat zu verhindern.

Im Normalfall können wir also frei entscheiden – und sind somit durchaus verantwortlich für unsere Taten. Patienten, die wie Elliot eine wichtige Schaltstelle im Gehirn eingebüßt haben, sind dies jedoch womöglich nicht.

Sie sind nicht nur unfähig, manche Entscheidungen zu treffen: Auch ihre Vorstellungen von Moral haben sich durch die Verletzung verändert. Das wurde klar, als Neurowissenschaftler um Antonio Damasio vor wenigen Jahren Elliot noch einmal untersuchten.

Sie konfrontierten ihn und fünf weitere Patienten, die ähnliche Gehirnschäden erlitten hatten, mit einem moralischen Dilemma: Würden sie, um fünf Gleisarbeiter vor dem sicheren Tod durch einen heranrasenden Güterwagen zu retten, einen Schaulustigen auf das Bahngleis stoßen, sodass sein Körper das Gefährt noch rechtzeitig abbremst?

In Befragungen von gesunden Probanden votierte kaum jemand für diese Möglichkeit: Obwohl dadurch fünf andere Leben gerettet werden könnten, erscheint die Tat den meisten Menschen unmoralisch – bedeutet sie doch, mit eigenen Händen einen Unbeteiligten zu töten.

Für Elliot und seine Schicksalsgenossen dagegen schien dies nicht von Belang zu sein. Kühl rechneten sie ein Leben gegen fünf andere auf. Und kamen zu dem Schluss: Sie würden den Mann hinabstoßen. □

Der Autor **Martin Paetsch**, 39, konnte sich jahrelang nicht entscheiden, ob er ins Ausland ziehen sollte. Vor einigen Monaten ist er seinem Bauchgefühl gefolgt – und lebt seither in Hongkong.

MEHR ZUM THEMA:

Antonio Damasio: **Descartes' Irrtum – Fühlen, Denken und das menschliche Gehirn.** Marion von Schroeder 2005, 384 Seiten

Gerhard Roth: **Persönlichkeit, Entscheidung und Verhalten: Warum es so schwierig ist, sich und andere zu ändern.** Klett-Cotta 2008, 349 Seiten

Jonah Lehrer: **Wie wir entscheiden. Das erfolgreiche Zusammenspiel von Kopf und Bauch.** Piper 2009, 352 Seiten

Wann ahnt der Rechner

Über die Bonität von Kreditbewerbern entscheiden bei vielen Banken inzwischen Computerprogramme. Doch kann eine Software wirklich bessere Voraussagen treffen als ein Experte?

VON JOCHEN PAULUS (TEXT) UND DANIEL MATZENBACHER (ILLUSTRATION)

Am 11. März 2009 tötete ein 17-Jähriger bei einem Amoklauf im schwäbischen Winnenden 13 Menschen. Wenige Tage später gab der Darmstädter Kriminalpsychologe Jens Hoffmann Details zur Vorgeschichte in seinen Computer ein: dass der Jugendliche zuvor isoliert und verzweifelt war, Gewaltfantasien hatte und Munition zu kaufen versuchte.

Hoffmann wollte herausfinden, ob das von ihm mitentwickelte Programm DyRiAS („Dynamisches Risiko Analyse System") hätte vorhersagen können, ob der Jugendliche ein potenzieller Mörder ist. Innerhalb von Minuten meldete das Programm Alarmstufe Rot.

DyRiAS hat bislang bei allen Amoktätern, die es im Probelauf vorgelegt bekam, eine korrekte Prognose erstellt. Noch im Jahr 2010 soll es an Schulen zur Gewaltprävention eingesetzt werden, von Lehrern und Schulpsychologen, die zuvor einen Einführungskurs absolvieren.

Das Programm stellt 32 Fragen – etwa: Hat sich der Schüler positiv über Gewalttäter geäußert? Beschäftigt er sich mit dem Tod? Steht ein für ihn kritisches Ereignis bevor?

Die Software prüft anschließend mittels mathematischer Analyse, ob der Schüler eine ähnliche Konstellation aufweist wie bisherige Amokläufer. Wird der Betreffende für ganz oder zumindest vorläufig ungefährlich eingeschätzt, erscheint in einem Risikoreport ein grüner oder gelber Balken. Droht Gefahr, ist der Balken rot. In einem solchen Fall sollten Lehrer den Schüler im Auge behalten oder die Polizei einschalten.

Natürlich lassen sich Warnzeichen auch ohne Rechner-Unterstützung erkennen. Doch aus den vielen persönlichen Eindrücken den richtigen Schluss zu ziehen ist nicht einfach für einen Menschen. Deshalb konsultiert auch Hoffmann sein Programm, wenn er als Kriminalpsychologe einen auffälligen Schüler beurteilen muss.

Können Rechner tatsächlich dabei helfen, Menschen richtig einzuschätzen? Vermögen sie selbst Experten wichtige Entscheidungen abzunehmen?

Manche Banken wenden seit einiger Zeit das sogenannte Scoring-Verfahren an: Beantragt ein Kunde ein Darlehen, wertet eine Software eine Vielzahl persönlicher Daten aus – etwa das Einkommen und die Zahlungsmoral, die Höhe der Miete, ob der Kunde oft umgezogen ist, in welchem Stadtteil er wohnt. Daraus ergibt sich ein Zahlenwert (der Score), der darüber entscheidet, wer einen Kredit bekommt und zu welchen Konditionen.

Der Computer kennt weder Sympathie noch Antipathie

Das Verfahren dauert nur wenige Minuten und ist für die Bank billiger als eine Bewertung aufgrund einer persönlichen Beratung. Doch es führe dazu, kritisieren Verbraucherschützer, dass gewissenhafte Rückzahler mitunter keinen Kredit bekamen, weil sie im falschen Viertel wohnen.

In Wirklichkeit aber war die Zahl fehlerhafter Entscheidungen durch Bankangestellte zuvor höher – unter anderem deshalb, weil so eine Kreditvergabe immer auch von Sympathien und Antipathien geprägt ist. „Wir haben jetzt fairere Krediturteile, die nicht unangemessen von Geschlecht oder Hautfarbe beeinflusst sind, schnellere Entscheidungen und geringere Kosten", so der Psychologe Daniel Kahneman über das Scoring-Verfahren.

Wie schwer sich Menschen in bestimmten Situationen mit der Beurteilung anderer tun, hat Kahneman am eigenen Leib erfahren: Als er als Psychologe in der israelischen Armee arbeitete, sollte er prognostizieren, wie sich Soldaten später als Offiziere bewähren würden. Kahneman war überzeugt, die Kandidaten gut einschätzen zu können – doch wie sich später herausstellte, lag seine Treffsicherheit fast bei null.

Sind Computer womöglich sogar generell bessere Entscheider als Menschen, wann immer es genug Daten gibt? Das zumindest legen Auswertungen von 136 Studien nahe, bei denen Menschen gegen mathematische Formeln antraten. Die Programme lagen in fast 50 Prozent der Fälle vorn, nur selten waren die Menschen treffsicherer, der Rest endete Unentschieden.

Besonders erfolgreich war der Computer bei der Rückfallprognose für Straftäter: In einem Versuch hatte er (wie sich später zeigte) fast zehn Prozent mehr Rückfalltäter richtig identifiziert als die ebenfalls befragten Experten.

In die Rückfallprognosen gingen zahlreiche Informationen über den Straftäter ein – etwa, wann er seine erste Tat beging, ob er mehrfach geschieden war, Drogen nahm oder impulsiv ist. Mit solchen Informationen über mehrere Hundert Täter wurde der Rechner

mehr als der Mensch?

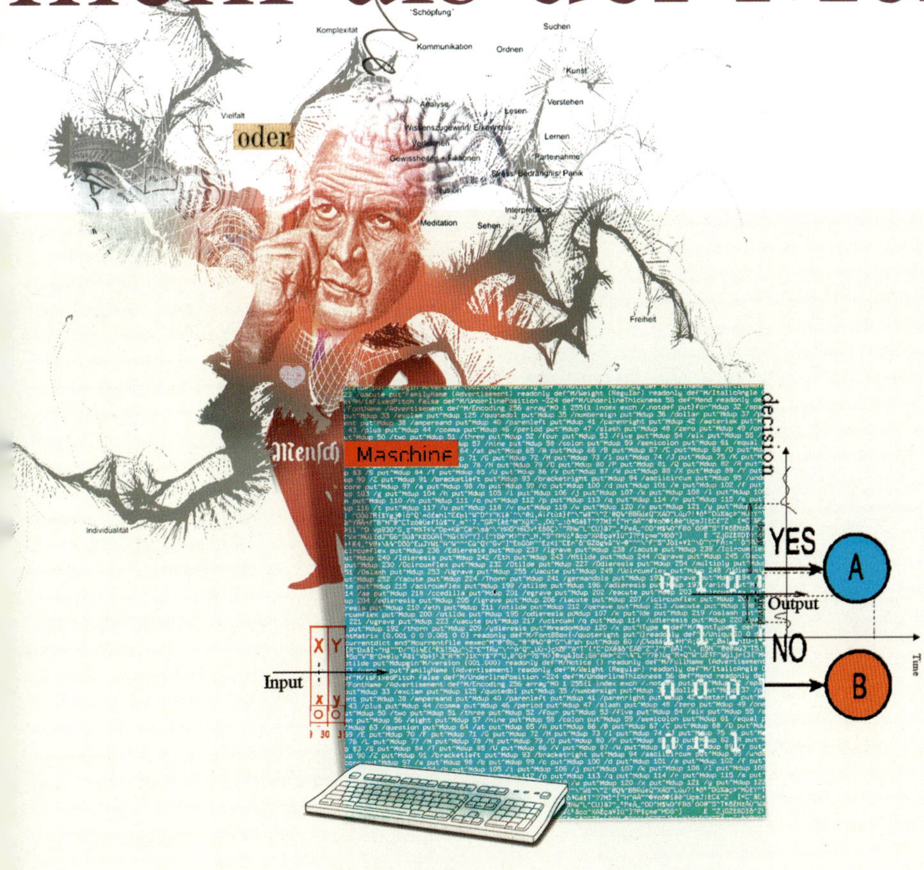

Wenn sehr viele Variablen zu beachten sind, können Rechner ihre Stärken voll ausspielen

gefüttert. Eine mathematische Formel gewichtete bestimmte Merkmale: So berücksichtigte sie unter anderem, welche davon häufig bei Rückfalltätern zutreffen und welche eher bei Einmaltätern. Auf dieser Grundlage errechnet der Computer dann, wie hoch die Wahrscheinlichkeit war, dass ein Delinquent rückfällig werden würde.

Insbesondere bei der Beurteilung von Psychopathen könnten sich Formeln als hilfreich erweisen. Solche Menschen sind sehr geschickt darin, Gutachter über ihren Seelenzustand und ihre Absichten zu täuschen; so werden Psychopathen nach einer kürzlich veröffentlichten Studie aus Kanada doppelt so häufig vorzeitig entlassen wie andere Straftäter, obwohl sie später weitaus öfter rückfällig werden. Der Münchner Gerichtspsychiater Norbert Nedopil räumt deshalb auch ein, dass die neuen Prognose-Instrumente durchaus helfen, durch Gutachten gewonnene Risikofaktoren systematisch zu überprüfen.

Auch beim Erkennen von Misshandlungen können Rechner helfen, wie Ben Reis von der Harvard Medical School nachwies. Er hatte ein Programm im Nachhinein mehr als 150 000 Krankenakten auswerten lassen. Dabei stellte sich heraus: Wäre die Formel rechtzeitig angewendet worden, hätte sie im Durchschnitt zehn bis 30 Monate früher als die Ärzte erkannt, dass die Patienten Opfer von Misshandlungen geworden waren.

Denn Mediziner deuten die Anzeichen häufig nicht richtig – oder wollen sie einfach nicht wahrhaben.

Auch in anderen Fällen erweisen sich elektronische Aufpasser als hilfreich. Am Massachusetts General Hospital hatten Mediziner oft Unmengen von Röntgenbildern und Tomographien anfertigen lassen – und dabei mitunter die falschen Verfahren gewählt oder sich schlicht doppelt und dreifach abgesichert. Seit einiger Zeit müssen Ärzte nun die Aufnahmen per Computer bestellen. Der zeigt nach einem Abgleich mit der Krankenakte an, ob der Auftrag nach den Kriterien der ihm einprogrammierten medizinischen Leitlinien sinnvoll ist oder ob eine andere Art der Durchleuchtung besser wäre.

Selbst Behandlungsfortschritte lassen sich womöglich optimieren, wenn Mediziner den Computer zu Rate ziehen. Etwa bei der Gabe von Medikamenten: Wann und in welcher Dosierung sollte welcher Patient mit Depressionen welches Medikament erhalten?

So lautete auch die Fragestellung eines Experiments in den USA. In vier Kliniken hielten sich die Ärzte des „Texas Medication Algorithm Projects" an den Rat einer Formel, in zehn behandelten sie wie gewohnt.

Das Ergebnis war eindeutig: Wurden depressive Patienten gemäß den errechneten Vorgaben behandelt, zeigten sie drei Monate später deutlich schwächere Symptome, als wenn Ärzte die Medikamente nach eigenem Sachverstand verordneten.

Ob Kranke es allerdings akzeptieren, dass Computer mehr und mehr Entscheidungsgewalt über ihre Behandlung übernehmen, ist nach einer US-Studie von 2006 zweifelhaft: Die Frage, ob eine Operation notwendig ist, würde die Mehrzahl der Patienten nach wie vor lieber einem Arzt überlassen. □

Selbstvergessen, fast wie in Trance, tänzelte Jackson Pollock in seinem Atelier um die auf dem Boden liegende Leinwand und spritzte, tropfte, klatschte Farbe darauf, scheinbar wie ein Kind. Mit dieser Art expressiver Malerei – dem Action Painting – begründete der amerikanische Künstler um 1950 seinen Weltruhm

DER SECHSTE SINN

DIE MACHT DER INTUITION

Handeln, ohne über jeden einzelnen Schritt nachzudenken, blitzschnell verborgene Zusammenhänge erkennen, Situationen erspüren – das ist es, was talentierte Künstler, Rennfahrer, Krankenschwestern und viele andere Menschen auszeichnet. Doch wieso hilft Intuition manchen Menschen sehr oft und anderen nur selten? Lässt sich diese uralte menschliche Fähigkeit möglicherweise erlernen?

VON UTE EBERLE (TEXT) UND HANS NAMUTH (FOTOS)

Ein Februartag im Jahr 1991, kurz vor Ende des Zweiten Golfkriegs. Einige Kilometer vor der Küste Kuwaits liegt der britische Zerstörer „HMS Gloucester“. Seit fast sechs Stunden starrt der britische Luftabwehroffizier Michael Riley auf den Radarschirm. Um kurz nach fünf Uhr morgens nähert sich ein Flugobjekt. Wahrscheinlich wieder ein amerikanischer A6-Bomber, der von einem Einsatz zurückkehrt.

Doch nach fünf Sekunden, so erzählt Riley später, sei ihm klar geworden, dass die Radar-Blips von einer irakischen Silkworm-Rakete stammen. Er weiß, dass er jetzt nur noch eine Minute Zeit

für eine Entscheidung zum Abschuss hat. 40 Sekunden lang beobachtet Riley das Signal, um sicherzugehen.

Dann gibt er den Befehl.

Anschließend fragt sich die Besatzung des Schiffes vier Stunden lang, ob sie nicht womöglich doch ein US-Flugzeug abgeschossen hat. Erst dann ist klar: Es war eine irakische Rakete.

Was veranlasste Riley zu seiner Entscheidung, und was gab ihm die Sicherheit? US-Psychologen versuchten, das im Nachhinein aufzuklären. Sie fanden zunächst viele Gründe dafür, dass die meisten Menschen wohl anders entschieden hätten als Riley: Eine Silkworm-Rakete und ein A6-Bomber sind etwa gleich groß und gleich schnell, also auf dem Radar leicht zu verwechseln. Zudem hatten die US-Kampfjets ihr Identifikationsradar und das Freund-Feind-Erkennungssystem ausgeschaltet.

Auch die Flugroute konnte keinen Hinweis geben, denn die Bomber flogen häufig über irakischen Raketenstellungen zurück zu ihren Schiffen. Und noch dazu verzerrten Rauchpartikel von brennenden Ölfeldern das Radarbild. Riley selbst glaubte lange Zeit, dass es eine Art außersinnliche Wahrnehmung gewesen sein musste, die vielen seiner Kameraden das Leben rettete.

JEDER MENSCH FÄLLT täglich Tausende Entscheidungen. Viele laufen automatisiert ab – etwa, wenn wir im Auto einen Gang höherschalten. Andere treffen wir bewusst: Wir nehmen einen Bus früher nach Hause, um Zeit für die Tennisstunde zu haben. Wir wählen die gefütterte Jacke, weil es draußen frostig ist.

Daneben aber gibt es zahlreiche Alltagssituationen, in denen Menschen entscheiden, ohne dass ihnen die zugrunde liegenden Zusammenhänge kognitiv bewusst sind.

Wir nennen das „Intuition“: Ein U-Bahn-Fahrgast will in einen Waggon einsteigen, hat aber ein ungutes Gefühl und wählt einen anderen – kurz darauf bricht im ersten Wagen eine Schlägerei aus. Ein Vorgesetzter stellt einen ganz bestimmten Bewerber ein, weil er ihm besonders geeignet erscheint – dabei wirken andere nach ihrem Lebenslauf ebenso gut qualifiziert.

Oder der Polizist, der den US-Serienmörder Ted Bundy verhaftete: Er habe Bundys Fahrzeug einzig aufgrund eines „schlechten Gefühls“ durchsucht und dabei eine Skimaske, Seile sowie ein Brecheisen entdeckt. Daraufhin wurde Bundy festgenommen.

Intuition ist in fast allen Lebenssituationen wichtig, selbst wenn es um bahnbrechende Erkenntnisse der Menschheit geht: So gaben 72 von 83 Nobelpreisträgern an, dass ihnen Eingebungen zum Erfolg verholfen hätten.

„Es gab Zeiten, da fühlte es sich an, als lenke uns eine Hand“, sagte etwa Michael Brown, der 1985 den Medizinnobelpreis für die Entdeckung der Regulierung des Cholesterin-Stoffwechsels erhielt. „Wir arbeiteten uns Schritt für Schritt voran, und irgendwie wussten wir, welches die richtige Richtung war. Und ich könnte nicht sagen, wie.“

Fast magisch wirkt so etwas, nahezu unerklärlich. Bauchgefühle kommen scheinbar aus dem Nichts. „Wir können sie nicht willentlich herbeiführen, aber wir können sie auch nicht verhindern", schreibt Eugene Sadler-Smith, der als Professor für Management-Entwicklung an der englischen Universität Surrey die Intuition erforscht.

Darum ist vielen die Intuition mitunter unheimlich. Vor allem Menschen, die sich für sehr rational halten, trauen ihr nicht so recht – obwohl auch sie oft ihrem Bauchgefühl folgen. Das jedenfalls hat der Psychologe Gerd Gigerenzer, Direktor am Berliner Max-Planck-Institut für Bildungsforschung, beobachtet: Manager träfen jeden zweiten ihrer wichtigen beruflichen Beschlüsse intuitiv – „aber dann wird ein Angestellter zwei Wochen lang beschäftigt, um rationale Gründe zu suchen."

Wie entsteht Intuition? In welchen Situationen können wir ihr folgen? Und gibt es womöglich Menschen, die intuitiver sind als andere? Um diese Fragen zu beantworten, versuchen Wissenschaftler seit einiger Zeit, das Wesen der Bauchgefühle genauer zu ergründen.

So testeten US-Militärforscher in den vergangenen Jahren 800 Soldaten. Sie wollten herausfinden, wieso manche von ihnen besonders erfolgreich darin sind, Sprengfallen aufzuspüren.

Etwa Sergeant Edward Tierney, der im Irak auf Patrouille war, als sein Trupp an einem geparkten Auto vorbeikam, in dem zwei kleine Jungen saßen. Ein Soldat wollte den Kindern Wasser bringen, doch Tierney ahnte Unheil. „Mein Körper kühlte ab, Sie wissen schon – dieses Gefühl der Bedrohung", erzählte er später. Gewarnt von seinem Schauder, rief er seinen Kameraden zurück. Kurz darauf explodierte das Auto – ein besonders perfider Hinterhalt.

Das Unterbewusste steuert Menschen wie ein Autopilot durchs Leben

Die Forscher bestimmten die Persönlichkeit der Soldaten, maßen Dinge wie Wachsamkeit, Gedächtnis sowie Sehschärfe und verglichen, wie geschickt sie dabei waren, Bombenattrappen in Fotos, Videos und nachgestellten Straßenzügen zu finden.

Ein Ergebnis der noch laufenden Forschung: Konzentrations- und gute Sehfähigkeit sind zweifellos wichtig. Darüber hinaus kommt es offenbar darauf an, welche Erfahrungen die Probanden aus dem Zivilleben mitbrachten. Soldaten, die häufig auf die Jagd gingen oder in Stadtteilen aufgewachsen waren, in denen Banden ihr Unwesen trieben, entdeckten Bomben besonders häufig.

Damit wird klar: Intuition ist kein angeborenes Wesensmerkmal, sondern erwächst aus Erfahrungen.

Eine wichtige Rolle spielt dabei das Unterbewusste – jener Teil der Psyche, den Sigmund Freud einst für den Sitz aller Triebe und Begierden hielt. Forscher haben in den vergangenen Jahren herausgefunden, dass das Unterbewusste aber noch weitaus mehr ist: ein mächtiges, zerebrales System, das nicht nur einen immensen Schatz an Erfahrungen abspeichert, die wir im Leben gemacht haben, sondern das auch permanent sondiert, was um uns herum geschieht.

Von beidem ist uns gewöhnlich wenig gegenwärtig, denn das Unterbewusste steuert uns wie ein Autopilot durch weite Teile des Lebens. Schätzungen gemäß stürmen jede Sekunde elf Millionen Sinneseindrücke auf uns ein – Lichtwellen in den Pupillen, Schallwellen

Ständig in Bewegung, inspiriert unter anderem von der großformatigen Sandmalerei indianischer Schamanen, entwickelte Pollock intuitiv ein Gefühl dafür, wo er nach und nach wie viel Farbe aufbringen musste, wie er Spannung in den Bildaufbau bringen konnte. »Autumn Rhythm« entstand im Sommer 1950; es misst 2,66 mal 5,26 Meter, hängt heute im New Yorker Metropolitan Museum of Art und ist eines berühmtesten Gemälde des 20. Jahrhunderts

im Ohr, Reize auf Haut und Schleimhäuten, die Signale der Organe. Unser Bewusstsein kann davon maximal 60 pro Sekunde aufnehmen.

Den Rest erledigt das Unterbewusste.

Wie weit dessen Einfluss reicht, demonstriert ein Phänomen, das Ärzte „blindes Sehen" nennen. Es lässt sich bei Menschen beobachten, bei denen ein Schlaganfall das Sehzentrum der Großhirnrinde zerstört hat. Das heißt: Die Augen sind gesund, und die Bilder werden auch ins Gehirn weitergeleitet, aber dort nicht verarbeitet. Das Bewusstsein kann daher die Bilder nicht wahrnehmen – der Betroffene fühlt sich blind.

Forscher in den Niederlanden unternahmen mit einem Schlaganfallpatienten ein bizarr anmutendes Experiment: Obwohl der Mann die Sehfähigkeit beider Augen verloren hatte und seither einen Blindenstock benötigte, sollte er ohne Hilfsmittel durch einen Flur gehen. Zusätzlich hatten die Forscher dort Kartons und andere Hindernisse aufgestellt; doch dem Patienten gelang es, allen Stolperfallen auszuweichen.

Das Experiment zeigt, dass die visuellen Informationen durchaus in das Gehirn des Mannes gelangten; sie waren ihm nur nicht bewusst. Über scheinbar unerklärliche Impulse, seine Gehrichtung zu ändern, steuerte das Unterbewusste den Patienten durch den Flur und lenkte ihn – ohne dass er wissen konnte, wann er rechts oder links auszuscheren hatte.

Auch Sehende können unmöglich alle Seheindrücke bewusst verarbeiten, wenn sie sich durch einen Raum oder ein Dickicht bewegen.

„Diese evolutionär sehr alten Möglichkeiten tragen mehr zu unserem Funktionieren in der modernen Welt bei, als wir denken", sagt die niederländische Studienleiterin Beatrice de Gelder.

Dass auch Gesunde viel mehr aufnehmen, als sie ahnen, stellten Forscher am University College in London bei einem anderen Experiment fest: Sie zeigten Probanden ein Symbol, das sie anschließend auf einem von zwei Bildschirmen wiederfinden sollten. Auf jedem der Monitore wimmelte es allerdings von mehr als 300 ähnlichen Zeichen.

Und die Versuchspersonen bekamen nur den Bruchteil einer Sekunde Zeit, um zu entscheiden, ob sich das gesuchte Symbol auf dem rechten oder dem linken Monitor befand. Viel zu kurz also, um bewusst suchen zu können. Sie sollten einfach „raten", sagte man ihnen. 95 Prozent der Probanden benannten dann tatsächlich den richtigen Monitor – offenbar hatte ihr Unterbewusstes das Symbol bereits wahrgenommen.

Intuitionen sind demnach so etwas wie Entscheidungen, die in unserem Unterbewussten getroffen werden. Doch weil uns die Beweggründe, auf denen sie basieren, nicht rational zugänglich sind, wirken sie oft wie Hellseherei.

Wie auch im Fall des Formel-1-Fahrers Juan Manuel Fangio beim Grand Prix von Monaco 1950. Es läuft die zweite Runde, und Fangio taucht aus einem Tunnel auf. Vor ihm liegt eine Gerade, ideal, um Vollgas zu geben. Doch der Rennfahrer bremst. Weshalb, weiß er in dem Moment selber nicht. Aber es erweist sich als Glück. Als er um die nächste Kurve biegt, sieht er plötzlich mehrere ineinander verkeilte Rennwagen vor sich. Dank des geringen Tempos gelingt es Fangio, auszuweichen. Einige Fahrer, die hinter ihm kommen, rasen kurz darauf in die Unfallstelle.

Eine »Ahnung« basiert meist auf kaum wahrnehmbaren Hinweisen

Erst nach langem Überlegen ging dem Rennfahrer auf, was ihn gewarnt hatte. Kommt ein Wagen aus dem Tunnel, blicken ihm die meisten Zuschauer gewöhnlich entgegen – ihre hellen Gesichter prägen dann die Kulisse. In dieser Runde jedoch drehten die Menschen am Ende der Geraden Fangio ihre dunkleren Hinterköpfe zu, weil sie in die Richtung des Unfalls schauten.

Sein Unterbewusstes registrierte die winzige Veränderung, erkannte sie als Abweichung eines bekannten Musters, interpretierte sie als Gefahrensignal und ließ ihn intuitiv bremsen.

Bemerkenswert ist, wie blitzschnell das Unterbewusste solche Schlüsse zieht. Oft genügen schon winzige Hinweise, um ein Urteil über eine Situation zu fällen. Die US-Psychologin Nalini Ambady ließ Studenten drei Videoausschnitte von jeweils zehn Sekunden betrachten, auf denen ein Professor zu sehen war, der eine Vorlesung hielt. Und obwohl die Aufnahmen ohne Ton waren, kamen die Probanden bei einer Beurteilung der vermuteten Kompetenz und Persönlichkeit des Lehrenden zu ganz ähnlichen Urteilen wie Studenten, die ein Semester lang bei ihm ein Seminar belegt hatten. Auch wenn die Psychologin die Videoausschnitte auf zwei Sekunden Länge beschränkte, änderte das an den Urteilen nur wenig.

Ähnliches gilt für Fotos uns fremder Menschen. 100 Millisekunden – die Zeit, die es braucht, um einmal zu blinzeln – benötigen wir, um zu entscheiden, ob wir jemanden für vertrauenswürdig, attraktiv, fähig oder liebenswert halten. Selbst wenn man uns das Foto länger zeigt, ändern wir unsere Einschätzung in der Regel nicht mehr.

Dabei vermittelt das Unterbewusste seine Urteile meist in Form von Gefühlen, die wiederum über körperliche Signale kommuniziert werden. Welche Signale das sein können, zeigte ein US-Experiment: Versuchspersonen erhielten 2000 Dollar und vier Stapel Karten, von denen sie nach Belieben ziehen sollten. Jede Karte verhieß entweder einen Gewinn von 50 oder 100 Dollar oder einen Verlust, den die Spieler bezahlen mussten. Doch die Gewinn- und Verlustchancen waren nicht gleichwertig verteilt: In zweien der Stapel drohten den Probanden milde Verluste, in den beiden anderen zum Teil gewaltige.

Auf der Leinwand festgehaltene Intuition: »Wenn man aus dem Unbewussten heraus malt, tauchen zwangsläufig Figuren auf«, sagte Jackson Pollock. »Malen ist ein Seelenzustand. Malerei ist Selbsterfahrung. Jeder gute Künstler malt, was er ist«

Gewöhnlich zogen die Versuchspersonen 50 bis 80 Karten, bis ihnen klar wurde, was es mit den Stapeln auf sich hatte. Doch schon zuvor erklärten sie, dass sie manche Stapel weniger „mochten“ als andere. Über Sensoren, die auf ihrer Haut klebten, konnten die Forscher ablesen, dass einigen Spielern bereits ab der zehnten Karte die Hände schwitzten, wenn sie nach einem riskanten Haufen griffen.

Inzwischen sind eine Reihe weiterer solcher Signale des Unterbewussten bekannt. Manche Polizisten berichten, dass sich ihnen die Haare aufstellen, wenn Gefahr droht. Manager erzählen, dass sie zu zittern begonnen hätten, als sie eine gute Geschäftsidee hatten. Und dem Investmentbanker George Soros schmerzt angeblich der Rücken, wann immer eine Anlage Anlass zur Sorge bereitet.

Eine wichtige Rolle in der Koordination dieser Signale – die „somatische Marker“ genannt werden – spielt der Bauch. Dort haben Forscher große Ansammlungen von Nervenzellen entdeckt (siehe auch Seite 94).

Bewusstes Denken dagegen stört die Kommunikation mit dem Unterbewussten oft nur. Durften etwa Paare auf die Frage, wie glücklich sie denn seien, aus dem Bauch heraus antworten, waren ihre Reaktionen ein guter Indikator dafür, ob sie einige Monate später noch zusammen sein würden. Bat man sie jedoch, zunächst eine Liste zu erarbeiten, mit allem, was gut oder schlecht lief, und fragte sie dann, verlor ihre Einschätzung jede Aussagekraft.

Offenbar übertönt das Bewusstsein mit seiner sprachlich vermittelten Ratio die emotionalen – und oft weit genaueren – Signale aus dem Unterbewussten.

Das merken auch Sportler. Erfahrene Handballspieler etwa werfen auf dem Feld meist automatisch den Pass, der in einer Situation den größten Erfolg verspricht. Halten sie jedoch inne und denken nach, wählen sie oft eine ungünstigere Variante. Der Grund: Gibt es keine Zeit zum Nachdenken, steuert das Unterbewusste den Körper und wählt dabei aus seiner gigantischen Datenbank jene Spielzüge aus, die sich in der Vergangenheit unter ähnlichen Umständen bewährt haben (siehe auch Seite 102).

Aus ähnlichen Gründen sind wir oft besonders kreativ, wenn das Bewusstsein schweigt. Denn häufig ist ein Geistesblitz nichts anderes als das Aufdecken neuer Zusammenhänge zwischen den Fakten, die das Gehirn gespeichert hat – eine Aufgabe, der das Unterbewusste offenbar dann besonders gut nachgeht, wenn wir dösen oder träumen.

Das Problem sei nicht, musikalische Ideen zu finden, soll Johann Sebastian Bach einst gesagt haben: Das Problem sei, „morgens beim Aufstehen nicht auf sie zu treten". Auch für andere Künstler, ob Poeten, Bildhauer oder Maler, spielt Intuition eine wichtige Rolle.

So suchte der Amerikaner Jackson Pollock für seine Action Paintings nach einem vom Unbewussten gesteuerten Ausdruck seines inneren Zustands.

Sein Bild „Mural", das sich auf eine Breite von sechs Metern spannt, entstand in einer einzigen Nacht des Jahres 1943. Die Leinwand ist überzogen mit rhythmischen, scheinbar zufällig gesetzten Pinselschlägen, denen jegliche Gegenständlichkeit fehlt. Pollock erzählte, er habe dabei die Vision einer Stampede gehabt, bei der „jedes Tier des amerikanischen Westens" mitgaloppiert sei.

Bei seinen späteren Drip-Paintings tänzelte er um seine Werke und ließ wie in Trance mal von einem Stock, mal von einem eingetrockneten Pinsel oder direkt aus einer Dose Farbe tropfen – bis der Untergrund von Linien, Klecksen, Pfützen und Schlieren überzogen war, was eine eigenartige Faszination ausstrahlt. „Ich will meine Gefühle ausdrücken, nicht sie illustrieren", sagte Pollock.

Bei Vorstellungsgesprächen versagt das Bauchgefühl meist

Die Fähigkeit des Unterbewussten, intuitiv zu handeln und blitzschnell Urteile zu treffen, half schon unseren Vorfahren. In jenen Urzeiten war es besser, manchmal falsch zu liegen, als langsam und akkurat zu entscheiden: „Wer den gut getarnten Tiger im Gras nicht erkennt, ist tot. Wer Tiger sieht, wo keine sind, läuft häufiger weg, aber bleibt am Leben", sagt Peter Brugger, Neurobiologe in Zürich.

Doch manchmal führt unsere Intuition auch in die Irre. So verlässt sich das Unterbewusste oft auf mentale Abkürzungen, bei denen es Informationen über eine Situation ignoriert und sich auf eingespeicherte Regeln verlässt. Das können tief verankerte Instinkte wie „misstraue Unbekanntem" sein (die uns bewahren, potenziell giftige Pilze zu essen) oder kulturelle Vorurteile.

Tests zeigen etwa, dass Bewohner westlicher Industrieländer eine dunkle Hautfarbe unterbewusst eher negativ und eine weiße eher positiv assoziieren. Selbst ein Teil der Schwarzen in den USA entscheidet intuitiv ähnlich.

Zweifel an seinen Bauchgefühlen sollte man auch bei Vorstellungsgesprächen haben. Zwar können wir blitzschnell beurteilen, welche Art von Persönlichkeit jemand hat – und damit möglicherweise, wie gut wir mit ihm zusammenarbeiten können. Aber offenbar nicht, wie produktiv er seine Arbeit tun wird. Studien zeigen: Der Lebenslauf und die Ergebnisse schriftlicher Bewerber-Tests sind die besseren Indikatoren für eine gute Arbeitsleistung.

Das Unterbewusste bewertet auch Dinge über, die uns ängstigen. Nach dem 11. September 2001 etwa hielten es viele Amerikaner intuitiv für sicherer, mit dem Auto zu fahren, als zu fliegen. Tatsächlich aber war auch damals das Sterberisiko pro Kilometer auf der Straße fast 40-mal höher als im Flugzeug.

Wann also sollten wir auf unsere Intuition achten? Der israelisch-amerikanische Psychologe Daniel Kahneman und der US-Intuitionsforscher Gary Klein haben diese Frage jüngst untersucht. Demnach ist Intuition unter zwei Bedingungen verlässlich. Erstens: Wir haben bereits Erfahrung mit der jeweiligen Situation. Und zweitens: Es gibt objektiv bedeutungsvolle Zusammenhänge, die das Unterbewusste erkennen kann.

Trifft beides zu, kann Intuition sogar erfolgreicher sein als jede kognitive oder technische Methode. Diese Erfahrung machte eine Mitarbeiterin von Gary Klein bei einer Studie auf einer Intensivstation für Neugeborene: Die Säuglingsschwestern dort erkannten sehr früh Anzeichen für lebensbedrohliche Infektionen – früher als Ärzte und medizinische Tests, die oft zunächst negativ ausfielen. Die Kinder konnten dann mit Antibiotika gerettet werden. Fragte man die Schwestern, wie sie zu ihrer Beurteilung gekommen seien, sagten sie „das ist Intuition“ oder „durch Erfahrung“. Einen rationalen Grund konnten sie nicht nennen.

Die Forscherin fand heraus, dass die Schwestern auf ein komplexes Muster winziger Hinweise reagierten, die zum Teil selbst der Fachliteratur unbekannt waren. Wenn etwa ein Frühchen beim Wiegen nicht schrie, war das ein Warnsignal für eine erfahrene Säuglingsschwester. Mediziner hätten so etwas meist fehlinterpretiert, denn bei Erwachsenen gilt eher Unruhe als Zeichen für eine Infektion.

Ob es die Schwestern sind oder ein Feuerwehrmann, der ahnt, dass ein Dach über ihm zusammenbrechen wird – immer ist es große Erfahrung, die Intuition verlässlich macht. Frauen, so haben Studien ergeben, sind dabei keineswegs intuitiver als Männer. Als der britische Psychologe Richard Wisemann 15 000 Menschen Gesichter zeigte, die entweder ehrlich oder nur vorgetäuscht lächelten, erkannten Frauen die echte Version in 71 Prozent der Fälle – und Männer in 72 Prozent.

Die Mannschaft des britischen Kriegsschiffs „HMS Gloucester“ hatte vermutlich schlicht Glück, dass an jenem Tag im Februar 1991 Michael Riley Dienst tat.

Wieder und wieder spielten Experten später die Radarbilder ab, bis sie zu sehen glaubten, was ihn gewarnt hatte: Die Kombination aus Flughöhe und erstem Radarkontakt war geringfügig anders als bei einem Flugzeug.

Der Unterschied war winzig und wäre den meisten Menschen wohl entgangen. Rileys Unterbewusstsein aber registrierte diese Abweichung vom gewohnten Muster. Und er hatte den Mut, seinem Bauchgefühl zu folgen. □

Das Werden von »Autumn Rhythm«: Jackson Pollock hat sein Werk an mehreren Stellen begonnen und die Anfänge – wie die indianischen Sandmaler – nach und nach zu einem Ganzen vereint (die beiden linken Fotos sind aus mehreren Einzelaufnahmen zusammengesetzt)

MEHR ZUM THEMA:

Malcolm Gladwell: **Blink! Die Macht des Moments.** Piper 2009, 272 Seiten

Gerd Gigerenzer: **Bauchentscheidungen. Die Intelligenz des Unterbewussten und die Macht der Intuition.** Goldmann 2008, 288 Seiten

David G. Myers: **Intuition. Its Powers and Perils.** Yale University Press 2002, 336 Seiten

Hans Namuth: **L'Atelier de Jackson Pollock Painting.** Macula/Pierre Brochet 1978, 104 Seiten

Ute Eberle, 38, hat sich sowohl bei der Wahl ihres Ehepartners als auch des gemeinsamen Hauses ganz auf ihre Intuition verlassen – und ist mit beiden Entscheidungen noch immer glücklich. Der Fotograf **Hans Namuth** (1915–1990) hat mit seinen Fotos einen bedeutenden Beitrag zu Jackson Pollocks Ruhm geleistet: Die im Sommer 1950 entstandene Serie machte das Action Painting zum ersten Mal sichtbar und verständlich. **Jackson Pollock**, geboren 1912, wurde mit seinen radikalen „Drip Paintings“ innerhalb kurzer Zeit weltberühmt. Doch er konnte die ungeheure Intensität, die ihm seine Kunst abverlangte, nicht lange durchhalten – schon ab 1952 sank seine Kreativität. Er begann noch mehr zu trinken als schon zuvor und starb 1956 bei einem selbst verschuldeten Autounfall unter Alkoholeinfluss. Mit ihm kam eine junge Frau ums Leben.

WAS

Im Westerwald soll Bernd Textor einen passenden Ort für die Wasserversorgung eines Erdwärmeprojekts finden. Nachdem er das Gelände zuvor genau geprüft hat, nimmt er die Rute zur Hand

RADIÄSTHESIE

GEHT HIER VOR?

Bernd Textor ist Chef einer seit Jahrzehnten erfolgreichen Brunnenbohrfirma. Wasseradern entdeckt er mithilfe einer Wünschelrute. Nur eines ärgert ihn: Er findet keine stichhaltige Erklärung für seine besondere intuitive Fähigkeit

VON ANDREAS WENDEROTH (TEXT) UND THOMAS RABSCH (FOTOS)

Er verfüge nicht über eine besondere Sensibilität für Wasser, sagt Bernd Textor, sondern für im Untergrund verborgene geologische Störungen. Eine Bewegung der Rute spüre er schon kurz vor dem eigentlichen Ausschlag

Wenn hin und wieder der Vorwurf erhoben wird, ein erfolgreicher Rutengänger sei einer, der einfach gut beobachten kann, will Bernd Textor das gar nicht bestreiten. Seine Frau sagt ja auch immer: „Was du alles siehst!" Neulich in der Werkstatt wollten sie ihm weismachen, die Beule im Auto sei schon vorher da gewesen. Aber ein kurzer Blick auf Radius und Wölbung zeigte ihm, dass die Beule ganz unmöglich beim Fahren entstanden sein konnte und dass ihre Höhe einen doch sehr augenfälligen Hinweis auf die benachbarte Hebebühne gab. Nein, einem wie ihm kann man nichts vormachen.

Während Bernd Textor an diesem Märztag mit seinen Augen das Gelände scannt, entgeht ihm nichts. Weder die Senke in der Flanke des nahen Gebirges, die auf eine Verwerfung im Untergrund schließen lässt. Noch, dass sich die Schieferfugen an der Böschungskante am Wegesrand in einem 30-Grad-Winkel jener Buche nähern, deren Hauptstamm sich gabelt. Wobei das kein wissenschaftliches Indiz ist, für den 55-Jährigen aber doch ein gewisser Hinweis auf Wasser im Untergrund. Noch bevor er die Rute ansetzt, um ein Bohrloch festzulegen, weiß er also bereits, wo so etwas überhaupt sinnvoll sein könnte.

Wie meistens trägt der gelernte Mess- und Regeltechniker eine braune Lederweste über dem Hemd, dazu Stiefel mit Kreppsohlen, weil man damit nicht rutscht. Im Auftrag eines Iserlohner Gewerbebetriebes durchschreitet er die Buchenlichtung am Rande eines Containerlagerplatzes, in der rechten Hand das Zeichen seiner Zunft: eine 90-Grad-Winkelrute mit zwei gleich langen Schenkeln aus Edelstahldraht, eine Spitze nach vorn gerichtet.

Kaum ist er ein paar Schritte gegangen, beginnt sich die Rute langsam zu bewegen und dreht sich dann entschieden nach rechts. „Hier muss etwas sein", sagt er, „die Rute dreht sich immer parallel zum Verlauf der Wasserader."

Deren Bewegung nehme er intuitiv schon Sekundenbruchteile vor dem eigentlichen Ausschlag wahr. „Es ist kein Gefühl", sagt Bernd Textor, „sondern eher so etwas wie ein Gedanke: Gleich geht's los!" Im Grunde, sagt er, brauche er die Rute gar nicht. Aber die Kunden hätten es lieber so.

BEIM »SCHEUNENEXPERIMENT« WURDEN VIELE SCHARLATANE ENTLARVT

In Testreihen mit seinem Vetter, der eine Klinik für Neurologie leitet, konnte er tatsächlich nachweisen, dass zunächst ein Nervenimpuls seine Muskulatur anregt und erst dann die Rute reagiert.

Er verfüge über eine besondere Sensibilität, sagt er – so wie andere Menschen hochsensibel auf Gerüche reagieren oder auf Geräusche. Nur was genau dort aus der Tiefe durch dicke Schichten von Schiefer, Kalk und Lehm zu ihm aufsteigt, das wisse er nicht. Als rationalen Menschen ärgert es ihn, dass er keine stichhaltige naturwissenschaftliche Erklärung findet.

Nach seiner ganz persönlichen Theorie ist es eine Art Strahlung des flüssigen Erdkerns, die in den Wasser tragenden Hohlräumen – geologischen Störungen – verändert wird. Es sei also nicht das Wasser selbst, das er spüre, sondern die Störung. Die Wahrscheinlichkeit, dass sie Wasser enthält, leitet er dann aus der Formation des Geländes ab.

„Es ist immer ein Methoden-Mix, der mich zum Wasser führt, Wünschelrute und Umgebungsbeobachtung."

Er selbst habe Abschirmungsversuche gemacht, demnach könne er sowohl Magnetfelder als auch elektrostatische Felder als Ursache ausschließen. „Die Rute funktioniert auch durch Bleiplatten hindurch, mit denen wir den Boden abgedeckt hatten." Also folgert Bernd Textor: „Das meiste, was man heute an Strahlung kennt, kann es nicht sein."

Der Ursprung der Wünschelrute ist nicht bekannt. Tausende Jahre alte Felszeichnungen in Europa und Afrika könnten prähistorische Rutengänger zeigen. Ebenso wird ein etwa 2000 v. Chr. in China erlassenes kaiserliches Edikt mit dem Phänomen in Verbindung gebracht: „Kein Haus darf gebaut werden, bevor die Erdwahrsager bestätigt haben, dass das Grundstück frei von Erddämonen sei." In der Schrift „De re metallica" (1557) von Georgius Agricola, einem Renaissance-Gelehrten, taucht dann eine Illustration auf, die Bergleute mit Wünschelrute bei der Erzsuche zeigen. Der „Vater der Mineralogie" sah das Phänomen allerdings skeptisch.

Bemerkenswerterweise unterscheiden sich die heutigen Argumente des Streits um die Wünschelrute kaum von denen früherer Jahrhunderte. In einem von der Deutschen Naturwissenschaftlichen Gesellschaft 1912 herausgegebenen Leitfaden der Geologie wird der Glaube daran als „Verirrung des menschlichen Geistes" bezeichnet.

Und die Direktorenkonferenz der geologischen Landesämter in Westdeutschland veröffentlichte 1950 einen Beschluss, nach dem „die Wünschelrute zum Aufsuchen von Bodenschätzen jeglicher Art, einschließlich Wasser, völlig unbrauchbar ist". Das Hauptargument gegen die Radiästhesie (lat. *radius* = Strahl, griech. *aisthanomai* = empfinden) ist deren Treffsicherheit: Die Skeptiker konzentrieren sich auf die reichlich vorhandenen Fehlschläge – Erfolge werden dem Zufall zugeschrieben.

Doch davon gibt es einige: Der Reichsbahn-Oberinspektor Georg Kittemann war in den 1920er und 1930er Jahren der mit Abstand erfolgreichste Rutengänger im süddeutschen Raum. Im Dienst der Bahn half er bei der Auffindung von Bohrlöchern wie auch von unerwünschten Wasserleitern, die zur Unterspülung von Bahndämmen führen können.

Ende der 1970er Jahre berichtete der Chemie-Konzern Hoffmann-La Roche über spektakuläre Einsätze von Rutengängern zur Auffindung von Wasser in Trockenzonen. Und die Deutsche Gesellschaft für Technische Zusammenarbeit, ein gemeinnütziges Unternehmen für Entwicklungshilfe und beileibe nicht als Verein von Träumern bekannt, bediente sich Mitte der 1980er Jahre bei einem Projekt zur Trinkwasserversorgung in Sri Lanka der Fähigkeiten ihres Ingenieurs Hans Schröter.

In weitgehend unbekanntem Terrain war Schröter ungemein erfolgreich: Von 691 Bohrungen erwiesen sich lediglich 27 als Fehlbohrungen – eine Ausfallquote von nur vier Prozent. Alles Zufälle?

Bis heute ist unklar, ob das Rutengängerphänomen eher als biophysikalische oder als paraphysikalische Erscheinung zu werten ist, als ein Phänomen also, das mit den Naturgesetzen angeblich nicht zu erklären ist.

Das größte Projekt zur Aufklärung wurde 1987 vom Bundesministerium

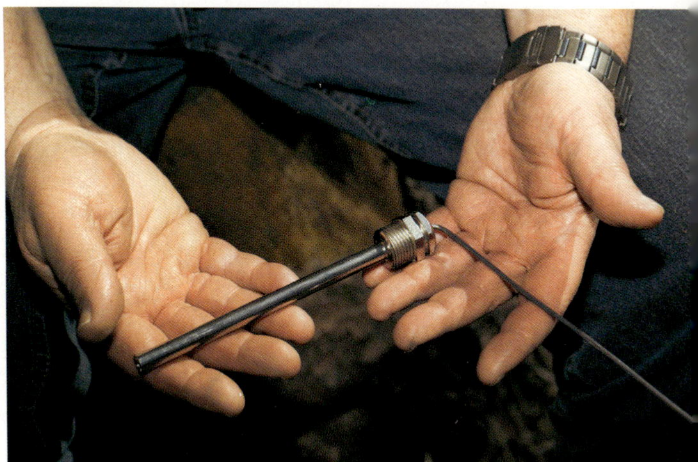

Eine Winkelrute, wie Bernd Textor sie benutzt; andere Radiästhesisten arbeiten auch mit Ruten aus Holz und in Y-Form

KOMMT KEIN WASSER, MUSS DER KUNDE AUCH NICHT ZAHLEN

für Forschung und Technologie finanziert. Dazu gehörten unter anderem sogenannte „Scheunenexperimente" unter Aufsicht des Experimentalphysikers Hans-Dieter Betz von der Ludwig-Maximilians-Universität München.

Dabei mussten die Rutengänger vom ersten Stock eines Holzgebäudes aus ein wasserdurchflossenes Rohr im Erdgeschoss aufspüren. Dessen Lage wurde per Zufallsgenerator vorgegeben, sodass weder der Versuchsleiter noch der Rutengänger wissen konnten, wo es sich gerade befindet. Die meisten Teilnehmer versagten kläglich – doch zehn der 43 Rutengänger erzielten eine Trefferquote, die nach Betz' Ansicht kaum durch Zufälle erklärt werden konnte.

Natürlich, sagt Bernd Textor, komme man ohne Rutengänger aus. „Aber unsere Methode ist die wirtschaftlichste." Benötige ein Kunde für ein Haus eine Trinkwasserversorgung, bezahle er für eine Probebohrung mit ungewissem Ausgang oft 6000 Euro. Ein Termin mit ihm dagegen koste in der Regel nur zwischen 250 und 300 Euro.

Es gibt auch Gebiete, in denen man keine Rutengänger braucht, weil die Grundwässerstände bekannt sind. Vor allem in bergigem Gelände aber, wo das Wasser nur in Klüften vorhanden ist, sind herkömmliche geologische Methoden sehr teuer.

Bei Wuppertal zum Beispiel, in der Nähe von Kalksteinbrüchen, wurde Wasser für ein abgelegenes Haus gebraucht. Eine öffentliche Versorgung gab es nicht, und mehrere Geologen erklärten übereinstimmend, dass ein Bohren dort unsinnig sei, weil der Grundwasserspiegel wegen des Steinbruchs künstlich abgesenkt worden sei.

Dann kam Bernd Textor mit der Rute und legte innerhalb weniger Minuten den Bohrpunkt fest: „Der Mann", erzählt Textor, „hat dort jetzt schon seit 24 Jahren Wasser."

Oder Medebach im Sauerland. Als nahe der Stadt vor 15 Jahren ein Freizeitpark gebaut wurde, wurden für eine Feriensiedlung und ein Schwimmbad täglich zusätzlich 1000 Kubikmeter Wasser benötigt. Alle Probebohrungen waren negativ, die Prognosen der Geologen ebenso. Dann beauftragte der Bürgermeister Bernd Textor. Bis heute ist die Gemeinde mit Wasser versorgt.

Auch in der Nähe des Bodensees gab es vor Jahren laut geologischer Gutachten für einen einsam gelegenen Öko-Bauernhof keine Chance auf Brunnenwasser. Die Bohrer drangen erfolglos bis auf 120 Meter Tiefe vor, noch tiefer sei garantiert nichts zu finden. Bernd Textor prophezeite Wasser in 170 Meter Tiefe. Bei 180 Metern – „es hat nicht ganz gestimmt" – schoss eine Wasserfontäne aus dem Bohrloch. Wie vorausberechnet 36 Kubikmeter am Tag, genug für den ganzen Hof.

Als Zehnjähriger beobachtete Textor eines Tages interessiert, wie seine Eltern, die einen landwirtschaftlichen Nebenerwerb hatten, bei Ausschachtungsarbeiten in einem Stall einen Rutengänger dazuholten – um die darunter liegende Notwasserleitung nicht versehentlich zu zerstören. Aus Spaß ließ er sich eine der damals üblichen Haselnusszweig-Ruten geben und stellte dann im Stall der Eltern fest, dass sie bei ihm an exakt den gleichen Stellen ausschlug wie bei dem Rutengänger.

Danach geriet seine Fähigkeit in Vergessen – bis er selbst ein Haus bauen wollte. Es war Mitte der 1970er Jahre, nach der Ölkrise. Textor entdeckte die Wärmepumpe als sinnvolle Alternative zur Ölheizung. Da er zum Betrieb der Pumpe Wasser brauchte, beauftragte er eine Bohrfirma, deren Inhaber eine Wünschelrute einsetzte. Bald schon arbeitete Textor mit der Firma zusammen, verkaufte Wärmepumpen auf Provisionsbasis. Dann gründete er einen eigenen Brunnenbaubetrieb – und greift seither regelmäßig selbst zur Rute.

Wenn klassische Geologen nicht gut auf Rutengänger zu sprechen sind, mag das an jenen Kollegen liegen, die Textor „Spinner" nennt. Von den rund 250 Rutengängern, die er in ganz Europa bei Wassersuchprojekten kennengelernt oder von ihnen gehört hat, verstünden maximal zehn ihr Handwerk.

Zwar ist auch er der Meinung, dass man sein Bett aus gesundheitlichen Gründen nicht unbedingt über die Kreuzung zweier Wasseradern stellen sollte. Wenn aber Rutengänger mit der Angst von Kunden spielen, indem sie so genannte Entstörgeräte gegen Erdstrahlung anbieten, hält er das für unseriös: „Die handelsüblichen Geräte funktionieren nachweisbar nicht."

In einem sehr teuren Entstörgerät, das laut Herstellerhinweis nicht geöffnet werden darf, fand er einen Spiegel mit einem Messinggitter und einer Reihe angelöteter Widerstände. „Ausgemachter Schwindel" sei so etwas.

Textor ist keiner, den man in die esoterische Ecke stellen kann. Alles Vage ist dem „nüchternen Techniker durch und durch" suspekt. Er gibt für seine Bohrungen nicht nur eine Wassergarantie, sondern – in der Branche absolut unüblich – auch eine Wassermengengarantie. Wenn nichts kommt, muss der Kunde nichts zahlen für die Bohrung. Aber das ist eher selten. „Wir haben eine Erfolgsquote von 95 Prozent."

Krankheiten, grippale Infekte oder Magenschwierigkeiten beeinflussen seine Trefferquote so gut wie nicht. Eher schon jene Phasen, in denen er überarbeitet ist und nachts über längere Zeit nur drei oder vier Stunden schläft.

Erfolgskontrolle mit dem großen Bohrer: Dort, wo die Rute ausgeschlagen hat, findet sich tatsächlich Wasser

Nun könnte man annehmen, dass Textor seine Erfolgsquote gern ein wenig hoch ansetzt. Aber da er den Betrieb bereits seit 30 Jahren führt, im Schnitt 100 Brunnen im Jahr bohrt, fünf Bohrkolonnen unterhält, zwölf Mitarbeiter hat und einen Jahresumsatz von drei Millionen Euro macht, spricht einiges dafür, ihm zu glauben.

Auf der Buchenlichtung geht er nun entlang der von der Rute angezeigten Linie, um zu sehen, von welcher Seite die Wasserader ins Gelände läuft – und um einen unterirdischen Kreuzungspunkt mit einer möglichen zweiten Ader zu finden. „Ich versuche immer, zwei Adern gleichzeitig zu bekommen." Ein weiterer Ausschlag zeigt ihm kurz darauf, dass er fündig geworden ist.

Die Adern, die aus unterschiedlichen Richtungen und Tiefen einlaufen, haben normalerweise nichts miteinander zu tun. Erst durch das Bohrloch werden sie miteinander verbunden. Unter den interessierten Blicken des Betriebsleiters schlägt Textor zur Markierung einen Metallstab in den Boden.

Jetzt erfolgt noch die Tiefenbestimmung. In der Theorie, so Textor, tritt die „Strahlung" zum einen senkrecht über der geologischen Störung nach oben aus, zum anderen seitlich in einem 45-Grad-Winkel. Diese seitliche Strahlung nennt der Rutengänger die „Randzone."

Textor bewegt sich im rechten Winkel von der Wasserader weg durchs Gelände, bis er auf diese Randzone trifft, verdoppelt im Kopf die Entfernung in Metern, lässt einen komplizierten Korrekturfaktor einfließen und errechnet so die ungefähre Tiefe: Eine Ader liege bei 60 Metern, die zweite bei etwa 100 Metern, „plus/minus fünf Meter".

Drei Tage später rückt der Tieflader mit dem Bohrgerät an. Der Acht-Zoll-Imlochhammer senkt sich unter ohrenbetäubendem Lärm ins Erdreich. Und wie vorhergesagt, ergibt die Bohrung zwei wasserreiche Adern. Bei der Tiefe hat Bernd Textor sich nur um wenige Meter geirrt.

Gründlich daneben lag er dagegen bei der Wassermenge: Statt 50 000 Liter pro Tag, die er als Mindestmenge garantiert hatte, sind es 260 000 Liter. „Dass ich meine Prognose derart übertreffe", sagt er, „passiert auch nicht so oft." □

Der Berliner Autor **Andreas Wenderoth**, 44, hatte vor Jahren von einer Heilpraktikerin eine Entstörmatte gegen Erdstrahlen verordnet bekommen. Nach dieser Recherche hat er sie entsorgt. **Thomas Rabsch**, 44, lebt und arbeitet als Fotograf in Köln.

Dietrich Dörner, 71,

hat Simulationen entwickelt, mit denen Menschen ihr Entscheidungsverhalten verbessern können

DIE LOGIK DES MISSLINGENS

Menschen lernen nur sehr ungern aus Fehlern, vor allem aus eigenen. Der Psychologe Dietrich Dörner kennt sich aus mit typischen Denkfallen – und hat analysiert, wie wir angesichts komplexer Situationen dennoch das Richtige tun können

GEO WISSEN: Herr Professor Dörner, Sie beschäftigen sich seit vielen Jahren wissenschaftlich mit Entscheidungen in komplexen Situationen. Färbt das eigentlich ab? Sind Sie dadurch selbst ein besserer Entscheider geworden?

DIETRICH DÖRNER: Ich denke schon. Ich urteile zwar nicht weniger intuitiv, aber ich achte stärker auf die langfristigen Auswirkungen meiner Entscheidungen. Ich lasse mich auch weniger ablenken und entscheide nicht mehr so impulsiv. Insofern bin ich rationaler geworden in meinen Urteilen.

Machen Sie sich dann ausführliche Listen, mit einer Plus-Seite und einer Minus-Seite?

Nein. Das halte ich für fragwürdig. Denn diese Listen führen leicht zu Entscheidungen nach „Schema F" und werden nicht mehr an den konkreten Fall angepasst. Man geht dann zum Beispiel davon aus, dass man die Positiva und Negativa einfach addieren kann, oft müsste man sie aber eher multiplizieren. Auch suggerieren Listen, dass alle Gesichtspunkte halbwegs gleichwertig sind. Aber das ist nicht der Fall, wie jeder weiß.

»Das Gutmenschentum führte direkt in die Katastrophe«

Gibt es „Entscheidungs-Naturtalente"? Also Menschen, die besser entscheiden als andere?

Durchaus. Nehmen Sie zum Beispiel Napoleon. Er verfügte über eine große Entscheidungsintelligenz. Sie ist eng verbunden mit der Fähigkeit, sein Denken den speziellen Umständen anpassen zu können. Napoleon liebte die minutiöse Planung, sagte aber auch „allzu scharf schneidet nicht!". Er wusste also, wann genaue Planung nicht viel nutzt und er eher situativ handeln musste. Auf dem Schlachtfeld konnte er umstellen von einer Vogelperspektive, von der aus er den groben Überblick hatte, auf die genaue Analyse von Details. So wusste er zum Beispiel meist genau, wie viele Ersatzschuhe ein Soldat im Gepäck hatte – und damit, wie weit das Heer noch marschieren konnte.

Welche konkreten Persönlichkeitsstrukturen sind es, die jemanden zu einem guten Entscheider machen?

Sich nicht selbst zu überschätzen; die Fähigkeit, sich an wechselnde Umstände anzupassen; aus Fehlern zu lernen sowie eine gewisse selbstsichere Kaltblütigkeit. Und: gnadenlose Selbstkritik. Dafür ist Friedrich der Große bekannt, der ein exzellenter Entscheider war. Er hat sogar aufgeschrieben, was er alles falsch gemacht hat. Er gestand ein, den Ersten Schlesischen Krieg auch aus Ruhmsucht begonnen zu haben. So etwas war für politische Akteure seiner Zeit höchst ungewöhnlich – und ist es heute noch.

Sie haben Computermodelle entwickelt, mit deren Hilfe Menschen ihr Entscheidungsverhalten gleichsam im Zeitraffer üben und verbessern können. In den Simulationen geht es um komplexe Situationen, wie etwa in „Moroland". Die Teilnehmer sollen als Entwicklungshelfer das Überleben des Volksstammes der Moro sichern, der am Rande der Sahara von Rinderzucht und Ackerbau lebt. Sie haben beschrieben, wie es selbst ein Volkswirt und ein Physiker in kürzester Zeit fertigbrachten, das Volk in eine Hungerkatastrophe zu führen. Was war passiert?

Wie viele andere Testpersonen auch, waren die beiden ganz ergriffen von ihrer humanitären Aufgabe, den Moro zu einem besseren Leben zu verhelfen. Das Gutmenschentum brachte dann einen Aktionismus hervor, der direkt in die Katastrophe führte. Der entscheidende Fehler war, dass Fern- und Nebenwirkungen der Entscheidungen nicht berücksichtigt wurden. Die

»NUR AUF DIE INTUITION

Teilnehmer hatten nur die unmittelbare Wirkung im Blick. Viele ließen erst einmal zahlreiche Brunnen bauen, um die Wasserversorgung zu verbessern und mehr Getreide anzubauen. Kurzfristig gelang das auch. Mittelfristig aber sank dadurch der Grundwasserspiegel irreversibel, weil in einer Wüstenregion natürlich nicht viel Grundwasser nachgebildet wird. Es lag also eigentlich auf der Hand, dass eine Wassernot entstehen musste – mit den entsprechenden Folgen.

Ihre Probanden sind ja keine Dummköpfe. Wie reagieren sie, wenn sie mit solch offensichtlichen Fehlentscheidungen konfrontiert werden?

Einige behaupten, wir hätten das Spiel falsch programmiert. Das waren die Erfolglosen. Aber es gab auch Teilnehmer, die recht erfolgreich waren. Die meisten sahen ein, dass sie nicht richtig nachgedacht hatten, und wunderten sich über sich selbst. Manche Studenten haben mich noch Jahre später auf der Straße angesprochen: Sie hätten dank der Simulation zum ersten Mal richtig begriffen, wie man bei komplexen Entscheidungen vorgehen sollte.

Sie haben in Moroland auch Manager gegen Studenten antreten lassen. Wer hat besser entschieden?

Die Studenten handelten häufiger nach dem Prinzip „Eins nach dem andern!", waren zunächst oft die größten Fans von Brunnenbohrungen. Erst danach haben sie sich um den Ackerbau gekümmert, am Ende um die Rinderzucht. Sie haben die Dinge isoliert betrachtet. Die Manager haben meist erst nachgedacht und dann eine Strategie abgestimmt. Ihnen war eher bewusst, dass die Bereiche miteinander wechselwirken. Sie haben zum Beispiel erkannt, dass ein intensiverer Hirseanbau dazu führt, dass weniger Rinder gezüchtet werden können, die aber wiederum wichtig für den Export sind. Die Manager haben zwar zunächst langsamer gehandelt als die Studenten, sie waren letztlich aber erfolgreicher, weil sie das große Ganze nicht aus den Augen verloren haben.

Sie haben auch mit der Zusammensetzung von Gruppen experimentiert. Wie wirkt sich diese auf die Qualität von Entscheidungen aus?

Das kommt sehr auf die Gruppe an. Wenn sie disparat zusammengesetzt ist, also zum Beispiel sehr Extrovertierte mit sehr Introvertierten zusammenkommen oder Bürokraten mit Freigeistern, kann das grandios schiefgehen. Dann ziehen sich viele zurück, kümmern sich nur noch um Einzelheiten, die sie gerade interessieren, aber nicht mehr um das große Ganze. Mitunter wurden Mitspieler regelrecht gemobbt. Heterogenität kann dann funktionieren, wenn die Gruppenmitglieder einsehen, dass sie sich gut ergänzen.

Welche Konstellation von Testpersonen hat am besten abgeschnitten?

Gut geklappt hat es, wenn die Macher das Tagesgeschäft übernommen haben und ein eher ruhiger Mitspieler quasi als Joker auf der Couch lag und von Zeit zu Zeit als externer Ratgeber und Entscheider gefragt war.

Der eine macht die Arbeit und ist Spezialist für die Details, der andere hat den Überblick?

Genau. Das erinnert an die Aufteilung zwischen Stabschef und Kommandeur oder Minister und Staatssekretär. Am besten funktioniert so etwas, wenn ein Grundvertrauen zwischen den Mitspielern vorhanden ist. Wenn derjenige, der den Überblick hat und entscheidet, auch fähig ist, sich zu korrigieren. Und er seine Position nicht durch die Kompetenz der Fachleute gefährdet sieht. Es muss aber vor allem Menschen geben, die sich zu widersprechen trauen. Die nicht um des lieben Friedens willen die anderen Teilnehmer offensichtlichen Blödsinn entscheiden lassen. Gruppen neigen aber dazu, Widersprüche auszublenden, denn die engen ein, zwingen zum ständigen Neudenken, und das ist anstrengend. Daher neigen viele Chefs auch zur fatalen Strategie, nur noch Jasager um sich zu sammeln.

»Es muss Menschen geben, die wagen, zu widersprechen«

Wenn es schließlich doch schiefgegangen ist – wie lernt man dann am besten aus Fehlern?

Das ist nicht einfach. Menschen lernen sehr ungern aus Fehlern, vor allem aus eigenen. Sich einzugestehen, daneben gelegen zu haben, beeinträchtigt das Selbstwertgefühl. Gerade Manager und Ärzte sind sehr fantasievoll dabei, eigene Fehler wegzuinterpretieren. Daher hat mich als Patient einmal ein Arzt durch einen schlichten Satz sehr von sich überzeugt. Er sagte: „Was glauben Sie, was ich schon für Fehler gemacht habe!" Im Normalfall aber kämpfen Fehlentscheider erbittert um ihre Kompetenzillusion und bemühen Verschwörungstheorien, selbst wenn sich ihre Handlungen als eindeutig falsch erwiesen haben. Manager feuern dann auch gern einen Sündenbock, weil es die eigene Handlungsfähigkeit demonstriert – vor allem für sie selbst.

Zumindest bei Ihren Simulationen sollte es doch ein Leichtes sein, über eigene Fehler zu sprechen, ohne dass gleich das Selbstwertgefühl der Beteiligten leidet.

Sie glauben gar nicht, wie ernst die meisten Leute die Spielsituationen nehmen, wenn sie drinstecken; die brüllen sich richtig an. Aber lernen lässt sich daraus dennoch. Das zeigte sich etwa bei unserer Schiffssimulation „MS Antwerpen", die zur Verbesserung des Krisenmanagements dienen sollte.

ZU VERTRAUEN ...

Anlass war ein Vorfall im 13-stöckigen Universitätsklinikum Aachen, in dem 1995 ein Brand ausbrach, der erst nach zwei Stunden gelöscht werden konnte. Wir haben in der Folgezeit Teams aus dem Krankenhaus, später auch Krisenmanager der chemischen Industrie und Polizisten virtuelle Gefahrensituationen auf der „MS Antwerpen" nachspielen lassen. Das war ein altes Kreuzfahrtschiff, das bei schlechtem Wetter unterwegs war, technische Funktionen fielen aus, ein Brand brach aus. Unter Zeitdruck und Informationsüberflutung mussten ständig wichtige Entscheidungen getroffen werden, zudem haben wir über Lautsprecher penetranten Schiffslärm verbreitet. Erschwerend kam hinzu, dass die Auswirkungen der Entscheidungen oft erst zeitverzögert sichtbar wurden, also wie im richtigen Leben. Die Simulation endete daher oft mit einer Katastrophe.

Wie ließ sich das Ergebnis verbessern?

Wir haben die Fehler analysiert und theoretische Grundlagen des Krisenmanagements aufgefrischt. Dann folgte eine zweite Fahrt, die meist reibungsloser verlief und nicht so viele Menschenleben kostete. Die Entscheidungsabläufe in der Gruppe waren effizienter, die Teilnehmer empfanden sich als kompetenter. Sie hatten ein Gefühl für die Neben- und Fernwirkungen entwickelt und konnten Tricks anwenden, um die Komplexität der einströmenden Informationen zu verringern. Sie lernten zum Beispiel, dass es Zeitvergeudung ist, alle Informationen, die verfügbar sind, zu sammeln, und entwickelten stattdessen ein System von Indikatoren für wichtige Informationen.

Wäre es in Krisensituationen besser, wenn es nur einen Entscheider gäbe? Womöglich mit diktatorischen Rechten?

Ja und nein. Wir haben in unseren Experimenten auch Gruppen gegen Einzelne antreten lassen. Gruppen filtern meist besonders geniale und besonders unsinnige Strategien aus. Einzelpersonen sind daher manchmal viel besser als Gruppen, oft aber auch viel schlechter.

Mit der Simulation „Lohhausen" haben Sie das Entscheidungsverhalten Einzelner getestet. Dabei mussten die Probanden sich um das Wohl und Wehe einer Kleinstadt kümmern. Warum ruinierten die meisten Testbürgermeister die Stadt?

Sie scheiterten an der Komplexität der Probleme. Sie suchten sich Aufgaben, die ihnen von der Vorbildung her vertraut waren, die ihnen besonders am Herzen lagen oder die besonders augenfällig waren. Viele haben zunächst voll auf den Fremdenverkehr gesetzt, um einen Strukturwandel zu erzwingen. Das lief anfangs ganz gut. Aber Lohhausen ist eben nicht die französische Riviera. Als sich längst Schwierigkeiten abzeichneten, machten die meisten munter weiter, forcierten das vermeintliche Erfolgsrezept sogar noch, um die Wende zum Besseren zu erzwingen. In der Psychologie nennt man das den „Effekt der versunkenen Kosten": Man hält an falschen Entscheidungen fest, weil man schon so viel investiert hat und die Investitionen nicht verlieren möchte.

Das hat dann geradewegs in den Ruin geführt?

Ja. Vor allem, weil alles Übrige liegen blieb, die Gesamtsituation aus dem Blick geriet und die Probleme immer drängender wurden. Hinzu kam das sogenannte Reparaturdienstverhalten: Die Teilnehmer reagierten nur noch auf die augenblicklichen Missstände, sie wurden zu Getriebenen der Situation und verloren den Gesamtzusammenhang aus den Augen.

Haben Sie Unterschiede zwischen den guten und schlechten Entscheidern feststellen können?

Hinsichtlich der Intelligenz und der Kreativität gab es keine. Wichtig für einen erfolgreichen Testbürgermeister waren die Flexibilität bei der Bewertung von Informationen und die Fähigkeit, die eigene Handlungskompetenz adäquat einzuschätzen.

Entscheiden Frauen und Männer unterschiedlich?

Frauen waren in unseren Simulationen genauso analytisch, scharfsinnig und kreativ wie Männer. Sie haben auch nicht intuitiver entschieden als Männer.

»Frauen kommen anders zu Entscheidungen als Männer«

Also macht es keinen Unterschied, ob der Chef männlich oder weiblich ist?

Doch, einen gewaltigen. Denn Frauen kommen anders zu ihren Entscheidungen. Sie gestalteten die sozialen Beziehungen intensiver und waren oft ruhigere und bessere Moderatoren zwischen den unterschiedlichen Vorstellungen der Beteiligten als die Männer. Frauen geben auch leichter nach und machen eher Kompromisse, weil sie meist ein geringeres Geltungsbedürfnis haben als Männer. Trotz der unterschiedlichen Entscheidungsstile von Männern und Frauen gab es hinsichtlich des Erfolgs oder Misserfolgs nicht den Hauch eines Unterschieds. Die Vor- und Nachteile der jeweiligen Herangehensweise scheinen sich aufzuheben.

Seit einiger Zeit wird betont, wie wichtig Intuition und Bauchgefühl für gute Entscheidungen sind. Können Sie das durch Ihre Forschung bestätigen?

Keineswegs. Gerade wenn man sich nicht gut auskennt in einer Situation, kann es eine böse Falle sein, nur auf die Intuition zu vertrauen. Denn Intuition ist ihrem Wesen nach konservativ, sie stützt sich auf Erfahrungen aus der Vergan-

…KANN EINE FALLE SEIN«

genheit. Hat die Realität sich aber inzwischen verändert, entscheide ich intuitiv falsch. Dann ist die richtige Entscheidung von gestern die falsche von heute. Darüber redet aber niemand. Wenn etwas gelingt, heißt es gern: „Das habe ich aus dem Bauch entschieden." Wenn es daneben geht, schiebt man es eher nicht auf den Bauch, denn das wäre das Eingeständnis eines individuellen Fehlers.

Und wenn man sich gut auskennt?

Auch dann sollte man ein Misstrauen gegenüber der eigenen Intuition haben – und versuchen, sie ans Licht zu heben und quasi zu Wissen zu verdichten. Wenn es sehr schnell gehen muss, kann man gar nicht anders, als sich allein auf die Intuition zu verlassen. Aber wenn noch ein wenig Zeit bleibt, ist es besser, besonnen zu agieren. Bei einem Tunnelbrand etwa würde man intuitiv zum näher gelegenen Ende rennen. Wenn in die Richtung aber der Wind bläst, können uns Rauch und Feuer rasch einholen. Da erhöht es die Überlebenschancen, kurz innezuhalten und zu der Überzeugung zu kommen, dass es besser ist, gegen den Wind zu laufen, selbst wenn der Ausgang weiter entfernt ist.

Was ist Ihre Lehre aus all den Unwägbarkeiten von Entscheidungen?

Die Grundregel lautet: In komplexen Situationen ist keine Entscheidungsregel immer gültig. Man sollte so handeln, als sei jede Situation neu und noch nie da gewesen. Wenn sie sich als ein Problem bekannten Typs entpuppt – umso besser, denn dann liegt die Lösung auf der Hand. Und: Wann immer Sie genügend Zeit haben, noch einmal genau überlegen. Genau das widerstrebt aber den meisten Menschen. Es ist ja auch bequem, möglichst vieles nach festen Regeln abarbeiten zu können, so wie bei standardisierten Alltagsentscheidungen, also etwa der Frage, was man sich morgens aufs Brot schmiert. Wichtiger als alle Regeln ist es, den Geist geschmeidig zu erhalten, um sich den jeweiligen Situationen anpassen zu können. Das Nachdenken über das eigene Denken hilft dabei ungemein.

»Am wichtigsten ist es, den Geist geschmeidig zu erhalten«

Oder man kauft sich einen Ratgeber.

Wenn man einen guten findet. Gerade Ökonomen lieben es, Patentrezepte zu verkaufen. Die finden sich dann als „Management by Chaos", „Führung durch Delegation" oder „Lean Management" alljährlich in den Buchläden wieder – immer soll es die endgültige Form der Entscheidungsfindung sein. An all diesen Vorschlägen ist durchaus etwas Richtiges, nämlich für bestimmte Umstände, die dann in der konkreten Situation aber oft nicht zutreffen. Der Methodismus – also die Wiederholung von erfolgreichem Handeln ohne Beachtung der wechselnden Bedingungen – ist eine der gefährlichsten Entscheidungsfallen. Vor allem, weil er oft eine Zeit lang funktioniert, aber plötzlich dann nicht mehr.

Wie äußert sich das konkret?

Nehmen Sie die Fehlentscheidung von BMW, Rover zu kaufen. Sie wurde getroffen, weil viele große Hersteller damals Konkurrenten übernahmen. Man wollte nichts verpassen. Die Folgen sind bekannt: BMW verkaufte Rover am Ende für zehn Pfund. Die Auswirkungen lassen sich für ganze Volkswirtschaften nachweisen: Ein indischer Kollege von mir hat berechnet, dass 97 Prozent aller Unternehmen, die es 1970 in Indien gab, bis zum Jahr 2000 verschwunden waren. Die meisten agierten zu lange nach der Maxime „Das haben wir doch schon immer so gemacht". Sie orientieren sich an der Vergangenheit, um über Zukünftiges zu entscheiden – das Produkt hat sich früher gut verkauft, das wird auch weiterhin so sein.

Haben Sie selbst je eine große Fehlentscheidung getroffen, die Sie noch lange bereut haben?

Vor einigen Jahren habe ich einen Ruf nach Berlin bekommen, ans Potsdam-Institut für Klimafolgenforschung. Ich sollte dort Bevölkerungsentwicklungen modellieren. Darauf hätte ich große Lust gehabt. Nach längerem Abwägen habe ich mich dennoch dagegen entschieden. Das war eine Fehlentscheidung – zumindest kommt es mir oft so vor, wenn ich daran zurückdenke.

Weshalb?

Ich hatte hier in Bamberg eine großartige Arbeitsgruppe und wollte gern meine Projekte zu Ende bringen. Mein Lehrstuhl wäre wahrscheinlich aufgelöst worden, und ich hätte die Leute nicht mitnehmen dürfen. Heute sage ich mir, ich hätte meine Arbeit auch in Berlin weiterführen können, mit besserer Ausstattung und vor allem schnelleren Computern. Außerdem liebe ich Berlin und seine leicht anarchistischen Bewohner. Letztlich musste ich mich zwischen zwei fast gleichwertigen Optionen entscheiden – und habe die eine Seite vielleicht etwas überbewertet.

Wann ist Ihnen das klar geworden?

So richtig erst zwei, drei Jahre später. Aber schon bei der Absage hatte ich Bedenken. Vielleicht hätte ich darauf hören sollen. □

Professor Dietrich Dörner, 71, war bis zu seiner Emeritierung Leiter des Instituts für Theoretische Psychologie an der Universität Bamberg. Bekannt wurde der Leibniz-Preisträger durch „Die Logik des Mißlingens", sein in mehrere Sprachen übersetztes Buch zur Entscheidungstheorie. Die Fragen stellten **Claus Peter Simon** und **Marlene Weiss**; **Peter Rigaud** hat fotografiert.

BILDNACHWEIS

FOTOHINWEISE NACH SEITEN

Anordnung im Layout:
l. = links, r. = rechts, o. = oben,
m. = Mitte, u. = unten

TITEL
Arthur Ash/Corbis

SEITE 3
Heiner Müller-Elsner/Agentur Focus: m; Jens Klatt: u.

SEITE 4
Lauren Fleishman: o.; Isadora Tast/laif: l. m.; Samuel Bollendorf r. m.; Jon Huck l. u.; Heiner Müller-Elsner/Agentur Focus: r. u.

SEITE 5
© Hans Namuth Ltd., courtesy Pollock-Krasner House and Study Center, East Hampton, NY: 5 o.; © Teun Hocks: u.

DIE WEGE DES LEBENS
Claudius Schulze/Bilderberg: 6/7; privat: 8; Heji Shin: 9; Joachim Ladefoged/VII: 10/11; aus NZZFOLIO: Esther Levine: 12 l., 13, Julia Komissaroff: 12 r.; Stefan Volk/laif: 14/15; Arsenal Filmverleih: 16 o. und m.; Cinetext: 16 u., 17; Marc Beckmann/Agentur Focus: 18/19; Lauren Fleishman: 20/21; privat: 22; Andreas Teichmann/laif: 23; Andrea Diefenbach/Agentur Focus: 24/25

WARUM GEFÜHLE SO WICHTIG SIND
Wellcome Library, London: 26/27, 28/29, 30, 32, 34; Tim Wehrmann: 31

WANN AHNT DER RECHNER MEHR ALS DER MENSCH?
Daniel Matzenbacher: 37

DIE MACHT DER INTUITION
© Hans Namuth Estate, courtesy Pollock-Krasner House and Study Center, East Hampton, NY, and Center for Creative Photography, University of Arizona: 38–43; © Digital image, The Museum of Modern Art, New York/Scala, Florence: 44; bpk/The Metropolitan Museum of Art © Pollock-Krasner Foundation/VG Bild-Kunst, Bonn 2010: 45

WAS GEHT HIER VOR?
Thomas Rabsch/laif: 46–51

DIE LOGIK DES MISSLINGENS
Peter Rigaud/laif: 52

WENN MENSCHEN FEHLER MACHEN
Benno Kraehahn: 58–70

DIALOG MIT DEM HALBGOTT IN WEISS
Daniel Matzenbacher: 73

MORGEN, MORGEN, NUR NICHT HEUTE
© Teun Hocks, courtesy Torch Gallery Amsterdam, P.P.O.W. Gallery New York, Galerie Patricia Dorfmann Paris, Fahey/Klein Gallery, Los Angeles: 74/75 (073. Untitled, 1989, Oil on toned gelatin silver print, 136x129 cm), 77 (185. Untitled, 2000, Oil on toned gelatin silver print, 164x129,5 cm), 78 (186. Untitled, 2000, Oil on toned gelatin silver print, 115x154 cm), 80 (207.Untitled, 2004, Oil on toned gelatin silver print, 149x126 cm)

WER PASST ZU WEM?
Jon Huck: 82–90

IST DER MENSCH IN TRANCE WILLENLOS?
Daniel Matzenbacher: 93

WAS DER BAUCH SO DENKT
Bryan Christie: 95, 98, 99; Jochen Stuhrmann: 97

AUGEN ZU – UND DURCH
Heiner Müller-Elsner/Agentur Focus: 102–113

WELCHER ENTSCHEIDUNGSTYP BIN ICH?
Clemens.Maurer@werk-c.de: 117–127

MYSTISCHE ENTSCHEIDUNGSTECHNIKEN
Daniel Matzenbacher: 129

ICH HABE FUNKTIONIERT WIE EIN ROBOTER
Daniel Rosenthal/laif: 132–138

WARUM WIR KAUFEN, WAS WIR KAUFEN
Samuel Bollendorf: 140–147

NEUE HEIMAT IN DER FREMDE
Isadora Tast/laif: 148–160

VORSCHAU
Robert Capa © 2001 by Cornell Capa/Magnum Photos/Agentur Focus

Beim Fliegenfischen denkt der Arzt Peter Sawicki oft über seine Verantwortung als Mediziner nach. Vor vielen Jahren hat er eine Patientin ins Leben zurückgeholt, obwohl sie sterben wollte (davon erzählt Sawicki auf Seite 70)

SCHEIDEWEGE

WENN MENSCHEN FEHLER MACHEN

VON BENNO KRAEHAHN (FOTOS) UND KATJA TRIPPEL (PROTOKOLLE)

Manche Fehlentscheidungen begleiten einen über Jahre und Jahrzehnte. Einige sind nicht wiedergutzumachen. Aber aus fast allen lässt sich lernen, aus manchen gar neue Kraft schöpfen. Das zeigen auch die Erfahrungen jener sechs Männer und Frauen, die hier von ihren Fehlern berichten

Vor diesem Gartenhaus haben Susan Bindermann und ihr Vater nach dessen Schlaganfall stundenlang geredet. Als er zwei Jahre später im Sterben lag, schickten die Ärzte sie aus dem Krankenhaus weg – und sie ließ es sich gefallen

Der verpasste Abschied

SUSAN BINDERMANN, 38, Literaturagentin in Berlin

Ich war sechs Jahre alt, als meine Eltern sich scheiden ließen und sich der Kontakt zu meinem Vater verlief. Mit 18 – ich hatte gerade in Dresden mein Literaturstudium begonnen – bekam ich plötzlich einen Anruf: Mein Vater läge nach einem Schlaganfall im Pflegeheim. Ich bin sofort hingefahren. Und habe ihn von da an jede Woche zwei, drei Mal besucht. Uns beiden hat das sehr gutgetan, endlich wieder Vater und Tochter zu sein. Wir haben stundenlang geredet, ich erzählte ihm aus meinem Studentenleben, im Sommer habe ich ihn im Rollstuhl zu seiner alten Datsche geschoben und ihm ein Bier spendiert, was eigentlich streng verboten war, aber er freute sich so.

Zwei Jahre später wieder ein Anruf: Ich solle schnell kommen, meinem Vater gehe es sehr schlecht. Noch heute weiß ich genau, welchen Weg ich damals ins Pflegeheim fuhr. Ich habe geholfen, ihn zu füttern, ich sah die Scham in seinen Augen, weil er sich vor mir übergeben musste. Ich hatte nur Angst, ihn zu verlieren.

Am nächsten Tag fiel er ins Koma und wurde ins Krankenhaus überwiesen. Als ich dort sein Zimmer betrat, hätte ich eigentlich verstehen müssen, was das bedeutet: Es war hell und kahl, kein Schmuck, keine Geräte, stattdessen dieser Geruch. Doch die Ärzte beruhigten mich. Sie hätten ihn stabilisiert, morgen würde es ihm besser gehen. Ich wollte trotzdem unbedingt die Nacht bei ihm bleiben. Aber die Ärzte sagten: Er bekommt nichts mit, kommen Sie morgen wieder. So fuhr ich nach Hause.

Mein Vater starb noch in derselben Nacht.

Bis heute macht mir das zu schaffen. Ich hätte ihn nicht allein lassen dürfen, hätte mich gegen die Ärzte durchsetzen sollen. Nicht einmal verabschieden konnte ich mich von ihm: Als ich darum bat, meinen Vater noch einmal sehen zu dürfen, hieß es: Wir haben den Schädel aufgeschnitten, das ist kein Anblick für ein junges Mädchen.

Auch bei der Trauerfeier kam ich mir fehl am Platz vor, wusste nicht, wie ich mich zwischen all den unbekannten Leuten verhalten sollte. Ich habe nicht einmal geweint. Die Trauer kam ein halbes Jahr später – mit voller Wucht. Ich lag in der Badewanne und fing an zu weinen, konnte gar nicht mehr aufhören.

Jetzt, 17 Jahre später, habe ich meinem Cousin die alte Datsche meines Vaters abgekauft. Ich weiß nicht wirklich, was ich damit soll. Ich hatte einfach das Gefühl, ich müsste sie behalten. Vielleicht können ja eines Tages meine Kinder am Lieblingsplatz ihres Großvaters spielen.

Der falsche Beruf

KLAUS LINGENAUBER, 39, Grafikdesigner in Hamburg

Als meine Mutter die dritte Tochter zur Welt brachte, knallte mein Vater wütend die Tür zum Krankenzimmer zu – so jedenfalls lautet eine unserer Familiensagen. Auf mir als männlichem Nachkömmling ruhte dann alle Hoffnung: Ich würde die Bäckerei übernehmen, die mein Großvater gegründet und mein Vater zur größten im sauerländischen Winterberg ausgebaut hatte.

Dass ich schon als Kind lieber malte und bastelte, anstatt in der Backstube zu helfen, interessierte niemanden; dass ich gern zur Schule ging und über eine Lehre als Druckvorlagenhersteller nachdachte, auch nicht. Für meine Eltern stand fest: Klaus macht die mittlere Reife und lernt Bäcker. Wofür sonst rackerten sie sich 365 Tage im Jahr ab?

Ich weiß heute nicht mehr, ob ich es überhaupt gewagt habe, eine Alternative anzusprechen. Daran gedacht habe ich sicher, doch wer hätte mich unterstützt? In meinem Umfeld waren Ideen, die über den Horizont des Schützenvereins hinausgingen, nicht gefragt.

Als dann mein Vater starb, drängte meine Mutter mich noch mehr. Und ich fühlte mich in der Pflicht, fügte mich schließlich, ohne weiter nachzudenken, was ich wirklich beruflich wollte. Ich war zwar erst 16, aber ich hätte mich mehr wehren können. Das war ein großer Fehler.

Denn die Lehre wurde – obwohl ich mich trotz allem sogar darauf gefreut hatte – zum Horror. Der Meister war im Vergleich zu meinem Vater eine totale Null, ein Pionier der heute überall verbreiteten Tiefkühl-Backerei, der mir wenig beibrachte. Als ich die Lehre endlich abgeschlossen hatte, hackten unsere Gesellen, die nach dem Tod meines Vaters den Laden schmissen, ständig auf mir herum. Genau wie meine Mutter. Nichts konnte ich ihnen recht machen, eine wirklich schreckliche Zeit.

Die Wende kam ausgerechnet auf einem dieser Schützenfeste, bei denen sich das komplette Dorf hemmungslos betrinkt. Ich lernte einen Grafiker kennen, der in Düsseldorf eine Werbeagentur betrieb. Er erzählte mir von seinem Studium und wie er Anzeigen gestaltet. Genau so etwas wollte ich auch machen!

Gleich am nächsten Morgen kündigte ich bei meiner Mutter. Sie war fassungslos. Doch ein Gespräch brachte sie selbst da nicht zustande; genau genommen haben wir bis heute nie wieder richtig miteinander geredet.

Inzwischen habe ich das Fachabitur nachgemacht, Grafikdesign studiert und gestalte heute als Art-Direktor Zeitschriften – mein Traumjob.

Mit seiner Tochter backt Klaus Lingenauber inzwischen gern – jetzt, wo er nicht mehr als Bäcker arbeitet, wie es seine Eltern einst von ihm verlangt hatten

Christine Walter fühlte sich lange Zeit für den Suizid ihres Vaters verantwortlich. Inzwischen hat sie sich von diesem Schuldgefühl befreit, möchte aber dennoch nicht identifiziert werden

Die Augen verschlossen

CHRISTINE WALTER*, 55, Personal Coach und Beraterin, lebt in einer Großstadt

„Ich habe mich erschossen“, flüsterte mein Vater, als ich ihn in seiner Werkstatt fand, blutüberströmt, mit einer Pistole in der Hand. Und: „Das habe ich wegen dir getan, bleib bei mir.“ Es waren seine letzten Worte. Ich weiß bis heute nicht, was ihn bewog, sich das Leben zu nehmen. Aber inzwischen, nachdem viele Jahre vergangen sind, bin ich endlich frei von den Schuldgefühlen, die mich lange quälten; von der Vorstellung, dass alles anders gekommen wäre, hätte ich nur an diesem Morgen anders auf ihn reagiert.

Ich kannte nie ein „normales“ Vater-Tochter-Verhältnis. Vielmehr erlebte ich an ihm zwei gegensätzliche Seiten: zum einen die des liebevollen Vaters, der mir geduldig das Schreiben oder das Holzsägen beibrachte, mich über alle Maßen bewunderte und förderte – und zum anderen die eines Cholerikers, der bei unvermittelten Wutausbrüchen brutal auf mich einprügelte.

Seit meiner Pubertät hatte er zudem begonnen, mich auf eine Art zu berühren, die eindeutig zu weit ging. Ich versuchte zwar, mich gegen ihn aufzulehnen, zog sogar gegen seinen Willen zum Studium nach Berlin. Aber es gelang mir nie, mich seinen Besitz- und Liebesansprüchen zu entziehen. So kehrte ich mit 22 und frisch verheiratet mit meinem Mann in das Haus der Familie zurück.

Am Morgen des Suizids war mein Mann früh zur Arbeit gefahren, und ich hatte verschlafen, was mir sonst – aus Angst vor „Überraschungsbesuchen“ meines Vaters im Bad oder Schlafzimmer – nie passierte. Ich erwachte, weil ich spürte, dass er vor meinem Bett stand. Ich hörte seinen Atem, spürte seinen Blick, hatte den Eindruck, dass ihn etwas beschäftigte. Und entschied, mich schlafend zu stellen.

Ich ahnte, dass ihm etwas auf der Seele lag, aber ich wollte einfach nur, dass er geht, was nach ein paar Minuten auch geschah. Kurz darauf hörte ich meine Mutter rufen, der Vater sei verschwunden. Ich machte mich auf die Suche – und fand ihn mit einer Kugel im Herzen.

Was wäre geschehen, wenn ich mich im Bett aufgesetzt und gesagt hätte: „Guten Morgen, gibt's was?“ Was wollte er mir erzählen? Habe ich ihn im Stich gelassen? Diese Fragen hatte ich mir jahrelang immer wieder gestellt, hatte mich schuldig gefühlt wegen meiner Entscheidung, ihm an diesem Morgen bewusst auszuweichen. Erst nach jahrelanger Aufarbeitung unserer Vater-Tochter-Beziehung kann ich heute sagen: Er ist für seinen Suizid allein verantwortlich, mich als sein Kind trifft keine Schuld.

Vielleicht hatte er nach seinem Infarkt Angst, weiterzuleben? Vielleicht wurde er mit seiner Fixierung auf mich nicht fertig? Wie auch immer, ich habe mit dem, was damals geschah, meinen Frieden gemacht. Und verwende das, was ich aus dem Geschehen gelernt habe, nun dazu, meine Klienten als Beraterin und Coach zu unterstützen. Außerdem habe ich ein Herzensanliegen verwirklicht: ein Notfalltelefon für Kinder zu initiieren. Ich schaue vorwärts, nicht mehr zurück.

* Name geändert

Lange Zeit träumte Frank Schlieders Familie von einem Haus am Stadtrand. Dann erfüllte sich dieser Traum – und alle waren unglücklich

Die Idylle, die keine war

FRANK SCHLIEDER, 37, Volkswirt aus Köln

Nichts ist befreiender, als eine Fehlentscheidung zuzugeben – und rückgängig machen zu können. Das haben meine Frau und ich gelernt. Vor sieben Jahren kam unsere Tochter zur Welt, und mit ihr wuchs auch der Traum vom eigenen Häuschen mit Garten. Irgendwie gehörte es zu unserer romantischen Vorstellung einer Familie, vielleicht, weil wir beide selbst in Einfamilienhäusern groß geworden sind.

Gleich das erste Objekt, das wir anschauten, schien uns ein Volltreffer zu sein: ein Reihenendhaus aus den 1930er Jahren mit hohen Decken, Parkett, 240 Quadratmetern. 2005 zogen wir ein.

Und dreieinhalb Jahre später wieder aus.

Wir hatten beide kolossal unterschätzt, wie viel Geld und Zeit so ein Eigenheim frisst. Die Heizkosten, der Dachdecker, die Müllgebühren – für Urlaube oder kleine Freuden wie Restaurantbesuche blieb schon nach einem Jahr kaum etwas übrig. Dazu die ganze Arbeit! Ich hatte mich eigentlich auf den Garten gefreut, doch das ständige Rasenmähen, Unkrautjäten, Büscheschneiden, Blätterzusammenfegen haben mich ehrlich gesagt überfordert; ich bin einfach kein Handwerkertyp. Auch meine Frau war genervt, weil sie vor lauter Rumräumen und Putzen überhaupt nicht mehr zum „Leben im Jetzt" kam, wie sie sagte. Und meine Tochter beschwerte sich bitter, ich hätte nicht einmal mehr am Wochenende Zeit für eine Radtour mit ihr.

Es gab mehr und mehr Streit, wir wurden zunehmend unzufrieden, sind schließlich genervt umeinander rumgeschlichen. Bis meine Frau mich direkt fragte: Sag mal, ist dieses Haus vielleicht einfach nicht das Richtige für uns? Mir fielen ganze Gebirge von den Schultern, als ich das hörte! Und ihr auch, als sie merkte, dass ich diesen Gedanken teile.

Voller Energie begannen wir einen Plan aufzusetzen mit dem Ziel: zurück in eine Wohnung! In unserem Umfeld waren viele geradezu geschockt: „Aber so ein Haus ist doch was Solides, das gibt man nicht einfach wieder auf!"

Wir schon. Seit gut einem Jahr haben wir eine Wohnung in Zentrumsnähe von etwas mehr als 100 Quadratmetern – dafür mit dem Gefühl, endlich wieder in unserem Leben angekommen zu sein. Der finanzielle Verlust war heftig, das ließ sich nicht vermeiden. Aber der emotionale Gewinn macht das verlorene Geld locker wieder wett.

Auf der Bank saß Gisela Meyer mit ihrem Mann kurz vor seinem Tod. Sie glaubt, dass die von beiden tief bereute Entscheidung, Organe ihres hirntoten Sohnes zur Transplantation freizugeben, ihn am Ende krank gemacht hat

Organspende mit Folgen

GISELA MEYER, 69, pensionierte Lehrerin für Krankenpflege und Hospizmitarbeiterin aus Bad Bodendorf

Ich habe meinen Sohn im Sterben allein gelassen. Welche Mutter würde das bei klarem Verstand tun?

Winterurlaub 1991. Die letzten Bilder, die ich von Lorenz gespeichert habe, sind wunderschön. Die Familie auf Skiern, er, fast 16, fuhr vor mir, ich staunte, wie groß er geworden war. Er fragte, ob er noch mal dürfe, allein. Warum nicht? Eine blaue Piste. Der Rest der Familie ging schon zur Ferienwohnung. Es wurde dunkel. Kein Lorenz. Wir sind dann noch mal zum Lift. Hörten, ein Junge sei verunglückt.

Er war eine Böschung hinuntergefallen. Mit dem Hinterkopf auf einen Stein geschlagen. Schwere Hirnverletzungen. Da lag er, als würde er schlafen. Entspanntes Gesicht, rosige Haut. Nur die künstliche Beatmung und die Infusion erinnerten daran, dass etwas nicht normal war. Ärzte und Schwestern kamen ins Zimmer, gaben Medikamente, lagerten Kissen um. Das gab Hoffnung. Dann aber, am nächsten Mittag, die Worte des Chefarztes. Unser Kind sei tot. Die Apparate würden schon bald abgestellt. Bis dahin sollten wir uns überlegen, ob wir einer „Organspende“ zustimmen würden. Gebraucht würden Herz, Leber, Nieren, Augen …

Eine unvorstellbare Situation: am Bett des eigenen Kindes zu sitzen, die warme Hand halten, das Herz schlagen fühlen, und dann so eine Entscheidung. Mein Mann hat später oft gesagt: Wir wurden in unserem schwächsten Moment benutzt. Es ging nicht um unsere Not oder die unseres Kindes. Wenn Sie Nein sagen, haben Sie den Tod anderer zu verantworten: Das stand im Raum. Aufklärung wurde uns bewusst vorenthalten, davon bin ich überzeugt. Kaum einer weiß, dass die Organentnahme bei laufender Beatmung geschieht. Dass der Spender dabei Stoffwechselreaktionen hat, der Blutdruck ansteigt, es zu Schwitzen kommen kann.

Reflexe, sagt die Schulmedizin. Aber Stimmen mehren sich, die sagen, man könne den Hirntod nicht mit dem Tod an sich gleichsetzen. Die Medizin aber brauchte diese Definition. Musste den Tod vom Herz ins Hirn verlagern, um an lebensfrische Organe zu kommen.

Gleich würden die Apparate abgestellt, dachte ich, als ich Lorenz zum letzten Mal sah, erst dann würde mit der Operation begonnen. Danach würden wir uns in Ruhe verabschieden können. Ich dachte, ich sei vorbereitet. Als Krankenschwester hatte ich Sterbende begleitet, deren Anblick im Tod Frieden ausdrückte. Anders bei Lorenz. Sein Gesicht sah nach der Organentnahme schmerzvoll aus. Schrecken und Panik überkamen uns. Wir hatten unser Kind im Stich gelassen.

Dieses Bewusstsein verstärkte sich später. Keinem Menschen, so wurde mir klar, darf vorgemacht werden, er könne dem Tod durch „Organspende“ einen Sinn geben. Die Ohnmachtsgefühle haben etwas in uns kaputt gemacht, der Krebs bei uns beiden kam sicher nicht von ungefähr. Mein Mann ist kürzlich daran gestorben. Vor über zehn Jahren haben wir mit anderen Betroffenen eine Initiative zur „Kritischen Aufklärung über Organtransplantation“ gegründet, um zu informieren. Wenn jemand alle Hintergründe zur Organentnahme kennt, seine Angehörigen miteinbezogen hat und dann aus Überzeugung sagt: „Ja, ich habe einen Organspendeausweis“, dann kann ich das akzeptieren. Sonst nicht.

Protokoll: Elisabeth Hussendörfer

Ärzte sollten kritisch über das medizinisch Machbare nachdenken und von Zeit zu Zeit innehalten, sagt Peter Sawicki. Er versucht es beim Angeln

Das Machbare und sein Preis

PETER SAWICKI, 53, Arzt und Leiter des Instituts für Qualität und Wirtschaftlichkeit im Gesundheitswesen, Köln

Jeder Arzt mit ein paar Jahren Krankenhaus-Erfahrung hat in seinem Hinterkopf einen privaten Friedhof. Mit diesem Wissen müssen wir Mediziner leben, denn wer täglich in wenigen Sekunden über lebenswichtige Dinge entscheiden muss, macht Fehler – das lässt sich schlicht nicht vermeiden.

Mich persönlich beschäftigt bis heute das Schicksal einer etwa 80-jährigen Patientin. Sie wurde als Notfall eingewiesen, als ich Chefarzt am Kölner St.-Franziskus-Hospital war: bewusstlos, blau angelaufen, schwacher Puls, kaum messbarer Blutdruck. Eine Nachbarin hatte sie gefunden; das Röntgenbild zeigte eine schwere Lungenentzündung mit massiven Wassereinlagerungen und ein viel zu großes Herz. Ohne Eingriff würde es wohl in wenigen Minuten versagen. Meine Kollegen fragten: Lassen wir sie sterben oder intubieren und beatmen wir? Ich entschied mich fürs Handeln, wie es Ärzte meist tun – weil wir es so gelernt haben und weil keine Zeit zum Nachdenken bleibt.

Die Frau überlebte. Doch am nächsten Tag stürzte ihre Tochter wütend, geradezu verzweifelt in mein Büro, in der Hand die Patientenverfügung ihrer Mutter, die jede künstliche Hilfe im Notfall untersagt. „Warum quälen Sie meine Mutter so?!", schrie sie mich an, „erst vor einem Monat bat sie mich, sie zum Notar zu begleiten, und nun liegt sie hier an tausend Schläuchen und Maschinen?"

Ich konnte von der Patientenverfügung bei der Einlieferung nichts wissen. Dennoch wuchs meine Bestürzung in den folgenden Wochen, denn die alte Dame erlitt auf der Intensivstation jede erdenkliche Komplikation: Ihre Nieren versagten vorübergehend, sie hatte einen Darmverschluss, schließlich einen Schlaganfall und wachte halbseitig gelähmt auf. Auch wenn sie sich langsam erholte, war klar, sie würde nicht wieder in ihre Wohnung zurück können, hatte ihre Selbstständigkeit verloren. Hätte ich es bei ihrer Einlieferung zugelassen, wäre sie dagegen schnell gestorben.

Als sie wieder ansprechbar war, setzte ich mich an ihr Bett und entschuldigte mich. „Ich bedaure sehr, wie Sie leiden mussten. Ich habe damals nichts von Ihrer Patientenverfügung gewusst." Die alte Dame beugte sich vor, legte ihre Hand auf meine und antwortete: „Aber die war doch nur für den Fall, dass ich mal richtig schwer krank werde."

So paradox die Antwort angesichts ihres Dramas war, sie erleichterte mich kurzzeitig. Doch juristisch habe ich mich, wenn auch schuldlos, falsch entschieden, als ich sie ins Leben zurückholte. Und auch medizinisch halte ich meine Entscheidung für problematisch. Denn ich habe sie wahrscheinlich nicht aus Überzeugung, der Frau zu helfen, gefällt, sondern weil sie mir am leichtesten fiel.

Wir Ärzte handeln viel zu häufig so; Aktion quasi als Übersprungshandlung ist einfacher als bewusstes Nichthandeln, vielleicht spielen dabei auch Allmachtsfantasien eine Rolle, dass wir meist das medizinisch Machbare auch machen – und nicht, weil wir sicher sind, damit den Patienten etwas Gutes zu tun. Es gibt in solchen Fällen keine einfachen Antworten, aber wir sollten darüber intensiver nachdenken und miteinander sprechen. □

Der Berliner Fotograf **Benno Kraehahn**, 42, hat für dieses Projekt lange nach einer gemeinsamen Bildsprache für zwei Arten der Fehlentscheidungen gesucht – für die rückgängig zu machenden und die nicht mehr revidierbaren. **Katja Trippel**, 37, ist GEO-Redakteurin.

GEOWISSEN
Die Heilkraft der Bewegung
SPORT UND GESUNDHEIT

GEOWISSEN
DAS GEHEIMNIS DER
SPRACHE

GEOWISSEN
PUBERTÄT
Auf der Suche nach dem neuen Ich
Auch als DVD-Version erhältlich

GEOWISSEN
SANFTE MEDIZIN
Der andere Weg zur Gesundheit

GEOWISSEN
WER BIN ICH?
LEBENSLAUF-FORSCHUNG:
Was die Persönlichkeit prägt

GEOWISSEN
DIE IDEALE SCHULE
Was Jungen und Mädchen optimal fördert
Auch als DVD-Version erhältlich

Dialog mit dem Halbgott

Die meisten Menschen wollen gefragt werden, wenn es um die Behandlung einer Krankheit geht. Doch nur selten gehen Ärzte darauf ein. Dabei geht es den Patienten nach solchen Konsultationen auf jeden Fall seelisch besser

VON MARION ROLLIN (TEXT) UND DANIEL MATZENBACHER (ILLUSTRATION)

Er fühlte sich kerngesund. Die Untersuchung beim Urologen: bloße Vorsorge. PSA-Wert-Bestimmung, um sich zu vergewissern, dass sich in der Prostata kein Krebs gebildet hat. Routine in diesem Alter, nebenbei erledigt auf dem Weg ins Büro.

Doch zwei knappe Sätze reichten aus, um Timm Ohrts Leben aus der Bahn zu werfen: „Ihr PSA-Wert ist auf 5,6 gestiegen. Das bedeutet Verdacht auf Krebs." Eine Biopsie bestätigte wenig später, dass der damals 63-Jährige unter einem lokalen, in der Prostata eingekapselten Karzinom litt.

Der Krebs zwang Ohrt zum Innehalten. Fast vier Jahrzehnte hatte er als Architekt von seinem Hamburger Büro aus gewirkt. Sein Erfolgsrezept: Risikofreude und Entscheidungsstärke. Doch jetzt verließ ihn die Entschlusskraft.

Sein Urologe drängte zur sofortigen Operation. Damit sei die Gefahr gebannt, dass der Tumor die Prostata-Kapsel sprengen und streuen könne. Eine befreundete Ärztin dagegen riet, abzuwarten; das Risiko, durch die Operation impotent und inkontinent zu werden, sei groß.

Verwirrt konsultierte Ohrt noch mehr Ärzte – und erhielt weitere Ratschläge: Hormontherapie, Bestrahlung, Hyperthermie. Schließlich erhoffte er sich Klarheit vom Chef-Urologen eines großen Universitätskrankenhauses.

Der aber zeigte keinerlei Verständnis für Ohrts Zweifel: „Wenn Sie sich gegen eine Operation entscheiden, kommt das einem Selbstmord gleich." Benommen verließ Timm Ohrt mit seiner Frau die Klinik.

Er begann, selbst zu recherchieren, Menschen aufzusuchen, die mit der gleichen Diagnose lebten.

Sein zunehmendes Wissen machte die Entscheidung nicht einfacher. Er erfuhr, dass nur ein kleiner Teil der Prostata-Karzinome wächst und damit ein tödliches Risiko birgt, die große Mehrheit bedarf hingegen keiner Therapie. Doch gibt es bislang keine zuverlässige Methode, beide Typen voneinander zu unterschieden.

Ohrt fühlte sich zerrissen. Schließlich entschied er sich gegen die Behandlung – und gründete zwei Selbsthilfegruppen. „In diesen Gruppen", sagt er, „ist heute mehr geballtes Wissen über Prostata-Krebs vorhanden, als es ein einzelner Facharzt haben kann".

OHRTS FALL steht für einen Wandel in der Medizin. Noch vor zwei Jahrzehnten haben Ärzte meist allein entschieden, welche Therapie für einen Kranken die beste sei. Doch dieses paternalistische Prinzip ist ins Wanken geraten: Ärzte haben es heute mit Patienten zu tun, die eigene Wertvorstellungen und Therapievorschläge mitbringen. Zehntausende Selbsthilfegruppen haben dazu beigetragen.

Oft haben Ärzte schlicht keine Zeit für längere Gespräche

Auch das Internet lässt die Expertenmacht erodieren – unter anderem deshalb, weil Universitäts-Websites über alternative Krankheitsdeutungen und Heilmethoden informieren. Das hat dazu geführt, dass sich inzwischen mehr als 50 Prozent aller Deutschen mit Online-Zugang schon einmal im Internet medizinisch informiert haben.

Alle Umfragen bestätigen, dass die große Mehrheit der Patienten an der Entscheidungsfindung mitbeteiligt werden will. Die neuen Möglichkeiten führen aber auch zu neuen Unsicherheiten. „Es ist schwierig, über etwas zu entscheiden, was man nicht versteht", sagt die Internistin Ingrid Mühlhauser, die den Bereich Gesundheitswissenschaften an der Universität Hamburg leitet.

Der Patient, überflutet von Informationen, könne Fakten oft nicht bewerten. Deshalb, erklärt Ingrid Mühlhauser, brauche er Unterstützung durch seinen Arzt. Der müsse dem Kranken verschiedene Therapievorschläge samt Vor- und Nachteilen präsentieren und dafür wissenschaftliche Studien heranziehen.

„Am Ende geht es schlicht und einfach darum, die Qualität der gemeinsamen Entscheidung zu verbessern", so Ingrid Mühlhauser.

Gesundheitswissenschaftler haben dieser vom Patientenwillen ausgelösten Strömung bereits einen Namen gegeben: „Partizipative Entscheidungsfindung" (PEF).

Doch folgen nur wenige Mediziner diesem Konzept. Ingrid Mühlhauser glaubt zu wissen, weshalb: „Die meisten Ärzte trauen dem Patienten gar nicht zu, dass er entscheiden kann, was für ihn selbst wichtig ist."

So hat eine Auswertung von 1000 Audio-Mitschnitten von Arzt-Patienten-Gesprächen ergeben: Nur bei jedem fünften Gespräch wurden die Wünsche des Erkrankten überhaupt diskutiert; bei jedem zehnten nur wurden Therapie-Alternativen besprochen; und ledig-

in Weiß

Geht es um Leben und Tod, wollen sich viele Patienten nicht allein auf Mediziner verlassen

lich sechs Prozent der Patienten wurden über Vorteile und Risiken der Behandlungsmethoden informiert.

Häufig fehlt den Ärzten die Zeit für längere Gespräche. Jeder zweite Mediziner fühlt sich durch Patienten, die sich zuvor über ihr Leiden und Behandlungsmethoden informieren, zusätzlich bei der Arbeit belastet, wie eine Umfrage ergab.

Deshalb bedeutet Partizipation in der Praxis oft, dass der Arzt seinen Patienten in aller Eile über Diagnose und mögliche Therapien informiert und ihm dann am Ende sagt: „So, jetzt entscheiden Sie!" Mit dieser Art der Autonomie sei ein kranker Mensch aber völlig überfordert, so Ingrid Mühlhauser.

Doch können auch die Patienten dafür sorgen, dass sich die Distanz zwischen ihnen und dem Arzt verringert, erklärt Ralph Hertwig, Professor für Entscheidungspsychologie an der Universität Basel. Schon die Art und Weise, wie ein Erkrankter frage, könne einen Mediziner dazu bringen, einen anderen Blick auf dessen Sorgen zu haben. Statt „Was raten Sie mir" könne ein Patient etwa fragen: „Was würden Sie Ihrer Mutter raten, wenn sie vor dieser Entscheidung stünde?"

Ein gleichberechtigter Dialog, das ergab eine US-Studie mit mehr als 600 Krebspatienten, kann zumindest die psychische Gesundheit des Betroffenen stärken. Etwa die Hälfte der behandelnden Ärzte in dieser Studie beteiligte die Patienten an Entscheidungen – etwa darüber, ob die Therapierichtung oder die Medikamentengabe geändert wird. Dadurch verbesserte sich zwar nicht der körperliche Gesundheitszustand. Aber das psychische Wohlbefinden war deutlich höher als bei jenen Patienten, die alles dem Arzt überlassen hatten.

Timm Ohrt hat seine Entscheidung, sich nicht operieren zu lassen, gegen die Fachärzte getroffen. Inzwischen sind elf Jahre vergangen, dem heute 74-Jährigen geht es nach wie vor gut: „Der Krebs lässt mich nicht aus den Augen. Aber ich lasse ihn auch nicht aus den Augen!"

Werde er sich Vorwürfe machen, falls der Krebs doch noch die Prostata-Kapsel sprenge?

Vorsichtig antwortet Ohrt: „Das Leben ist doch immer eine unsichere Sache." □

ENTSCHEIDUNGSSCHWÄCHE

MORGEN, MORGEN, NUR NICHT HEUTE

Viele Menschen schieben unangenehme Dinge endlos vor sich her, andere vermeiden aus Furcht vor den Folgen jede Entscheidung. Psychologen haben Anti-Grübel-Techniken und Gruppentherapien gegen die Aufschieberei entwickelt

VON SUSANNE PAULSEN (TEXT) UND TEUN HOCKS (ILLUSTRATIONEN)

Stellen Sie sich vor, Sie hätten sich für einen wissenschaftlichen Versuch gemeldet. Er findet in der psychologischen Abteilung der Universität Lund in Südschweden statt. Versuchsleiter Petter Johansson legt Ihnen Schwarz-Weiß-Fotos von Frauengesichtern vor, jeweils zwei gleichzeitig. Er fragt: „Welche Frau finden Sie attraktiver?“ Sie haben jeweils fünf Sekunden Zeit zum Auswählen. Dann werden die Bilder umgedreht, und Sie müssen sich die nächsten beiden Fotos ansehen.

Mit der Zeit wird Ihnen vielleicht ein wenig langweilig. Da deckt Johansson eines der beiden Fotos, die er eben erst umgedreht hat, wieder auf. Er fragt: „Warum haben Sie sich für diese Frau entschieden?“

Sie antworten nach bestem Wissen, etwa: „Es sind die Augen, ich mag große Augen“, oder: „Sie lächelt so sympathisch.“ Für Sie sind das absolut nachvollziehbare Begründungen. Und es gibt für Sie nicht die geringste Veranlassung, misstrauisch zu werden.

Und doch sind Sie einem Trick aufgesessen. Denn Johansson hat Ihnen nicht jene Frau gezeigt, die Sie ausgewählt hatten, sondern die andere – und Sie haben es nicht bemerkt.

Das zumindest ist den meisten der 80 Frauen und Männer passiert, mit denen Petter Johansson vor einiger Zeit diesen Test gemacht hat: Rund 75 Prozent der Probanden registrierten den Tausch nicht.

Was noch erstaunlicher war: Die Versuchsteil-

Wie weiter nun?
Foto-Illustration des
niederländischen
Künstlers Teun Hocks

nehmer argumentierten nun aus voller Überzeugung für das Bild, das sie sich nicht ausgesucht hatten. Nennenswerte Unterschiede bei den Begründungen für die eine oder andere Wahl ließen sich nicht finden – weder mithilfe computergestützter Wortfrequenzanalysen, bei denen Ausdrücke gezählt werden, die auf Unsicherheit oder Emotionalität hinweisen, noch beim Begutachten der Videos, bei dem Unbeteiligte die Argumentation der Probanden einschätzen sollten.

Einige Versuchspersonen führten sogar Gründe an, die erkennbar nichts mit der ursprünglichen Entscheidung zu tun hatten – etwa, wenn sie auf Ohrringe verwiesen, obwohl die ursprünglich gewählte Frau gar keine trug.

„Entscheidungsblindheit" haben die Wissenschaftler dieses Phänomen genannt. Es zeigt vor allem eines: Menschen haben mitunter erstaunlich wenig Übersicht über das, was in ihnen vorgeht, wenn sie etwas aussuchen.

Das hat einen Grund: Bei einer Entscheidung – und bei ihrer Umsetzung – wird ein großer Teil der Arbeit im Gehirn von Regelkreisen verrichtet, die dem Bewusstsein nicht unmittelbar zugänglich sind (siehe auch Seite 26).

Dieser Autopilot erleichtert den Alltag ungemein. Doch wie alle komplexen Systeme ist er anfällig für Störungen. Manchmal fallen die nur in Testsituationen wie in Lund auf. Bei einigen Menschen bockt er aber so heftig, dass sie nicht mehr oder nur unter Schwierigkeiten ihre Wahl treffen können. Oder unfähig sind, Entschlüsse umzusetzen.

Ihr Bewusstsein spürt zwar, dass etwas schiefläuft. Aber es vermag nicht gegenzusteuern. Dann kann es zu Entscheidungsschwächen kommen, die das Leben massiv beeinträchtigen.

Etwa zu ständigem Grübeln.

„Bei mir hat das kaum einer bemerkt", sagt Hanna Sanders*. „Die meisten Leute haben immer nur registriert, dass ich intelligent bin, gebildet und engagiert." Die 30-jährige Juristin aus Duisburg, die derzeit ein zweites Mal studiert – Erziehungswissenschaften –, erschien ihrer Umwelt bewundernswert aktiv. Sie war oft vom frühen Morgen bis elf Uhr abends unterwegs: in Seminaren und Vorlesungen, als Mitglied des Fachschaftsrates, als Tutorin für Erstsemester, als studentische Hilfskraft, zum Kaffeetrinken oder Kochen bei Freunden, auf Partys und in Klubs.

Doch das war für sie vor allem ein Gerüst aus Terminen, das sie sich baute, um so häufig wie möglich unter Menschen und beschäftigt zu sein. Sobald sie allein war, drohte sie in „diesen Zustand" abzurutschen, wie sie es nennt.

In diese Verfassung konnte sie geraten, wenn sie sich eine triviale Frage stellte, etwa: Wie gestalte ich meinen Tag? „Ich hatte zum Beispiel vor, einzukaufen, in die Bibliothek zu gehen und in die Sparkasse, das Ganze zwischen neun und halb elf", erzählt sie. „Aber dann begann ich, abzuwägen, was ich zuerst erledige." Die Mini-Entscheidung wurde zu einem großen Problem. Sie saß dann stundenlang in der Küche, trank einen Kaffee nach dem anderen. Ihre Haut und ihre Muskeln fühlten sich wie betäubt an, doch in ihr brodelte es.

Eine Tendenz zum Grübeln verdoppelt das Risiko, an einer Depression zu erkranken

„Ich verlor die lineare Denkstruktur", versucht sie zu erklären, „bog gedanklich mal hier ab und mal da, immer weiter. Der ganze Denkprozess wurde diffus und verlangsamte sich. Es fühlte sich an, als würde ich im Nebel durch Sirup waten." So vage waren ihre Gedankengänge, dass sie sie im Nachhinein nicht mehr rekonstruieren konnte.

Auch bei wichtigen Entscheidungen verirrte Hanna Sanders sich in Gedankenlabyrinthen ohne Ausgang – etwa wenn sie versuchte, abzuwägen, ob sie ihr Studium mit dem Bachelor oder dem Master abschließen, welche Kurse sie wählen, wann sie sich zu den Prüfungen anmelden sollte.

Freunde versuchten es mit guten Ratschlägen. Doch das verschlimmerte alles nur noch: Übernahm Hanna Sanders die Ideen anderer, schien ihr Leben zu funktionieren – denn sie handelte ja. Aber innerlich fühlte sie sich wie eine Marionette. Versuchte sie jedoch, die Vorschläge zu hinterfragen, dann ließen die den ohnehin schon erdrückenden Berg ihrer Grübeleien weiter anwachsen.

Wie entstehen solche Denkstrukturen? Weshalb verfängt sich ein Mensch in seinen eigenen Grübeleien?

„Jedes belastende Im-Kreis-Denken hat eine individuelle Entstehungsgeschichte", erklärt der Psychologe Tobias Teismann, der an der Universität Bochum das Grübeln erforscht. „Ein wichtiger Aspekt ist immer, dass der Betroffene sein Verhalten über Jahre einübt."

Hanna Sanders hat rekonstruiert, dass dies geschehen sein muss, nachdem ihr Vater gestorben ist. Sie war damals elf Jahre alt und bekam kaum seelischen Beistand von ihrem sozialen Umfeld. Sie war traurig, beschämt, verwirrt, überfordert und flüchtete sich ins Nachdenken: „Bin ich merkwürdig? Bin ich anders als die anderen? Was für ein Bild haben die anderen von mir, von meiner Mutter und meinem Bruder?"

Sie konnte diese Fragen nicht beantworten; ihre Gedanken drehten sich stundenlang im Kreis.

Zwischenzeitlich ging es ihr besser. Aber als sich Jahre später ihr Freund von ihr trennte, fiel sie in die Gewohnheit zurück – und fragte sich vor allem immer wieder, was sie nur falsch gemacht habe. In dieser Zeit durchlitt sie, ohne es zu wissen, eine depressive Episode.

„Das war sicherlich kein Zufall", sagt Tobias Teismann: „Depressivität und starkes Grübeln sind miteinander verkettet." Grübeln könne einerseits das Symptom einer kleineren oder größeren Depression sein. Doch es könne auch umgekehrt Depressionen auslösen.

Das zumindest hat die amerikanische Psychologin Susan Nolen-Hoeksema mithilfe einer Langzeitbeobachtung

* Namen geändert

Manchmal erscheint es wie die einzige Möglichkeit, Unliebsames zu vermeiden: sich unter der Bettdecke verkriechen. Doch ständiges Aufschieben kann eine schädliche Eigendynamik entwickeln

von Patienten nachgewiesen. Demnach verdoppelt eine Tendenz zum Grübeln das Risiko, an einer Depression zu erkranken. Eine ebenso fatale Rolle spielt das fruchtlose Im-Kreis-Denken, wenn eine depressive Phase überstanden ist: Bleibt es als Gewohnheit bestehen, erhöht es die Wahrscheinlichkeit, einen Rückfall zu erleiden.

Kann sich ein Betroffener dagegen wehren? Susan Nolen-Hoeksema schlägt vor, sich Formeln wie „Lass mich in Ruhe, du schadest mir!", vorzusagen, sobald man mit dem Grübeln beginnt.

Ganz auf ein Problem konzentriert, bemerkt man oft nicht, dass sich längst eine Lösung am Horizont abzeichnet: Wichtiges von Unwichtigem zu unterscheiden fällt vielen Menschen überraschend schwer

Hanna Sanders hätte das nicht geholfen, sie war schon zu tief in ihren Grübeleien verstrickt. Hilfe fand sie schließlich im Zentrum für Psychotherapie der Universität Bochum. Die dortigen Wissenschaftler bieten im Rahmen einer Studie Gruppentherapien für grübelnde Menschen mit leichten depressiven Symptomen an. In elf Sitzungen von je 90 Minuten lernen die Kursteilnehmer Denkweisen und Techniken, die sie gegen Entscheidungsschwierigkeiten und unproduktives Zu-viel-Denken verwenden können.

Nach dem Kurs behalten die Forscher ihre Patienten im Blick, befragen und testen sie: Welche der erlernten Methoden wenden sie an? Grübeln sie weniger als zuvor? Nehmen depressive Symptome ab, etwa Antriebslosigkeit oder Traurigkeit? Und sie wollen herausfinden: Beugt ein solcher Kurs langfristig Depressionen und Rückfällen vor?

Die Studie läuft noch, doch erste Ergebnisse seien positiv, sagt Tobias Teismann, einer der Studienleiter. Das Bewusstsein könne den außer Kontrolle geratenen Hirnbereichen das Grübeln offenbar wieder abgewöhnen.

Damit das funktioniert, müssen unterschiedliche Dinge zusammenkommen: So soll der Kurs unter anderem die Selbsterkenntnis fördern. Die Teilnehmer lernen, Grübeln von konstruktivem Denken zu unterscheiden: Das eine ist abstrakt, eng und ängstlich, das andere konkret und offen. Außerdem finden sie heraus, ob sie mit dem Grübeln insgeheim (und fälschlich) Positives verbinden – etwa, dass es einen klugen und tief denkenden Menschen auszeichne.

Darüber hinaus erproben sie Anti-Grübel-Techniken, darunter einfache Ablenkungsstrategien wie beispielsweise den Vorsatz, beim ersten Anzeichen unproduktiven Denkens einen kleinen Spaziergang zu machen. Oder Tricks wie den Grübelaufschub: Der Betroffene notiert sich einen festen Termin am Abend, zu dem er sich mit dem Thema beschäftigen wird. Oder imaginative Techniken: Man versetzt sich in Gedanken an ein Flussufer und versucht die unangebrachten Gedanken wie Herbstblätter davonschwimmen zu lassen.

Auch eine neue, auf den ersten Blick seltsam anmutende Technik gegen das Grübeln wird in Teismanns Kurs auf Wirksamkeit getestet: das von britischen Wissenschaftlern entwickelte „akustische Aufmerksamkeitstraining". Es beruht auf der Beobachtung, dass Grübler große Schwierigkeiten haben, ihre Aufmerksamkeit gezielt auf andere Dinge zu richten, wenn der Sog eines bestimmten Themas sie zu erfassen droht.

Deshalb üben die Kursteilnehmer, sich auf einzelne Umgebungsgeräusche wie die Stimme des Therapeuten, das Klopfen eines Bleistifts auf einen Tisch oder das Ticken einer Uhr zu konzentrieren. Danach versuchen sie, eine Zeit lang alle Reize gleichzeitig wahrzunehmen, um anschließend ihre Aufmerksamkeit wieder langsam von einem Reiz zum anderen wandern zu lassen. Für zu Hause gibt es eine Geräusch-CD mit Pferdegetrappel oder kochendem Wasser.

Einige Teilnehmer fanden das Training hilfreich. „Wahrscheinlich funktioniert es, weil Geräusche Gedanken ähnlich sind", sagt Tobias Teismann. „So lässt sich die etwa am Pferdegetrappel erlernte Aufmerksamkeitslenkung auch anwenden, um sich auf andere nichtgrüblerische Gedanken zu bringen."

Hanna Sanders lagen imaginative Techniken, in denen es um Bilder ging, mehr; sie hat wochenlang in Blätter verwandelte „Grübelthemen" fortschwimmen lassen.

Inzwischen hat sich der Vorgang automatisiert: Beginnende Grübeleien gleiten oft davon, ohne dass sie sich dafür etwas Bestimmtes vorstellen muss. Aber auch das im Kurs erarbeitete Wissen hilft ihr, kreisende Gedanken rechtzeitig zu erkennen und einzudämmen. „Ich bin jetzt 30 Jahre alt – und endlich handlungsfähig. Keiner ahnt, wie großartig sich das anfühlt."

DOCH LÄNGST NICHT ALLE Menschen mit massiven Entscheidungsschwierigkeiten gesunden so zügig wie Hanna Sanders. „Entscheidungsschwäche ist häufig die Folge ernster psychischer Störungen", erklärt der Berner Psychotherapeut Hansruedi Ambühl. „Bei solchen Patienten muss die Grunderkrankung behandelt werden, und das ist oft langwierig."

So erschweren zum Beispiel zwanghafte Persönlichkeitsstörungen das Entscheiden: Betroffene fühlen sich zur Perfektion gedrängt und beschäftigen sich deshalb intensiv mit Details. Sie bedenken zum Beispiel gründlich die Frage, ob ein gepolsterter Umschlag wirklich der Richtige sei für den Brief ans Finanzamt – und schicken ihn deshalb monatelang nicht ab.

Auch Zwangserkrankungen beeinträchtigen die Entschlussfähigkeit. Die Betroffenen sehen sich zu bestimmten Ritualen gezwungen: Sie waschen sich stundenlang die Hände oder schalten eine Lampe hundertmal an und aus, um sicherzugehen, dass das Licht tatsächlich gelöscht ist.

Zu anderen Zeiten fällt es ihnen oft schwer, Wichtiges von Unwichtigem zu unterscheiden. Chronische Unentschlossenheit ist mitunter sogar ein zentrales Symptom. So etwa beim „Messie-Syndrom" – einem schwerwiegenden, von unterschiedlichen psychischen Störungen hervorgerufenen Defizit in der Fähigkeit, die eigene Wohnung in Ordnung zu halten und Alltagsaufgaben zu organisieren.

„All diese Störungen beeinträchtigten eine oder mehrere der drei Grundfertigkeiten, die ein gesundes Entscheiden ermöglichen", sagt Ambühl. Dazu zählt der Therapeut:

• angemessene Bescheidenheit, was die Qualität eigener Entscheidungen angeht; sie fußt auf dem Wissen, dass es 100-prozentig Richtiges nicht gibt;

• die Fähigkeit, sich Fehler zu verzeihen; sie erwächst aus einem intakten Selbstbewusstsein, das es ermöglicht, eine positive Einstellung zur eigenen Person zu bewahren;

• die Kunst, Aufwand und Ertrag pragmatisch abzuwägen – also nicht zu viel Energie an eher unwichtige Entschlüsse zu verschwenden.

Doch selbst wer all dies beachtet, ist damit noch nicht zwangsläufig für den Alltag gewappnet. Denn die getroffenen Entscheidungen müssen auch umgesetzt werden – und gerade das ist für viele Menschen nicht einfach. Sie neigen dazu, Geplantes zu verschieben.

Zuweilen ist das sinnvoll. Manche Vorhaben erledigen sich mit der Zeit von selbst; mancher Plan lässt sich später ebenso gut oder sogar besser ausführen. Ständiges Aufschieben kann jedoch eine äußerst schädliche Eigendynamik entfalten. Man erledigt Wichtiges gar nicht oder – gezwungen durch die Umstände – gehetzt im letzten Moment.

Manche Menschen schieben alles auf, vom Abwasch bis zum Abfassen eines Testaments

„Manche von uns schieben alles auf, vom Abwasch bis zum Abfassen eines Testaments", so Hans-Werner Rückert, Leiter der Psychologischen Beratung der Universität Berlin. Diese Menschen seien häufig höchst unzufrieden mit sich.

Aufschieben kann, wie das Grübeln, Teil einer psychischen Störung sein, etwa einer Angsterkrankung, einer Aufmerksamkeitsdefizitstörung (ADS) oder einer Depression. Doch es tritt oft auch als eigenes Phänomen auf. Bei manchen Betroffenen erzeugt es mit der Zeit ein Gefühl betäubender, lähmender Hoffnungslosigkeit.

In Umfragen in den USA, England, Australien, Peru und Chile gab jeder fünfte Erwachsene an, dass er Schwierigkeiten habe wegen seiner Neigung zum Aufschieben wichtiger Vorhaben.

Können Menschen ihren Tages- und Wochenablauf weitgehend selbst bestimmen, tritt das Problem besonders deutlich auf – etwa an Hochschulen: Studierende, die der Psychologe Timothy A. Pychyl von der Universität Ottawa untersucht hat, verwendeten im Durchschnitt ein Drittel ihres Alltags darauf, zu „prokrastinieren", wie es Fachleute ausdrücken – sie beschäftigten sich mit Ausweichaktivitäten, statt wie geplant für ihr Studium zu arbeiten.

EIN SOLCHER FALL war Benedikt Schwartz*, der an der Universität Münster Wirtschaftsinformatik studiert. An manchen Tagen drückte er fünfmal die Schlummertaste am Wecker, um noch etwas länger liegen zu bleiben. Dann quälte sich der 27-Jährige an den Schreibtisch, um seine Diplomarbeit zu schreiben, für die er vier Monate Zeit hatte. Offiziell gönnte er sich keine Freizeit mehr, verließ das Haus nur noch, um sich mit dem Nötigsten zu versorgen.

Doch statt zu arbeiten, surfte er meist bis spät in die Nacht im Internet und kontrollierte ständig seinen Mail-Account. Saß stundenlang vor dem Fernsehgerät. Saugte Staub. Und widmete seiner Diplomarbeit keine einzige Sekunde.

Wissenschaftler können den Zustand, in dem sich Schwartz befand, inzwischen ziemlich genau beschreiben, denn die Prokrastination wird seit einem guten Jahrzehnt intensiv erforscht. Auch hartnäckige Aufschieber sind demnach keineswegs faul – sonst würden sie die Vorhaben, die sie immer wieder vertagen, gar nicht erst planen.

Doch sie schlagen sich mit Widerwillen gegen ihr eigenes Projekt herum. Mithilfe von „Ausweichhandlungen" regulieren sie ihre aus diesem Konflikt entstandene schlechte Stimmung, denn diese Aufgaben sind weniger schwierig und schneller zu erledigen als das eigentliche Vorhaben; deshalb erzeugen sie positive Gefühle, wenn auch nur kurzfristig.

Eine Ursache des Widerwillens gegen ein eigenes Vorhaben kann zum Beispiel

Wenn das Unterbewusstsein im Regen steht: Menschen haben oft erstaunlich wenig Übersicht über das, was in ihnen vorgeht. Denn beim Entscheiden arbeiten Regelkreise im Gehirn, die der Ratio nicht zugänglich sind

eine unklare Motivation sein: Betroffene verharren beim ursprünglichen Plan, obwohl sie ihn eigentlich längst aufgeben oder verändern wollen. Oft kultivieren sie das Gefühl, sich vor allem aufgrund äußeren Drucks für die geplante Handlung entschieden zu haben.

In diesem Fall fühlt es sich mitunter geradezu lustvoll an, jenen Instanzen, die diese Leistung abverlangen – Eltern, Lehrern, Chefs – durch Schlendrian eins auszuwischen. Eine Studie der Universität Münster ergab, dass als hoch empfundene Erwartungen der Umwelt das Hinausschieben von Projekten deutlich stärker begünstigen als eigene hohe Ansprüche.

Bei Benedikt Schwartz war der Auslöser wahrscheinlich Versagensangst, eine häufige Ursache von Arbeitsstörungen. Eigentlich ein Allerweltsgefühl, mit dem viele Menschen umgehen müssen. Oft aber ist Versagensangst kombiniert mit mangelnder Frustrationstoleranz: Man akzeptiert nicht oder kann es nicht aushalten, dass sinnvolles, zielgerichtetes Arbeiten sich zeitweise unangenehm anfühlen kann. Dann kann es zu Symptomen wie bei Schwartz kommen.

„Etwa einmal pro Woche fühlte ich eine Art Schub", erzählt er, „das Gefühl, ich müsse unbedingt aktiv werden."

Wenn sein Zimmer schon sauber war, ging er in die Bibliothek. Dort las er, stundenlang. Er sagte sich, dass er sich gründlich mit der Theorie beschäftigen müsse, ehe er etwas aufschreiben könne. Sein Betreuer im Auslandssemester an der Universität Cambridge schickte mehrfach Mails, um sich nach seinen Fortschritten zu erkundigen. Schwartz antwortete Tage später und ausweichend. Er lag ganze Nächte wach, blieb sich selbst ein Rätsel.

Zum Abgabetermin hatte er lediglich das Inhaltsverzeichnis geschrieben. Ihm war klar: Er hatte jetzt nur noch einen Versuch. Würde er beim zweiten Anlauf keine Diplomarbeit zustande bringen, wären 14 Semester verloren.

Schwartz wandte sich an die Prokrastinationsambulanz der Universität Münster. Dort bietet der Psychologe Fred Rist mit seinen Mitarbeitern einmonatige Lerntrainings an, bei denen eine Kleingruppe viermal für jeweils zwei Stunden geschult wird. Das Programm soll nicht nur den Teilnehmern dienen, sondern auch die Forschung voranbringen.

Die Hauptfrage des Projekts lautet: Wie können Betroffene mit möglichst geringem Aufwand eine „verbesserte Selbststeuerung" erlernen, wie es in der Fachsprache heißt?

„Ratschläge wie etwa ‚Reiß dich doch einfach zusammen' helfen jedenfalls nicht", sagt Rist. „Bei hartnäckigen Prokrastinierern sind komplexe Steuerungsmechanismen im Gehirn aus dem Ruder gelaufen. Das Bewusstsein kontrolliert diese Verhaltenssteuerung nicht, sondern begleitet sie nur."

Ein Hilfsmittel gegen das Hinauszögern: nicht länger als 45 Minuten pro Tag an seiner Aufgabe arbeiten

Deshalb sei es unmöglich, den Widerwillen gegen die zu erledigende Tätigkeit mit bewusster Anstrengung direkt zu überwinden. Ein Aufschieber müsse seine Willenskraft geschickter einsetzen.

Benedikt Schwartz wurden mehrere unterschiedliche Strategien vorgeschlagen. Einige davon setzte er um. Dabei ging es mitunter um scheinbar so Banales wie etwa die Aufgabe, den Schreibtisch aufzuräumen. Oder: Mobiltelefon und Internet während der Arbeitsphasen auszuschalten.

Außerdem machte er jeden kleinen Fortschritt sichtbar, schrieb Erledigtes auf ein kleines Stück Papier und steckte diesen Zettel dann auf einen Zettelspieß. Schon das sorgte für ein Gefühl der Befriedigung: „Es funktionierte. Und ich sagte mir, jede andere Teilaufgabe ist auch nur ein Zettel, der aufgespießt wird."

Gespräche mit den anderen Teilnehmern zeigten ihm zudem, wie verbreitet die Aufschieberei ist. „Das Gefühl, nicht der einzige Vollidiot zu sein, ist unglaublich hilfreich."

Die wichtigste Strategie, die sich die Psychologen ausgedacht hatten, leuchtete Schwartz zunächst nicht ein: Er durfte nur 45 Minuten am Tag arbeiten.

Seine Zeit war aufgeteilt in zwei unverrückbare „Lernfenster", an die er sich zu halten hatte: 10.00 Uhr bis 10.25 Uhr und 12.00 Uhr bis 12.20 Uhr. Das erschien ihm angesichts des drängenden Examens extrem wenig Zeit.

Die Betreuer machten aber ein Zugeständnis: Wenn es ihm gelänge, einen Tag lang die Arbeitszeiten präzise und ohne Ablenkung einzuhalten, gestanden sie ihm am Tag darauf 20 Minuten mehr Arbeitszeit zu.

Schwartz versuchte, sich an das Konzept zu halten. Und stellte zum eigenen Erstaunen fest, dass es ihm viel inneren Druck nahm, sein Ziel in diesen 20-Minuten-Schritten anzugehen.

Inzwischen arbeitet er viereinhalb Stunden täglich an seiner Diplomarbeit. Mitunter lässt er sich immer noch ablenken; und dann darf er sein Zeitpensum nicht weiter steigern. Doch trotz der kleinen Rückschläge ist ihm gelungen, was Psychologen den „Anschluss an normale Lernbedingungen" nennen.

„Jetzt macht mir das eigenverantwortliche Arbeiten manchmal sogar richtig Spaß", sagt Schwartz. Seine Zeitwahrnehmung hat sich deutlich verändert. Er spürt so viel Freiraum, dass er sogar Zeit gefunden hat, sein Zimmer zu renovieren. Und seiner Schwester eine Kommode zu bauen. □

Susanne Paulsen, 48, ist sich ihrer Entscheidungen meist sicher – und hat bisher keine Neigung zur Prokrastination entwickelt. **Teun Hocks**, 62, lehrt an der Design Academy Eindhoven. Der niederländische Fotograf und Maler inszeniert mit Vorliebe scheinbar vertraut anmutende Alltagssituationen.

MEHR ZUM THEMA:

Susan Nolen-Hoeksema: **Warum Frauen zu viel denken. Wege aus der Grübelfalle.** Eichborn 2004, 224 Seiten

Hansruedi Ambühl: **Frei werden von Zwangsgedanken.** Patmos 2008, 143 Seiten

Hans-Werner Rückert: **Schluss mit dem ewigen Aufschieben – Wie Sie umsetzen, was Sie sich vornehmen.** Campus 2006, 282 Seiten

www.psy.uni-muenster.de/Prokrastinationsambulanz/index.html
Dort lässt sich das Aufschiebeverhalten testen

www.psychologytoday.com/blog/dont-delay
Amüsanter Blog des Prokrastinationsforschers Timothy A. Pychyl

PARTNERSUCHE

WER PASST ZU

Im Internet-Zeitalter erscheint es vielen Menschen verlockend, bei der wohl wichtigsten Er
nach einem Gefährten ist trotz der scheinbar unbegrenzten Auswahl keineswegs einfache

Für eine Kunstprojekt hat der Amerikaner Jon Huck 70 Paare porträtiert. Viele von ihnen sehen sich überraschend ähnlich, so Rory und Kristin aus Los Angeles. Womöglich, vermuten Wissenschaftler, ist das eine Folge davon, dass Menschen auf ihnen ähnliche Gesichter positiv reagieren

WEM? VON DER QUAL DER WAHL

cheidung im Leben auf die Hilfe von Online-Partnerbörsen zu vertrauen. Doch die Suche eworden. Zumal uralte Verhaltensmuster noch immer eine wichtige Rolle spielen

VON KATRIN BLAWAT (TEXT) UND JON HUCK (FOTOS)

Auf die erste Mail muss Bettina Follenius nur wenige Stunden warten. „Eine attraktive Frau wie dich würde ich gern kennenlernen", schreibt Filmliebhaber22. Nicht gerade originell, aber der Absender interessiert die Atemtherapeutin trotzdem: ein Filmregisseur, wie seinem Profil zu entnehmen ist, der zeitweise in London lebt, etwa in ihrem Alter. Warum nicht, denkt sie sich, der erste Mann, der ihr schreibt, verdient eine Antwort.

Sie überlegt lange, wie sie Filmliebhaber22 am besten antwortet. Schließlich schickt sie eine nüchterne Selbstbeschreibung: dass sie sich gern in der Natur bewege, für Kunst interessiere und ein Morgenmensch sei. Der Mann antwortet kurz darauf in wenigen Worten, mit denen er kaum etwas von sich preisgibt. Am Schluss schreibt er: „Zärtliche Küsse".

„Was soll denn das?", denkt sie. „Wir kennen uns doch gar nicht."

Anderen Männern schreibt sie gleich nach der ersten Mail eine Absage. Dem Witwer mit vier Kindern – weil sie keine Ersatzmutter werden will. Dem Rotwein liebenden Raucher – weil sie schon bei dem Gedanken an gemeinsame Stunden husten muss.

Sechs Wochen nach ihrer Anmeldung bei der Internet-Agentur „Parship" ahnt sie, dass es diesmal klappen könnte. Ein Unternehmensberater, gemäß Profil etwas größer als sie, wie sie es sich gewünscht hat. Er schreibt: „Wenn Sie mich genauso interessant finden wie ich Sie, schauen Sie sich doch bitte meine Homepage an." Sie muss über den geschäftsmäßigen Ton lachen. Auf dem Foto wirkt er sympathisch.

Sie lädt den Mann zu sich nach Berlin ein. Sie treffen sich in einem Café, bummeln über ein Stadtfest, erzählen sich aus ihrem bisherigen Leben.

„Wir haben gleich gemerkt, dass es passt", sagt Bettina Follenius. „Und wir waren beide in einem Alter, in dem man dann keine Spielchen mehr machen muss." Sechs Wochen später zieht er bei ihr ein. Vor knapp vier Jahren haben sie geheiratet.

EINE GESCHICHTE WIE DIESE ist die beste Referenz für Internet-Agenturen. Anmeldung, Fragebogen, ein paar Kontakte – und dann: die Liebe des Lebens.

Rund 5,5 Millionen Deutsche haben das Internet schon zur Partnersuche genutzt. Wer sich bei einer Online-Agentur anmeldet, dem erscheint es verlockend, die wohl weitestreichende Entscheidung seines Lebens mit wissenschaftlich-mathematischer Expertise zu steuern und seine Wünsche in Sekundenschnelle mit dem Angebot abgleichen zu können.

Das große Angebot lässt ständig das Gefühl aufkommen, es lasse sich vielleicht ein noch besserer Partner finden

Doch einfacher ist die Partnersuche dadurch nicht geworden. Denn wer sich auf diese neue Form der Suche einlässt, muss Antworten finden auf Fragen, die sich früher nie gestellt haben.

Wie präsentiere ich mich in Schrift und Bild? Welche Spielregeln gelten für den Online-Flirt? Wie gehe ich mit dem scheinbar unbegrenzten Angebot an Kontakten um? Und wie kann aus einer virtuellen Bekanntschaft eine tiefgehende Beziehung entstehen?

Viele Suchende merken sehr schnell, dass es in der Welt des virtuellen Kennenlernens nicht ausreicht, eine Aufnahmegebühr zu bezahlen, einige Mails zu versenden und schließlich ein paar der Kandidaten zu treffen.

Selbst wenn etwa die Agentur Parship suggeriert, dass die Liebe nur „einen Klick entfernt" sei.

„Man braucht auch auf diesem Wege vor allem Ausdauer", sagt Sebastian Maier*, Klient bei „ElitePartner". „Ich habe zwar Hunderte Vorschläge bekommen, aber interessant sind nur wenige Frauen." Der 30-Jährige ist skeptisch. Seine Persönlichkeit anzupreisen, sich auf dem Markt zu behaupten – „eigentlich habe ich das nicht nötig".

Trotzdem hat er sich bei dem Portal angemeldet. ElitePartner richtet sich nach eigener Auskunft an Suchende „mit Niveau"; Mitglieder ohne akademischen Abschluss sind die Ausnahme. Maier, wissenschaftlicher Mitarbeiter an einem biologischen Institut, passt perfekt in die Kundenkartei.

In dem Fragebogen, den er nach der Anmeldung ausgefüllt hat, gab er an, dass er im Streit manchmal ungerecht reagiere. Nun steht in seiner Auswertung, er sei ein schlechter Konfliktlöser, ändern lässt sich das nicht mehr.

Wenn er eine Absage bekommt, kennt er den Inhalt der Mail schon auswendig: „Vielen Dank für den netten Kontakt, aber ich glaube, wir passen nicht zusammen. Ich wünsche dir noch viel Erfolg bei der Partnersuche."

Es sind vorgefertigte Sätze, man muss nur auf einen Button klicken, und das System sendet sie automatisch. Der nächste Aspirant wartet schon.

DIE FREIHEIT DER WAHL hat eine Kehrseite: Die Zahl der möglichen Partner ist ins Unermessliche gewachsen. Das große Angebot lässt ständig das Gefühl aufkommen, es könnte sich vielleicht ein noch besserer Partner finden lassen.

Und die Ansprüche der Suchenden wachsen mit, vor allem wenn sie bereits älter als 30 sind und bereits mehrere Beziehungen hinter sich haben. Da müssen nicht nur die Lebenseinstellungen übereinstimmen, sondern gemeinsame Hobbys hinzukommen, ein ähnlicher sozialer Status, toller Sex, emotionale Vertrautheit – 100 Prozent eben.

Fehler werden nicht verziehen, Abweichungen vom Idealbild mit Weiter-

* Name geändert

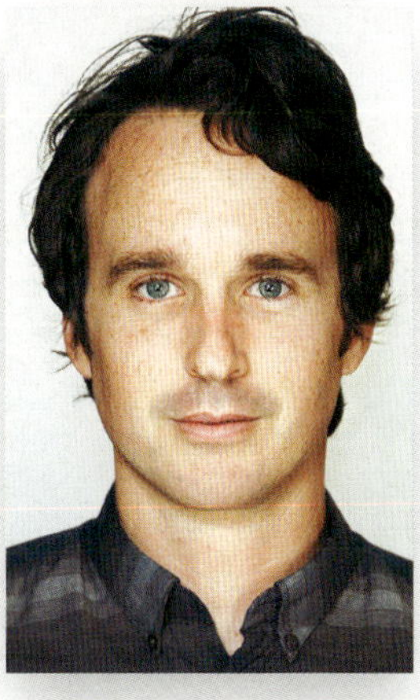

Kai

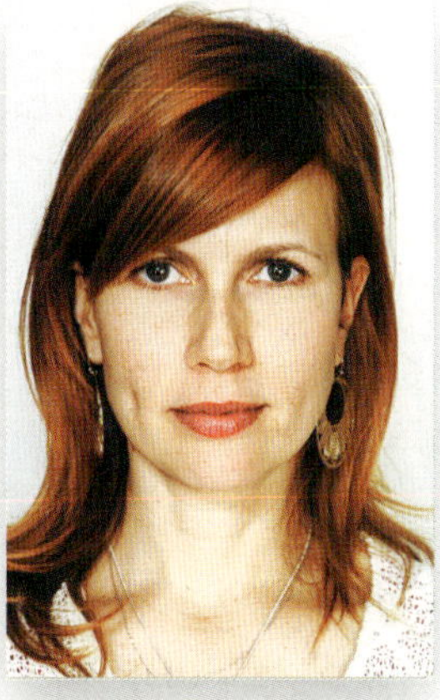

Kammy

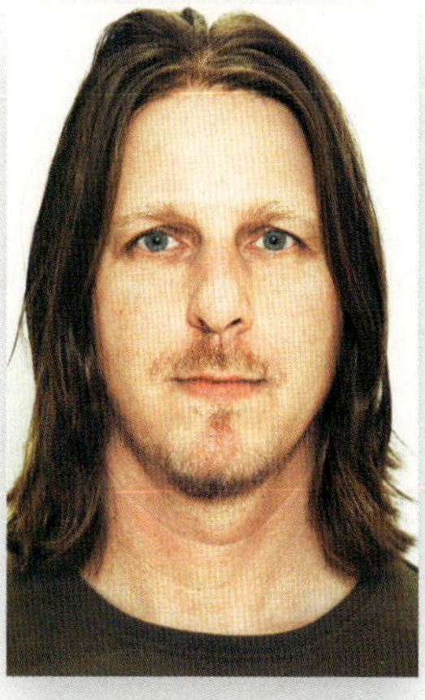

John

Ronna

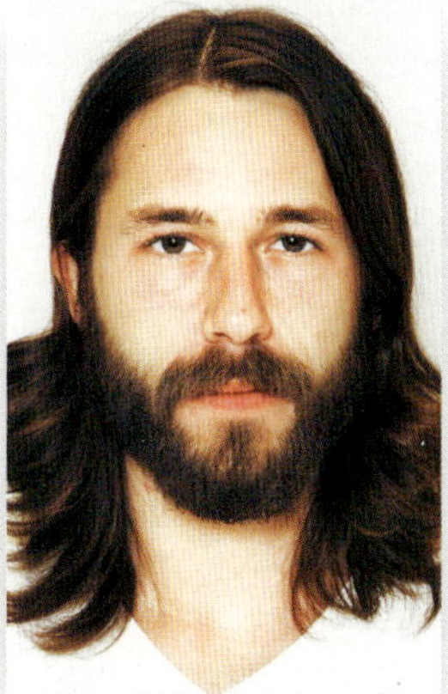

Nick

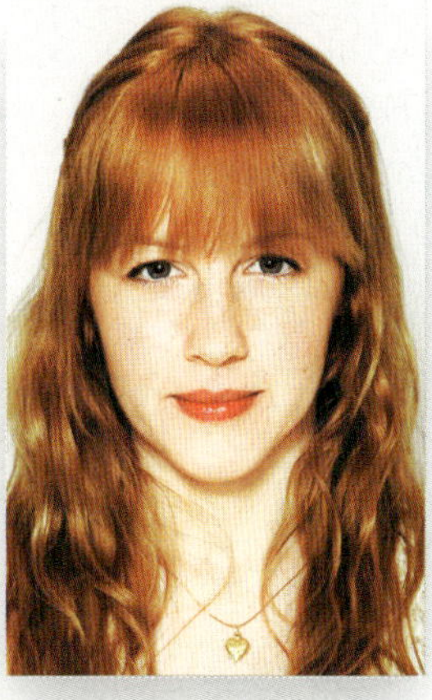

Jennifer

Ben

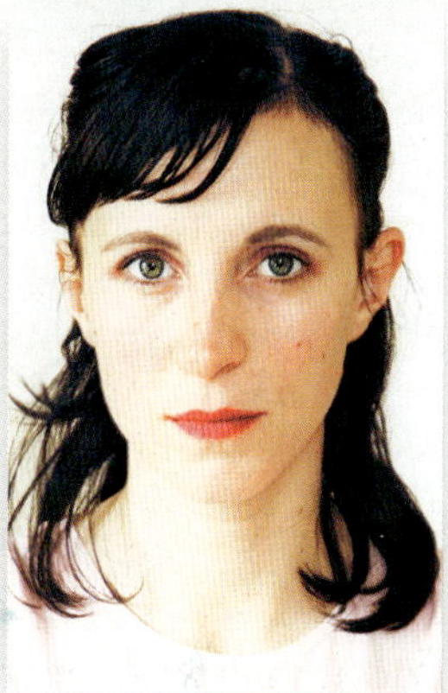

Monica

Johnny

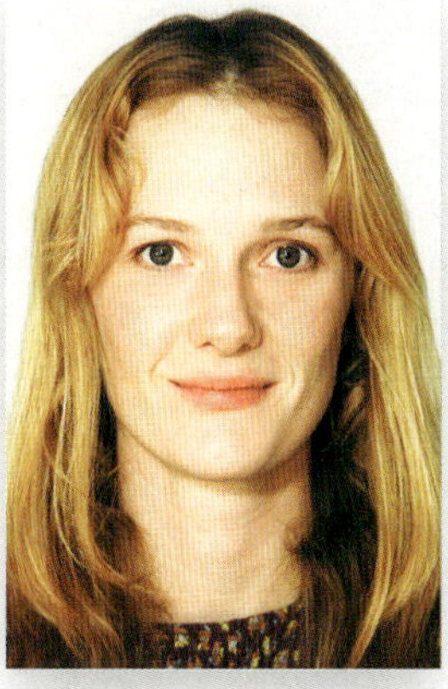

Rachel

Dylan

Katie

Manche Betrachter hielten einige dieser Paare zunächst für Schwester und Bruder. Sie hatten die optische Ähnlichkeit als genetische Verwandtschaft interpretiert

suchen quittiert. „Jede Beziehung, die sich nicht als Volltreffer erweist, gilt als hoffnungslos", sagt der Heidelberger Paartherapeut Arnold Retzer.

Um den Volltreffer über eine Internet-Agentur vielleicht doch zu erzwingen, steht viel Arbeit am Beginn jeder Mitgliedschaft – 80 Fragen müssen etwa die Kunden von Parship beantworten. Daraus entsteht ein Profil, geordnet nach Aspekten wie Extrovertiertheit, Wunsch nach Aktivität, Wunsch nach einem geregelten Leben, nach Partnernähe.

Jeder Wert wird durch ein Balkendiagramm angezeigt, blau für das individuelle Ergebnis, rot für den Vergleich mit anderen Mitgliedern. Fixiert in einer messbaren Größe, tritt die eigene Persönlichkeit dann in den Wettbewerb mit anderen Suchenden.

Je besser zwei Mitglieder zusammenpassen, umso mehr „Matching-Points" bekommen sie. Die Skala reicht bis 100; ab 54 Punkten empfiehlt das Unternehmen, Kontakt miteinander aufzunehmen. „Die Persönlichkeit gewichten wir mit 75 Prozent, Interessen und Gewohnheiten dagegen nur mit je 12,5 Prozent", erklärt die Psychologin Sandra Spreemann von Parship – denn es sei ein Märchen, dass die Chancen für eine glückliche Beziehung umso höher seien, je mehr Interessen übereinstimmten.

Dennoch gebe es Merkmale, die auf beiden Seiten etwa gleich stark ausgeprägt sein sollten: der Wunsch nach Partnernähe zum Beispiel, ebenso das Aktivitätsbedürfnis. Bei Punkten wie Durchsetzungswillen und Spontaneität achte die Agentur hingegen darauf, dass sich die Partner ergänzen oder ausgleichen könnten.

Wenige Stunden nach der Anmeldung erhält jedes Parship-Mitglied eine Liste mit mehreren Hundert Kontaktvorschlägen, absteigend geordnet nach Matching-Points. Die meisten Suchenden befolgen dann den Rat, sich von oben nach unten durchzuarbeiten.

Wie viele Kandidaten hätte ein Suchender am liebsten zur Auswahl: vier, 5000 oder irgendeine Zahl dazwischen? Diese Frage stellte der US-Kognitionswissenschaftler Peter Todd 88 jungen Leuten. Die meisten Befragten glaubten, bei 20 bis 50 Kandidaten fiele ihnen eine Entscheidung am leichtesten.

Doch Todd war skeptisch, ob seine Probanden ihre Entscheidungsfähigkeit richtig einschätzen konnten. Also bat er 91 Studenten, sich bei einer fingierten Partneragentur im Internet anzumelden. Eine Gruppe Probanden bekam dort die vermeintlich ideale Anzahl von 20 Kandidaten präsentiert, eine andere Gruppe konnte nur zwischen vier Kandidaten wählen.

Nachdem sich die Studenten die Internet-Seiten beliebig lange angeschaut hatten, sollten sie berichten, wie gut ihnen das Angebot gefallen hatte. Dabei stellte sich heraus, dass jene Probanden, die nur aus vier Kandidaten wählen durften, ebenso zufrieden waren wie jene, die 20 Profile begutachten konnten. Die Mitglieder der 20er-Gruppe hatten aber größere Schwierigkeiten, sich an einzelne Profile zu erinnern.

Menschen stufen Chat-Partner als sympathischer ein als echte Gegenüber – angeblich entdeckt man schneller Gemeinsamkeiten

Todd folgert daraus, dass viele Menschen den zeitlichen und emotionalen Aufwand unterschätzten, den eine größere Auswahl mit sich bringt.

Grund dafür sei, dass die Menschen seit Urzeiten nur zwischen einer eng begrenzten Anzahl an Partnern wählen konnten, die sie nacheinander und nicht gleichzeitig kennenlernten; die neuen technischen Möglichkeiten dagegen überforderten die kognitiven und emotionalen Möglichkeiten des menschlichen Gehirns. Und werde die Belastung zu groß, so Todd, griffen Singles unbewusst zu einem Trick: Wenn, wie in einem anderen Versuch, Frauen zwischen vier, 24 oder 64 Kandidaten wählen durften, suchten jene mit der größten Auswahl nur noch gezielt nach einem Schlagwort oder einer einzigen Eigenschaft – und ganz sicher entging ihnen dabei oft ein interessanter Kandidat.

Ist der einen Partner im Internet suchende Mensch also überfordert? Todds Studien legen das nahe. Doch viele der Singles haben Gegenstrategien entwickelt. Anders als im realen Leben ist es online beispielsweise legitim, sich ohne ein Wort der Erklärung zurückzuziehen.

Man könnte auch vermuten, dass virtuell angebahnte Beziehungen oberflächlich sind. Dem aber widersprechen die New Yorker Sozialpsychologen Katelyn McKenna und John Bargh. Ihrer Ansicht nach erleichtert die Anonymität sogar das Entstehen tiefgehender Bekanntschaften.

Die Forscher luden einander fremde Männer und Frauen ein, sich zwanglos zu unterhalten. Anschließend trafen sich die gleichen Gesprächspaare zum Online-Chat – freilich ohne zu wissen, dass sie ihr Gegenüber bereits kannten.

Als die Probanden schließlich ihre Konversationspartner aus beiden Runden beurteilen sollten, wurden die Chat-Partner durchweg als sympathischer eingestuft. Im Schutz der Anonymität verhielten sie sich offener, kamen schneller auf gemeinsame Interessen und Vorstellungen zu sprechen.

Internet-Bekanntschaften sind auch nicht zwangsläufig kurzlebig. In einer Umfrage der beiden New Yorker Sozialpsychologen gaben 71 Prozent derjenigen, die sich auf eine intime Beziehung eingelassen hatten, an, auch nach zwei Jahren noch mit dem Partner zusammen zu sein, den sie online kennengelernt hatten. Jeder Zehnte der Befragten hatte den Partner innerhalb von zwei Jahren sogar geheiratet.

Das Internet verlangt zwar nach einigen neuen Spielregeln der Partnerwahl – die altbewährten Konventionen aber stellt es nicht auf den Kopf. Werte wie Ehrlichkeit und Vertrauen sind wich-

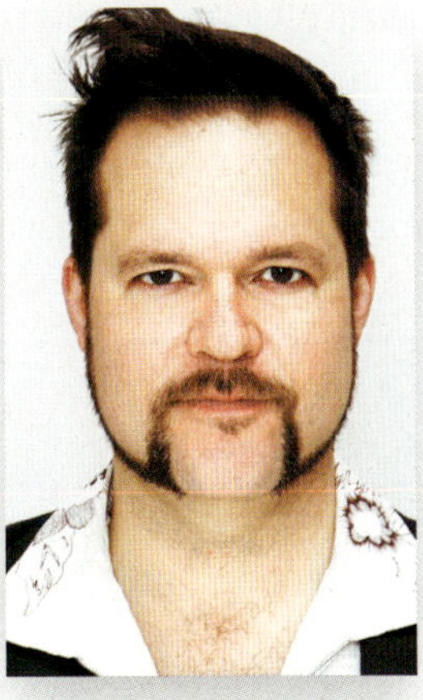

Jeff

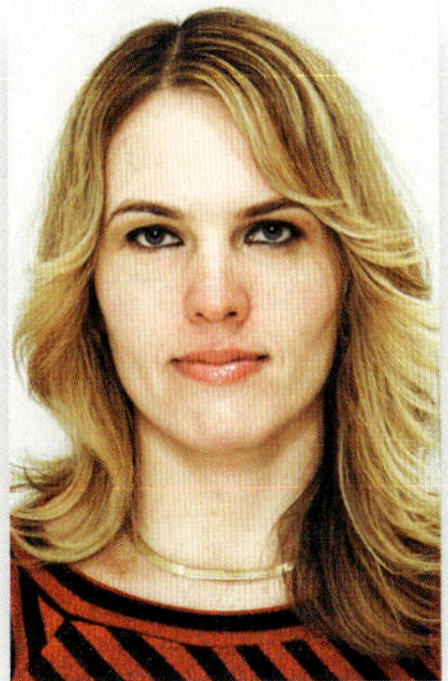

Rebecca

Jason

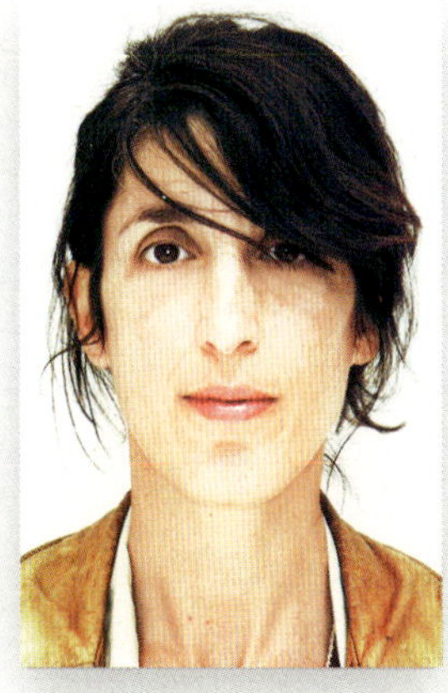

Jenny

Chris

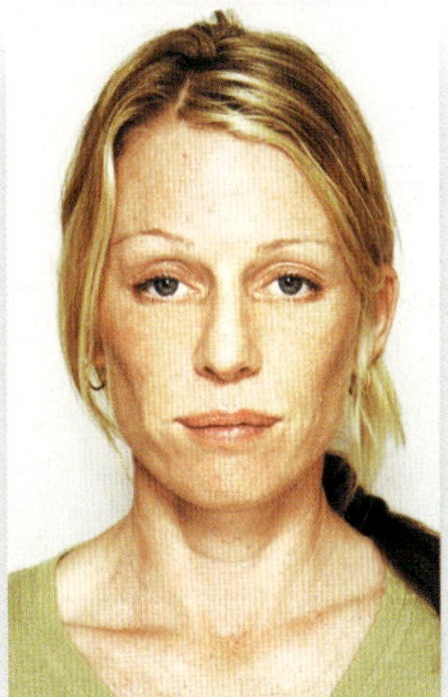

Alison

Jeff

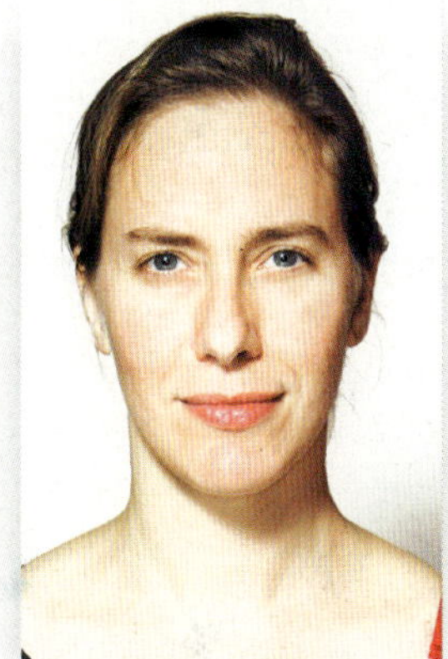

Andrea

Marlow

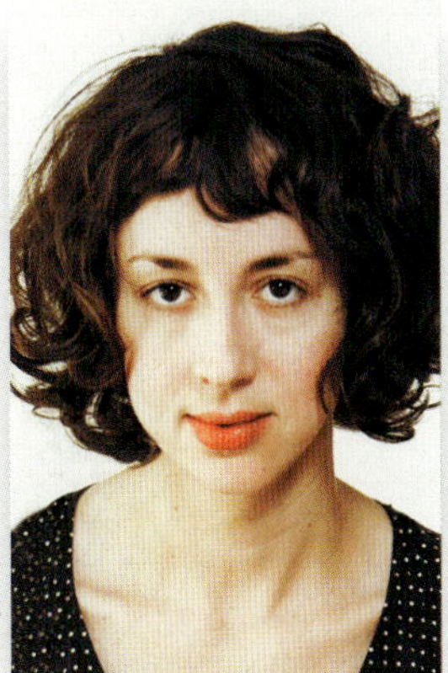

Emily

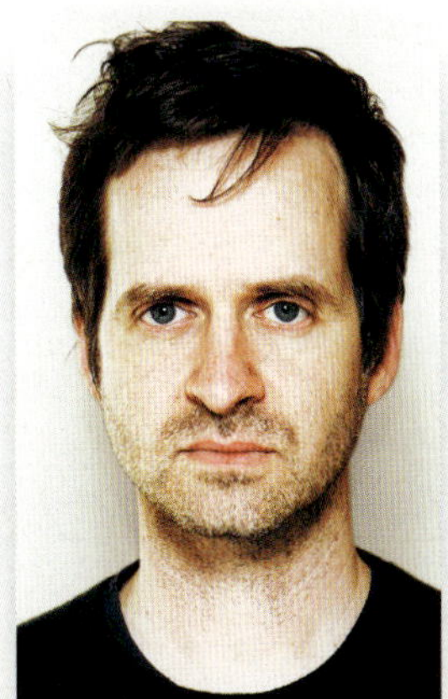

Philip

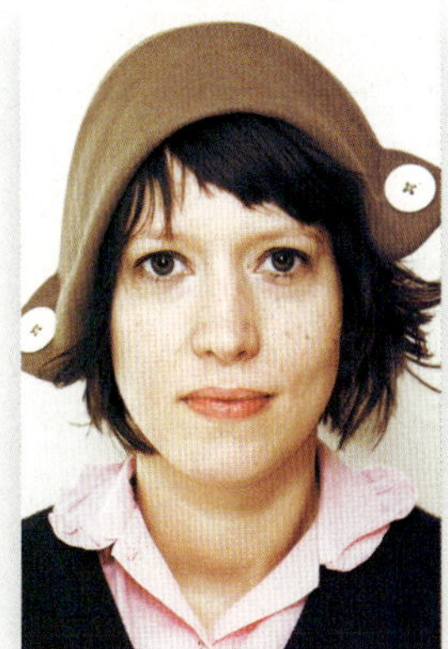

Bridgette

Für den Fotografen Jon Huck soll in den Bildern die Seelenverwandtschaft zwischen zwei Menschen sichtbar werden. Die romantische Liebe gilt heute praktisch allen als Eingangsbedingung für eine Partnerschaft

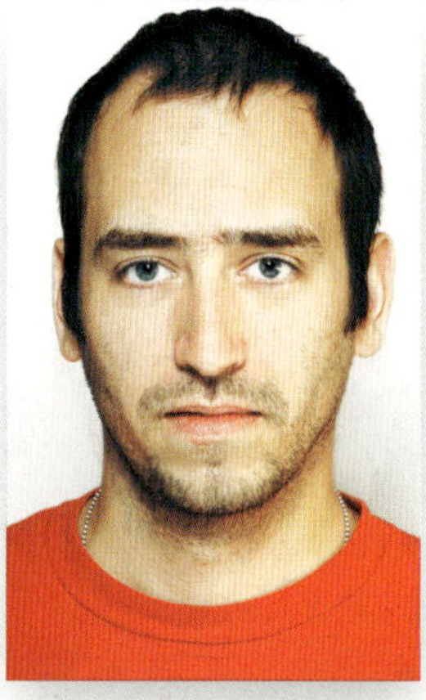

Jeremy

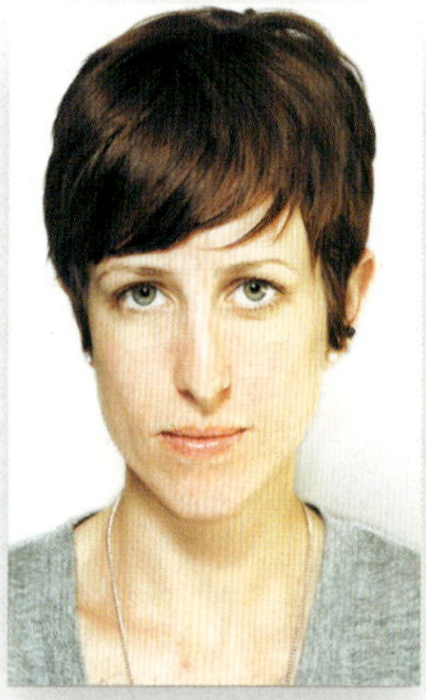

Claire

Julien

Marissa

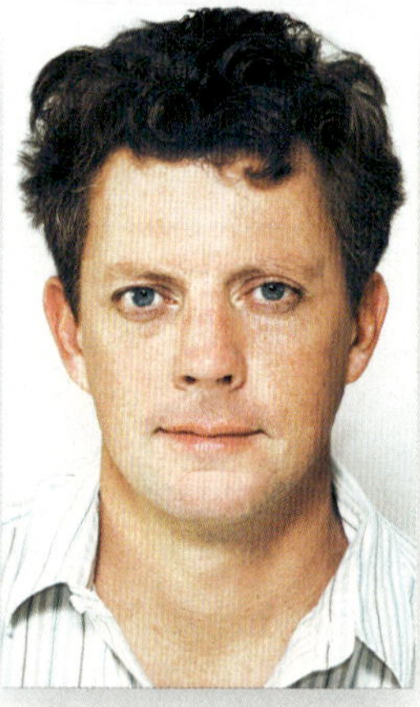

Sebastian

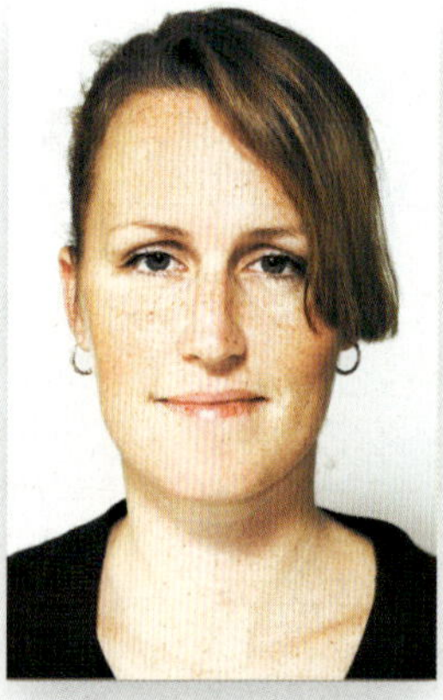

Anne

Danny

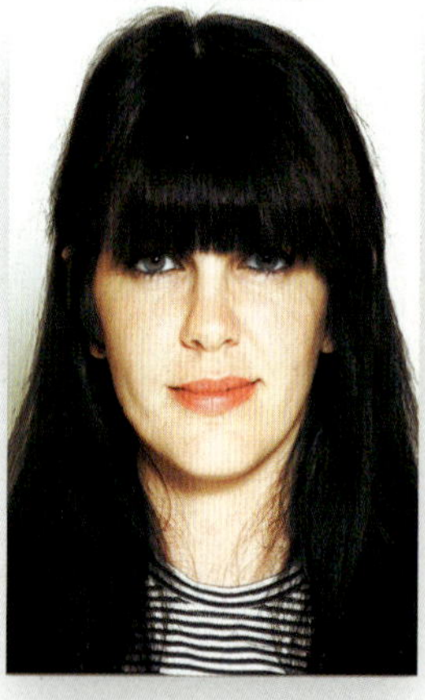

Jackie

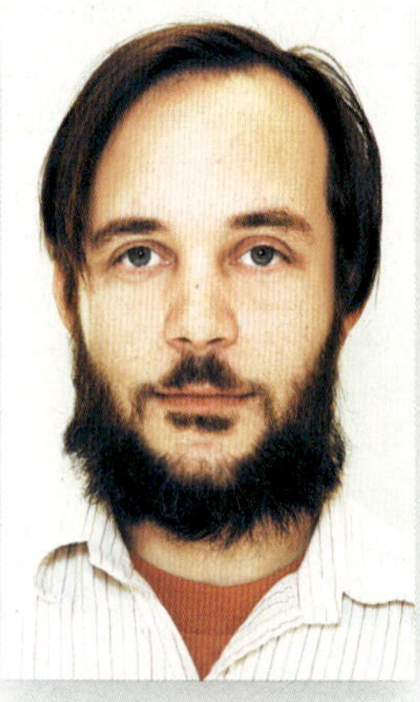

Wyatt

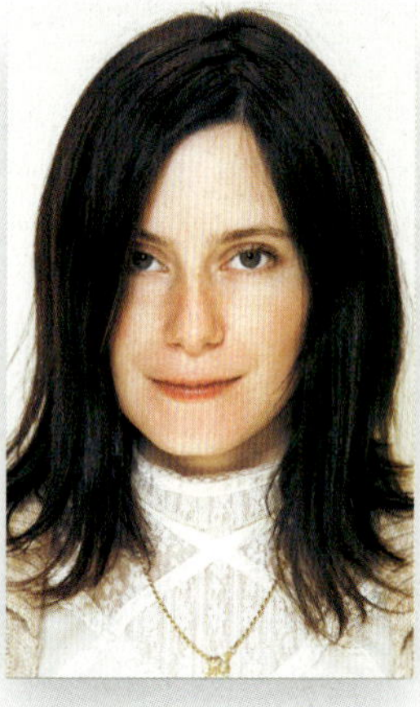

Lydia

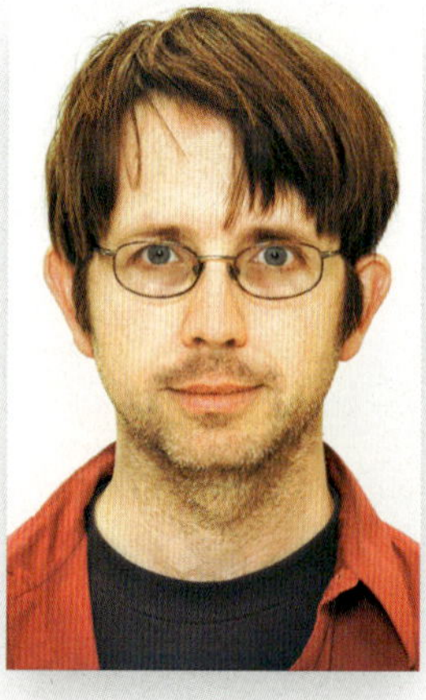

Alex

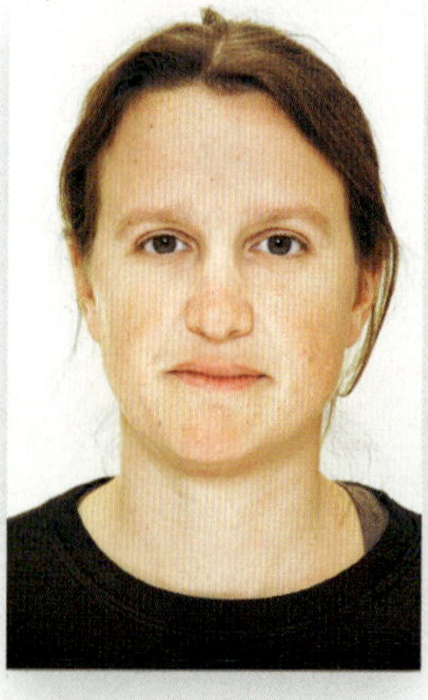

Elinor

»Manche der Paare sind tatsächlich sehr glücklich miteinander«, stellte Jon Huck fest. Die Zufriedenheit ist aber vollkommen davon unabhängig, ob sich die Paare gleich real oder erst im Internet kennengelernt haben

tig – ganz gleich, ob Frauen und Männer in der virtuellen oder der realen Welt einen Partner suchen. Wenn Männer lügen, dann vor allem über ihr Einkommen und ihre Ausbildung, Frauen tun es dagegen, um ihre Identität zu schützen.

Online wie offline sind es meist die Männer, die den ersten Kontakt anbahnen. Sie rufen doppelt so viele Profile auf wie Frauen und schreiben auch doppelt so viele an. Frauen bekommen auf ihre wenigen Anschreiben aber mehr Antworten als Männer auf ihre vielen Mails – und sie treffen am Ende in der Regel die Wahl.

Vor allem aber: Auch im Internet suchen die meisten Menschen ein soziales Spiegelbild. Das zeigt schon die Ausdifferenzierung des Angebots: Da gibt es ElitePartner für Akademiker, den „Farmflirt" für Bauern, „Handicap-Love" für Behinderte, „Romantik-50plus" für Ältere, „Himmlisch-Plaudern" für Christen und viele mehr.

Die Vorliebe für Menschen mit ähnlichen Erfahrungen, Wertvorstellungen und vergleichbarer Bildung ist ein zeitloses Phänomen – das unsere Gesellschaft aber immer deutlicher prägt: Heirateten Ende der 1950er Jahre etwa die Hälfte der deutschen Männer und Frauen innerhalb der gleichen Schicht, sind es derzeit mehr als 60 Prozent.

Vor allem die oberen sozialen Kreise schotten sich ab: je höher der Bildungsgrad, desto stärker die Vorliebe für Partner mit dem gleichen Status.

DAMIT WIDERSPRICHT das moderne Partnerwahlverhalten der noch vor wenigen Jahren unter Sozialwissenschaftlern verbreiteten Individualisierungstheorie, wonach sich in post-industriellen Gesellschaften soziale Ungleichheiten immer mehr auflösen.

Nur wenn es mit der Liebe auf Augenhöhe nicht klappt, akzeptieren Partnersuchende Alternativen – aber nach einem strengen Schema. „Männer suchen dann eher Frauen unter ihrem eigenen Bildungsniveau", sagt der Bamberger Soziologe Hans-Peter Blossfeld.

Frauen dagegen tendierten eindeutig nach oben. Eine Analyse von 12 600 Nutzern einer Internet-Partnerbörse ergab, dass Frauen einem weniger gebildeten Mann nur in 18 Prozent der Fälle schreiben, während sie in 40 Prozent der Fälle einen höher gebildeten Mann kontaktieren.

So entstehen nach der Erkenntnis von Hans-Peter Blossfeld auf dem Markt der Partnersuchenden zwei Typen von Verlierern: „Hoch qualifizierte Frauen, die zunehmend Schwierigkeiten haben, einen Mann auf Augenhöhe zu finden, sowie unterqualifizierte Männer, die keine attraktiven Heiratspartner sind."

Für den Soziologen ist das ein Zeichen dafür, dass traditionelle Normen im Verborgenen weiterwirken: „Was auch über die Liberalisierung der Geschlechterrollen geschrieben wird – es existieren nach wie vor starke traditionelle Orientierungen, die bei der Partnerwahl zum Tragen kommen."

Ein Blick auf die Berufsbezeichnung – und die Architektin löscht den Maurer aus ihrer Vorschlagsliste

An den eingefahrenen Mustern hielten vor allem die Frauen fest. Noch weniger als Männer seien sie bereit, ihr klassisches Suchschema aufzugeben und auch minder gebildete Kandidaten in Erwägung zu ziehen. Solche Männer, so Blossfeld, kämen meist erst gar nicht dazu, ihre Qualitäten zu beweisen: Ein Blick auf die Berufsbezeichnung, und die Architektin löscht den Maurer aus ihrer Vorschlagsliste. Im Zweifelsfall also bleibt die Frau lieber allein.

Zwar bietet das Internet die Möglichkeit, Partner aus allen Schichten zusammenzuführen. Aber nur in der Theorie. Tatsächlich nutzen Frauen wie Männer es gezielt als Instrument, jemanden aus der gleichen sozialen Schicht ausfindig zu machen.

NOCH MITTE des 20. Jahrhunderts fesselten oft wirtschaftliche Zwänge eine Frau an einen Mann. Heute hingegen entscheidet sich sowohl online wie offline kaum jemand für einen Partner, ohne auch die emotionalen Vorteile und Nachteile abgewogen zu haben.

Beide Seiten können es sich leisten, zu fragen: Lohnt sich diese Beziehung für mich? Wie viel muss ich investieren an Zeit, Geld und in der Einschränkung meiner Freiheit? Und wie viel bringt mir die Partnerschaft an Selbstbestätigung, an gesellschaftlichem Ansehen, an sexueller Erfüllung?

Wer dann Fragebögen ausfüllt und Listen von Kandidaten abarbeitet, bestätigt sich damit selbst, dass er zumindest alles versucht hat, das Risiko einer Fehlentscheidung zu minimieren.

Das alles wirkt wie eine rein ökonomische Haltung zur Partnerwahl. Tatsächlich aber, so die israelische Soziologin Eva Illouz, gehört zum Lebensplan der meisten auch die romantische Liebe – die Liebe zu einem einzigartigen und nicht ersetzbaren Partner.

Die romantische Liebe, sagt Eva Illouz, „ist zu einem unentbehrlichen Teil des demokratischen Wohlstandsideals geworden." Ähnlich sieht es der Paartherapeut Arnold Retzer: „Wie nie zuvor ist die romantische Liebe die Eingangsbedingung, um sich überhaupt auf eine Partnerschaft einzulassen." Und das gelte unabhängig davon, ob man sich im Internet, am Arbeitsplatz oder in einer Kneipe kennengelernt habe.

Die meiste Zeit in der Geschichte galt die romantische Liebe als beiläufig auftretende Folge einer Ehebeziehung – und nicht als deren Voraussetzung. Erst im 19. Jahrhundert begann sich dies im Bürgertum zu ändern. Und inzwischen ist die romantische Liebe sogar kulturunabhängig und längst kein Luxusideal mehr, das sich nur der wohlstandsverwöhnte Westen leistet.

In den späten 1980er Jahren wies der amerikanische Völkerkundler William Jankowiak in Feldstudien nach, dass die

Menschen in mehr als 140 Kulturen dem Ideal der romantischen Liebe anhängen. Selbst bei den Beduinen in Nordafrika, die bei persönlichen Emotionen sehr zurückhaltend sind, werden romantische Gefühle akzeptiert – solange nichts an die Öffentlichkeit dringt.

Ohnehin ist nach Einschätzung mancher Evolutionspsychologen – die das Verhalten von Menschen stammesgeschichtlich erklären – für den *Homo sapiens* die romantische Liebe kein Ziel an sich, sondern eher Mittel zum Zweck: um möglichst viele und gesunde Nachkommen in die Welt zu setzen.

Was die Zeit überdauert hat, ist die Sehnsucht nach einer Gebrauchsanleitung zum Finden des richtigen Partners

Auf diese Vermutung kam der US-Psychologe David Buss, nachdem er mehr als 10 000 Frauen und Männer aus 37 verschiedenen Kulturen gefragt hatte, welche Eigenschaften ihr Idealpartner haben müsse.

Die Antwort fast aller Frauen: Sie erhofften sich von ihrem Partner vor allem Sorge um den Nachwuchs – und Einfühlungsvermögen. Letzteres, so der Forscher, sei für die Frau ein Zeichen seiner guten genetischen Ausstattung; denn wer sich um die Gedanken und Gefühle anderer kümmere, müsse sich das zeitlich und emotional leisten können, müsse also selbst gesund und stark sein. Bei einem solchen Partner lohne es sich für die Frau, in Kinder zu investieren.

„Sexuelle Selektion" nennen es Biologen, wenn weibliche Geschöpfe in der Partnerwahl das letzte Wort haben und so bestimmte (Charakter-)Eigenschaften der Männer fördern.

Eine primitive Strategie, könnte man meinen. Jedoch eine, die selbst der Online-Suchende anwendet. Während Frauen in der virtuellen wie in der realen Welt vor allem mit gutem Aussehen für sich werben – und damit unbewusst ihre Fruchtbarkeit und Gebärfähigkeit zur Schau stellen –, geht es Männern vor allem um Dominanz und Stärke.

Dennoch gibt es einen fundamentalen Unterschied zwischen Internet und realer Welt: Die Phasen des Kennenlernens haben sich verkehrt. Ehe die Romantik eine Chance bekommt, haben beide Partnersuchenden schon etliche Kandidaten aussortiert.

Brendan

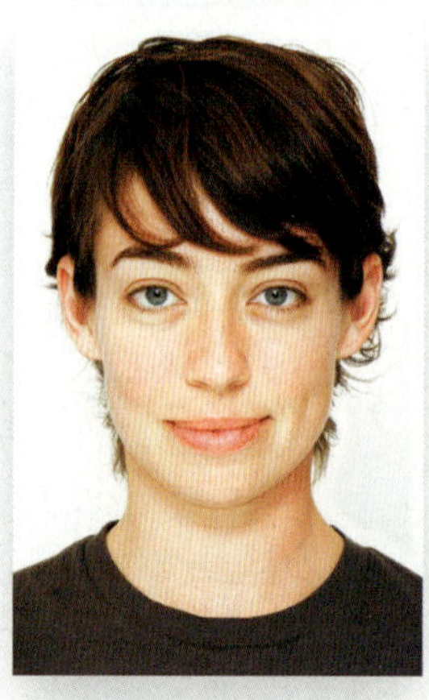

Katie

Dafür weiß man dann schon vor dem ersten Treffen einiges über den sozialen Status des Gegenübers, dessen Intelligenz und Persönlichkeit (vor allem durch seine Ausdrucksweise in den Mails).

Umgekehrt hat man noch keine Ahnung, wie die Augen des Partners wirken, wie seine Stimme klingt.

Und wie er riecht. Dabei kann gerade der Geruch entscheidend sein. Menschen fühlen sich, haben Biologen herausgefunden, eher zu einem Partner gezogen, dessen Immunsystem sich stark von ihrem unterscheidet; die Nachkommen erben dann ein besonders leistungsfähiges Abwehrsystem. Diese Immun-Passung nehmen Männer wie Frauen unbewusst über spezielle Duftstoffe wahr.

Dafür muss man sich aber körperlich nahekommen – was bedeutet, dass alle online erkannten Übereinstimmungen augenblicklich jede Bedeutung verlieren, wenn beide Partnersuchenden beim ersten Treffen feststellen, dass sie sich buchstäblich nicht riechen können.

Was die Zeit überdauert hat, ist die Sehnsucht der Menschen nach einer Art Gebrauchsanleitung, mit deren Hilfe sie den richtigen Partner finden. Der Paartherapeut Retzer hält einen solchen Anspruch für vermessen. „Richtig" und „falsch" seien nicht die passenden Kategorien.

„Wir haben nicht die Wahl, ob wir die Wirklichkeit oder eine Illusion in unserem Partner sehen", sagt Retzer. „Wir können lediglich zwischen einer positiven und einer negativen Illusion wählen."

Also solle man sich keine allzu klare Vorstellung von seinem Partner machen, sondern sich lieber die unvermeidlichen Macken eines passablen Kandidaten schönreden, statt auf den Traumpartner zu hoffen. Retzer empfiehlt, es wie der Schütze zu halten, der sich Zielscheiben um seine abgeschossenen Pfeile malt: Auf diese Weise sähen alle wie Volltreffer aus.

Noch einfacher hält es der Berliner Psychologe Gerd Gigerenzer: „Entscheide dich spontan, sobald du eine Alternative gefunden hast, die gerade gut genug zu sein scheint."

Wer sich ewig damit aufhalte, das Für und Wider eines möglichen Partners abzuwägen, dem werde die Entscheidung spätestens dann abgenommen, wenn sich der potenzielle Lebensgefährte anderweitig bindet. □

Die Autorin **Katrin Blawat**, 28, füllte für ihre Recherche selbst den Fragebogen einer Partnerbörse aus. Ein Ergebnis erstaunte besonders: Angeblich ist ihr Spontaneität ebenso wichtig wie abwägendes Handeln. Der Fotograf **Jon Huck**, 49, lebt in Los Angeles – an dem Projekt „Couples" hat er anderthalb Jahre gearbeitet.

MEHR ZUM THEMA:

Arnold Retzer: **Lob der Vernunftehe. Eine Streitschrift für mehr Realismus in der Liebe.** S. Fischer 2009, 304 Seiten

Eva Illouz: **Der Konsum der Romantik.** Suhrkamp 2007, 343 Seiten

Helen Fisher: **Warum wir lieben ... und wie wir besser lieben können.** Droemer Knaur 2007, 352 Seiten

Sven Hillenkamp: **Das Ende der Liebe.** Klett-Cotta 2009, 311 Seiten

Ist der Mensch in Trance

Ob sich Menschen von einem Hypnotiseur womöglich sogar zu einem Mord anstiften lassen, war unter Wissenschaftlern lange Zeit umstritten. Heute wird klar: Es gibt Grenzen der Manipulationsfähigkeit

VON MARLENE WEISS (TEXT) UND DANIEL MATZENBACHER (ILLUSTRATION)

Paris, im Jahr 1890: Vor Gericht steht Gabrielle Bompard. Mit der Hilfe ihres Liebhabers hat sie einen Verehrer mit dem Gürtel ihres Morgenmantels erdrosselt. Doch die Verteidigung behauptet, Mademoiselle Bompard sei unschuldig, ein Opfer ihres Komplizen, der sie durch Hypnose unter seine Kontrolle gebracht habe.

Der Staatsanwalt sieht das anders: „Wenn solche Theorien anerkannt würden", warnt er, „wäre dies das Ende der persönlichen Verantwortung, und die Gesellschaft würde in Anarchie versinken."

Gabrielle Bompard wird schließlich zu 20 Jahren Zwangsarbeit verurteilt. Doch die Kernfrage, die der Prozess aufwirft, führt in der Folgezeit zu intensiven Debatten – schließlich rüttelt sie am Selbstverständnis des Menschseins: Sind Hypnotisierte willenlose Marionetten in der Gewalt eines Bühnenmagiers, oder behalten sie die Kontrolle über ihr Handeln und ihre Entscheidungen?

Die Hypnose erlebt im Frankreich des späten 19. Jahrhunderts goldene Jahre. Die Gesellschaft ist fasziniert von Vorführungen, bei denen Menschen sich auf Befehl des Hypnotiseurs wie Bretter zwischen zwei Stühle legen oder wie Hunde bellen.

Die Erklärungen für das seltsame Gebaren anscheinend normaler Bürger gehen in der Fachwelt weit auseinander: Manche Mediziner (der sogenannten Nancy-Schule) sind der Ansicht, Hypnose sei eine Art Schlaf, in den auch völlig normale Menschen allein durch Suggestion versetzt werden könnten; dadurch würden sie gleichsam zu Werkzeugen in der Hand eines anderen Menschen.

In der Pariser Nervenheilanstalt Salpêtrière sind die Ärzte dagegen der Meinung, Hypnose sei ein krankhafter Zustand, der fast nur bei Hysterikern auftrete; das Bewusstsein beeinträchtige er kaum.

Der Jurist Jules Liégeois, einer der vehementesten Anhänger der Nancy-Schule, ist der Verteidiger von Gabrielle Bombard. Er hat sechs Jahre zuvor selbst mit Hypnotisierten experimentiert. Beispielsweise befahl er ihnen bei öffentlichen Vorführungen kriminelle Handlungen. Und offenbar folgten sie dem Willen Liégeois': Vor Publikum schossen die Hypnotisierten auf ihre eigenen Verwandten oder verabreichten Freunden ohne zu zögern Gift.

Die Ärzte der Nervenheilanstalt Salpêtrière überzeugt das nicht: Weil die Probanden auch unter Hypnose bei Bewusstsein geblieben seien, hätten sie sicherlich bemerkt, dass nur Platzpatronen in den Waffen waren und dass das angebliche Arsen Zucker war. Sie hätten bei der Bühnenschau bereitwillig mitgemacht, weil ihnen klar gewesen sei, dass niemand gefährdet werde.

Der Student warf ein Glas Säure auf den Professor

Ende der 1930er Jahre macht der US-Psychologe Lloyd Rowland den Versuch, die Experimente von Liégeois auf eine wissenschaftlich solidere Basis zu stellen. Für einen Versuch baut er eine Holzkiste, die an einer Seite von einer nahezu unsichtbaren Glasscheibe verschlossen ist. In die Kiste setzt er eine Klapperschlange, die zuvor extrem gereizt worden ist und unüberhörbar laut rasselt. Dann hypnotisiert er vier Probanden. Jedem Einzelnen befiehlt er, in die vermeintlich offene Kiste mit der Giftschlange zu greifen.

Und tatsächlich: Drei der Teilnehmer versuchen in Trance in die Kiste zu fassen – und scheinen höchst überrascht zu sein, als sie auf die Glasscheibe stoßen.

Ein weiterer Versuch soll dann eindeutig beweisen, dass Hypnotisierte sogar zu kriminellen Handlungen fähig sind: Es kostet Rowland zwar einige Überredung, aber zwei hypnotisierte Studenten sind schließlich bereit, ein Glas voller Schwefelsäure auf ihn zu schleudern (Rowland hat sich zur Sicherheit hinter eine für die Probanden unsichtbare Glasscheibe gestellt).

Nach diesen Experimenten ist für den Psychologen klar: Unter Hypnose sind Menschen praktisch zu allem bereit, ganz gleich, ob die Taten sie selbst oder andere gefährden.

Hat die Schule von Nancy also recht? Ist Mademoiselle Bompard zu Unrecht verurteilt worden?

Jahrelang stellt niemand Rowlands Versuche infrage. Bis der US-Psychologe Stanley Milgram 1963 die Ergebnisse seines berühmten Experiments zur Autoritätshörigkeit veröffentlicht.

Dabei versetzten Probanden auf Anweisung eines Versuchsleiters vermeintlichen Testpersonen in einem anderen Raum zunehmend intensive Stromschläge, wenn diese bestimmte Wortpaare falsch zusammensetzten. Die Mehrheit der Probanden verabreichte – trotz gellender Schreie der Mitspieler –

willenlos?

Mit der Hypnose verbindet sich für viele Menschen die Urangst, zur Marionette zu werden

sogar tödliche Stromschläge von 450 Volt. Einer Hypnose bedurfte es dazu nicht, lediglich eines Versuchsleiters mit autoritärem Habitus.

Machte also womöglich nicht die Hypnose, sondern der Wille zur Kooperation aus Studenten Verbrecher?

Um der Frage auf den Grund zu gehen, entwickelt der US-Psychologe Martin Orne zwei Jahre später die erste Hypnose-Blindstudie. Der Versuchsleiter weiß bei diesem Experiment nicht, ob er es mit hypnotisierten Probanden zu tun hat oder mit solchen, die ihre Trance nur vorspielen. Auch die wissen nicht, was in dem Versuch auf sie zukommt, sie sind lediglich gebeten worden, so zu tun, als seien sie hypnotisiert.

Das Ergebnis: Die Nicht-Hypnotisierten – offenbar darum bemüht, nicht aus der Rolle zu fallen – werfen noch bereitwilliger mit dem Glas Säure als die Studenten in Trance.

Es scheint also nicht ursächlich an der Hypnose zu liegen, dass Menschen anderen Menschen ihren Willen aufzwingen können. Davon geht auch der Hypnotherapeut Hans-Christian Kossak nach jahrzehntelanger Berufserfahrung aus: „Möglich ist nur, was für die Hypnotisierten moralisch vertretbar ist."

Wenn Versuchspersonen in Laborexperimenten oder Bühnenshows Scheinverbrechen begehen, habe das einen einfachen Grund: Sie wüssten, dass ihre Handlungen keine Konsequenzen haben, weil ein Teil des Bewusstseins aktiv bleibe.

Auch eine kürzlich veröffentlichte Analyse italienischer Psychologen zeigt, dass Mademoiselle Bompard aller Wahrscheinlichkeit nach zu Recht schuldig gesprochen worden ist: Bei keinem der von ihnen untersuchten 106 Verbrechen, bei denen etwa Verkäufer angeblich unter Trance Supermarktkassen aushändigten, fanden sich Hinweise darauf, dass tatsächlich Hypnose im Spiel war.

Die Rätsel um die Trance sind damit aber keineswegs gelöst. Noch immer vermögen Wissenschaftler nicht zu sagen, ob Hypnose ein spezieller Bewusstseinszustand oder lediglich eine besonders tiefe Form der Entspannung ist.

Auch ist nicht geklärt, weshalb viele Menschen sehr gut und andere praktisch gar nicht hypnotisierbar sind; höchstwahrscheinlich sind manche Menschen mehr und andere weniger bereit und in der Lage, in Gedankenwelten zu versinken.

Sicher ist, dass unter Hypnose erstaunliche Dinge möglich sind. So reagieren etwa Probanden auf ein Stichwort hin nach dem Aufwachen genau so, wie es ihnen unter Hypnose aufgetragen wurde – ohne dass sie sich der Anweisung bewusst sind.

„Eine meiner Versuchspersonen, die ich in Trance versetzt habe, sollte auf das Stichwort ‚Germany' hin die Deckenlampe aus der Fassung drehen", erzählt der renommierte Neurophysiologe Wolf Singer vom Max-Planck-Institut für Hirnforschung. „Sie hat es tatsächlich getan."

Wie es zu solchen Handlungen kommt, ist noch immer rätselhaft – für die Probanden wie für die Forscher. □

Das Gehirn und der Darm – die beiden größten Nervenansammlungen im menschlichen Körper – sind über das Rückenmark eng miteinander verbunden

DAS »ZWEITE GEHIRN«

WAS DER BAUCH SO DENKT

Hinter dem Ärger, der »auf den Magen schlägt« steckt mehr als nur eine Redensart. Die 100 Millionen Nervenzellen, die unseren Verdauungstrakt umhüllen, gelten manchen Forschern als eine Art »zweites Gehirn«. Es kommuniziert mit dem Kopfhirn, beeinflusst unser Wohlergehen – und lässt uns die richtigen Bauchentscheidungen treffen

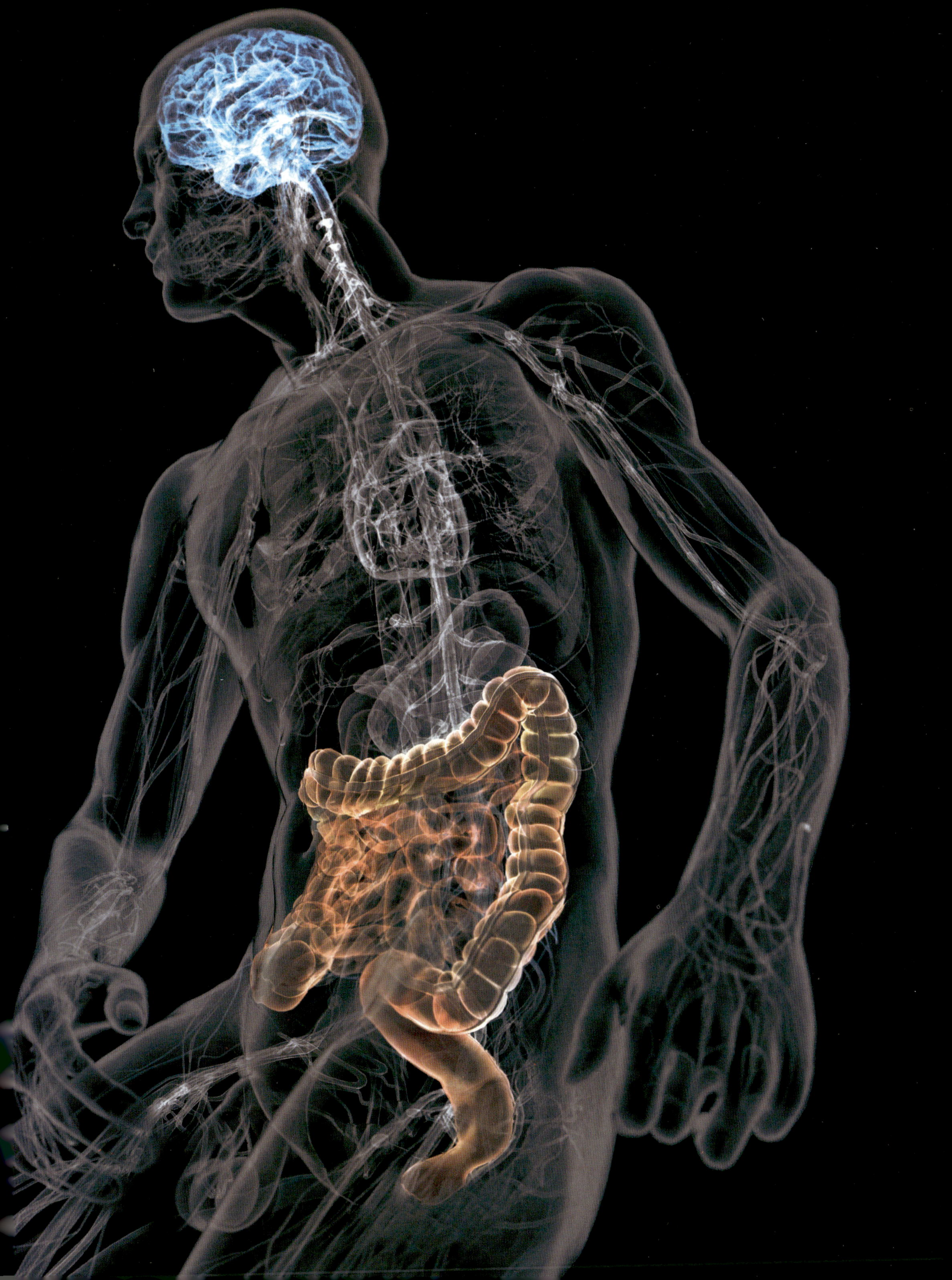

VON HANIA LUCZAK (TEXT) UND BRYAN CHRISTIE (ILLUSTRATIONEN)

Geahnt haben sie es immer, die Menschen aller Kontinente und Kulturen: Der Sitz der Gefühle liegt im Zentrum des Körpers. Dort, wo Aufregung „Schmetterlinge flattern" lässt und Freude und Glück leise kribbeln. Wo das Übel der Überforderung sich offenbart, wo Anspannung „auf den Darm drückt", wo Ärger „auf den Magen schlägt", wo Angst ein Beben erzeugt und Ekel sich bis zum Erbrechen steigert. Und sie verleihen ihrer Ahnung Worte, wenn sie den Bauch zum „Nabel der Welt", zum „Symbol des Lebens" erklären.

Werden Menschen gefragt, wo Gefühl und Gesundheit, Emotion und Intuition, Wohlbehagen und Leidenschaft am besten zu orten sind, so zeigen sie, gleich welcher Herkunft oder Hautfarbe, auf die Mitte ihres Körpers, auf ihren Bauch. Weil sie spüren, dass in der dumpfen Höhle des Leibes irgendetwas ein Eigenleben führt. Etwas, das zu einem spricht, das Geschichten erzählt und verschlüsselte Botschaften versendet.

Sogar die Herrscherin der heutigen Welt, die Wirtschaft, vertraut auf die globale Sprache aus dem Inneren: „Höre auf Deinen Bauch", heißt es in Kursen für erfolgreiche Manager; und Börsenmakler werden angehalten, ihre Entscheidungen „aus dem Bauch heraus" zu optimieren.

Und nun gibt die Wissenschaft ihnen allen recht. Der wohl prosaischste Teil des Menschen, sein stinkendes, rumpelndes Gedärm, birgt tatsächlich entscheidende Geheimnisse des Lebens. Der Bauch mit seinem ausgeklügelten Verdauungssystem, seinem unappetitlichen Inhalt und den eher peinlichen Bekundungen seiner Existenz ist in das Interesse der Forschung gerückt.

Der Grund dafür, sagt der amerikanische Neurowissenschaftler Michael Gershon, sei eine bahnbrechende Erkenntnis: „Da ist ein Gehirn in unserem Bauch."

Mögen die Eingeweide auch hässlich erscheinen: Sie sind umhüllt von mehr als 100 Millionen Nervenzellen – mehr Neuronen, als im gesamten Rückenmark zu finden sind. Dieses „zweite Gehirn", so haben Neurowissenschaftler herausgefunden, ist quasi ein Abbild des Kopfhirns – Zelltypen, Wirkstoffe und Rezeptoren sind exakt gleich.

Die Existenz einer solchen Masse von Nervenzellen im Bauch hat ein Forschungsgebiet mit dem sperrigen Namen Neurogastroenterologie hervorgebracht, das Wissenschaftler in aller Welt in seinen Bann schlägt.

Von einer „Entdeckungsreise in die verborgenen Tiefen des menschlichen Körpers" spricht der in München forschende Humanbiologe Michael Schemann, einer von rund 200 Wissenschaftlern in aller Welt, die sich dem Bauchhirn widmen.

Emeran Mayer, Professor für Physiologie an der University of California in Los Angeles, sagt: „Vor 20 Jahren hätten mich viele Kollegen ausgelacht, wenn ich von einer Verbindung zwischen Psyche und Bauchhirn gesprochen hätte."

Und der australische Forscher Marcello Costa erklärt zu den neuen Erkenntnissen: „Ich wollte es anfangs auch nicht glauben."

In einem sind sie sich alle einig: Die größte Ansammlung von Nervenzellen außerhalb des Kopfes erledigt weitaus mehr als die ohnehin schon hochkomplexe Verdauungsarbeit.

Das zweite Gehirn produziert und reguliert mindestens 40 Nervenbotenstoffe, darunter psychoaktive Substanzen wie Serotonin und Dopamin sowie diverse Endorphine, die die Gemütslage beeinflussen.

Das Bauchhirn sichert das Überleben von Leib und Seele

Der Bauch nährt das Gehirn im Schädel also auf vielerlei Weise.

Die Aufteilung der Neuronen auf Kopf und Bauch erfolgt schon im Embryo: Ab der dritten Woche der menschlichen Entwicklung wird bei der Ausbildung von Neuralrohr und Neuralleiste – frühen Strukturen des Nervensystems – ein Teil der Nervenzellen vom entstehenden Kopf eingeschlossen, ein anderer wandert in den Bauchraum.

Die Verbindung zwischen oben und Mitte, eine Art Standleitung, bilden das Rückenmark und der Vagusnerv.

Was aber macht dieses zweite Gehirn, das uns so selten bewusst wird? Denkt und fühlt es, erinnert es sich? Liegt etwa in Begriffen wie „aus dem Bauch heraus entscheiden" und dem „gut feeling" (dem „Darmgefühl", wie Angloamerikaner es nennen, wenn sie spontan, unbewusst, eben aus dem Bauch heraus Entscheidungen fällen) mehr als nur ein Fünkchen Wahrheit?

Was hat es damit auf sich, wenn wir uns scheinbar rational und nach langem Überlegen für eine von zwei Alternativen entscheiden – und unser Bauchgefühl uns schon kurz darauf durch allerlei Signale zeigt, dass wir mit unserer vom Kopf gesteuerten Entscheidung gründlich falschlagen?

„Wir stehen am Anfang einer Revolution", erklärt Michael Gershon. Die Forschung habe gezeigt, dass psychische Prozesse und das Verdauungssystem weitaus enger gekoppelt sein könnten, als die Wissenschaftler bislang dachten.

Das Bauchhirn, so Gershon, spiele eine große Rolle bei Freud und Leid – doch die wenigsten wüssten überhaupt, dass es existiert.

Dabei hat die Neurogastroenterologie eine mehr als 100-jährige Geschichte. Eine bewegte Historie, durchzogen von Misstrauen und Verdrängen, Vergessen, Tabuisieren. Und es hat viele Jahre gedauert, ehe sich die Erkenntnis vom Bauchhirn durchsetzen konnte.

Das erste Kapitel spielt Mitte des 19. Jahrhunderts

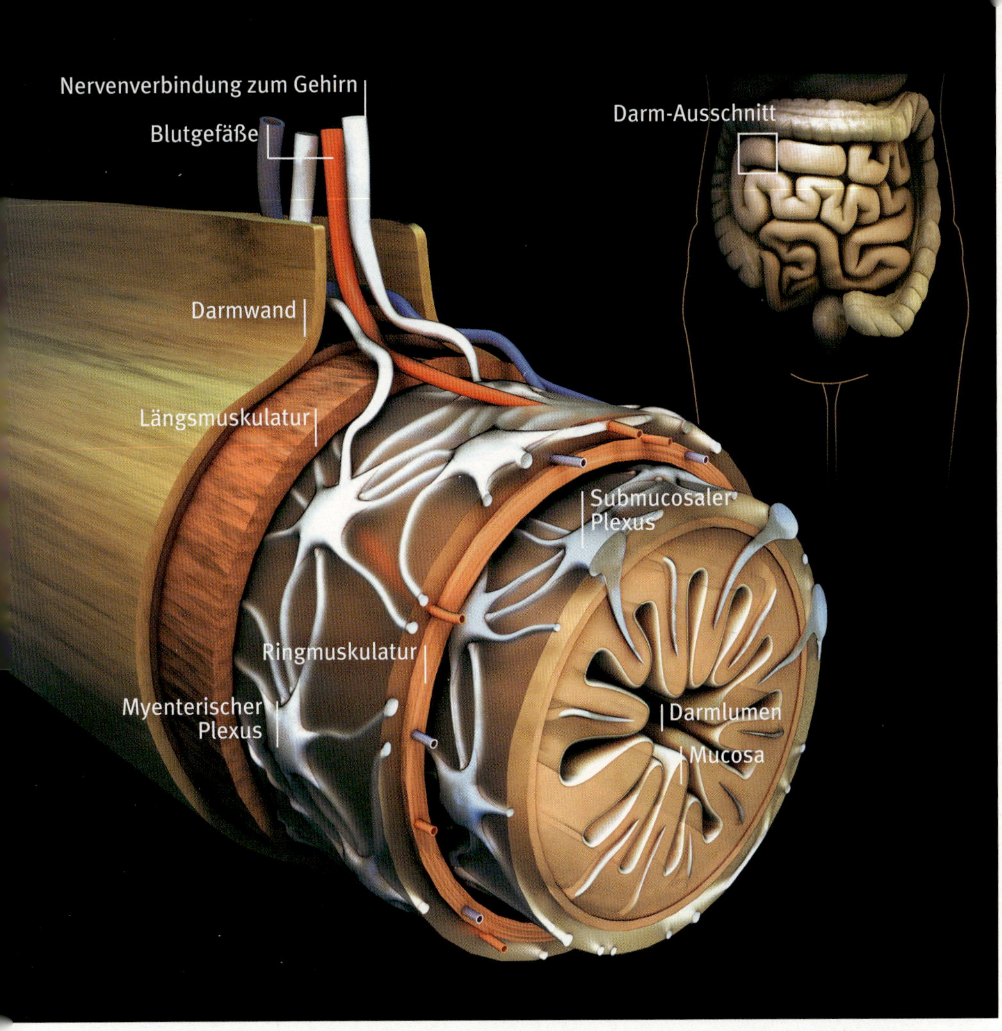

In der Umhüllung der Darmschlingen verbergen sich wichtige Bestandteile des Bauchhirns und beeinflussen viele unbewusste Körperfunktionen. So regulieren die Nervenzellen des myenterischen Plexus die Enzymproduktion benachbarter Organe, und die Fasern des submucosalen Plexus sorgen für die Flüssigkeitsregulation im Darm. Über das Rückenmark stehen die Nervengeflechte mit dem Kopfhirn im ständigen Austausch

und handelt von dem deutschen Nervenarzt Leopold Auerbach.

Als Auerbach im Jahre 1862 ein Stückchen Gedärm zerlegte und durch ein einfaches Mikroskop genauer betrachtete, sah er etwas, was ihn stutzig machte: In die Darmwand eingebettet waren zwei Schichten eines Netzes von Nervenzellen und -strängen, hauchdünn und zwischen zwei Muskellagen versteckt.

Wozu, fragte sich Auerbach, mochten diese Netzstrümpfe dienen, die dem einfachen Auge verborgen bleiben, aber den gesamten Verdauungstrakt von der Speiseröhre bis zum Enddarm umhüllen?

Der Deutsche hatte keine Ahnung, dass er die Schaltzentrale der Verdauungsmaschinerie aufgespürt hatte: ein komplexes Netzwerk von Nervenzellen, das nicht nur derbe Größen wie Nährstoffzusammensetzung, Salz- und Wasseranteil analysiert und Absorptions- und Ausscheidungsmechanismen koordiniert. Es kontrolliert auch die raffinierten Gleichgewichte von hemmenden und erregenden Nervenbotenstoffen, von stimulierenden Hormonen und schützenden Sekreten.

Im Laufe eines 75-jährigen Menschenlebens wandern mehr als 30 Tonnen Nahrung und 50 000 Liter Flüssigkeit durch dieses Röhrensystem. „Dagegen ist das Herz eine primitive Pumpe", erklärt Michael Gershon.

„Hochintelligent" steuere das Bauchhirn diesen Durchsatz: Denn es müssten ja Millionen chemischer Substanzen – „stellen Sie sich nur die Verdauung eines Steaks vor" – analysiert, Millionen von Giften und Gefahren gemeistert werden.

Und das über die größte und intimste Kontaktfläche des Menschen mit der Außenwelt: „Wir sind ja innerlich hohl", sagt der New Yorker Forscher. Der Körper endet nach draußen nicht nur an der Haut, sondern auch an der Wand des Darms. Eines Tunnels, der so perfekt gebaut ist, dass die Stoffe aus der Umwelt tonnenweise durch uns hindurchtransportiert werden können, ohne dass wir Schaden nehmen.

Der Darm ist das größte Immunorgan des Körpers; in ihm sitzen mehr als 70 Prozent aller Abwehrzellen. Sein Inhalt – ein Gebräu aus Dung, Schleim und fermentierenden Bazillen – ist ein Paradies für Bakterien und Pilze.

Jeder Mensch wird von mindestens 160 Darmbakterienarten besiedelt, die es zusammen auf 100 Billionen Mikroorganismen bringen; das ist zehnmal mehr als alle menschlichen Zellen zusammen. Die Hälfte des Kots besteht aus abgestorbenen Bakterien, die durch die Darmwände, die effektivste Verteidigungslinie des Organismus, von unserem Körper ferngehalten werden.

Eine große Zahl von Abwehrzellen in diesen Darmwänden ist direkt mit dem Bauchhirn verbunden. Sie lernen, zwischen Gut und Böse zu unterscheiden. Die Information wird gespeichert und bei Bedarf abgerufen.

Vieles läuft unabhängig vom Kopf ab. Gelangen allerdings Gifte in den Körper, spürt das Darmhirn die Gefahr zuerst und schickt Alarmsignale ans Hirn. Denn

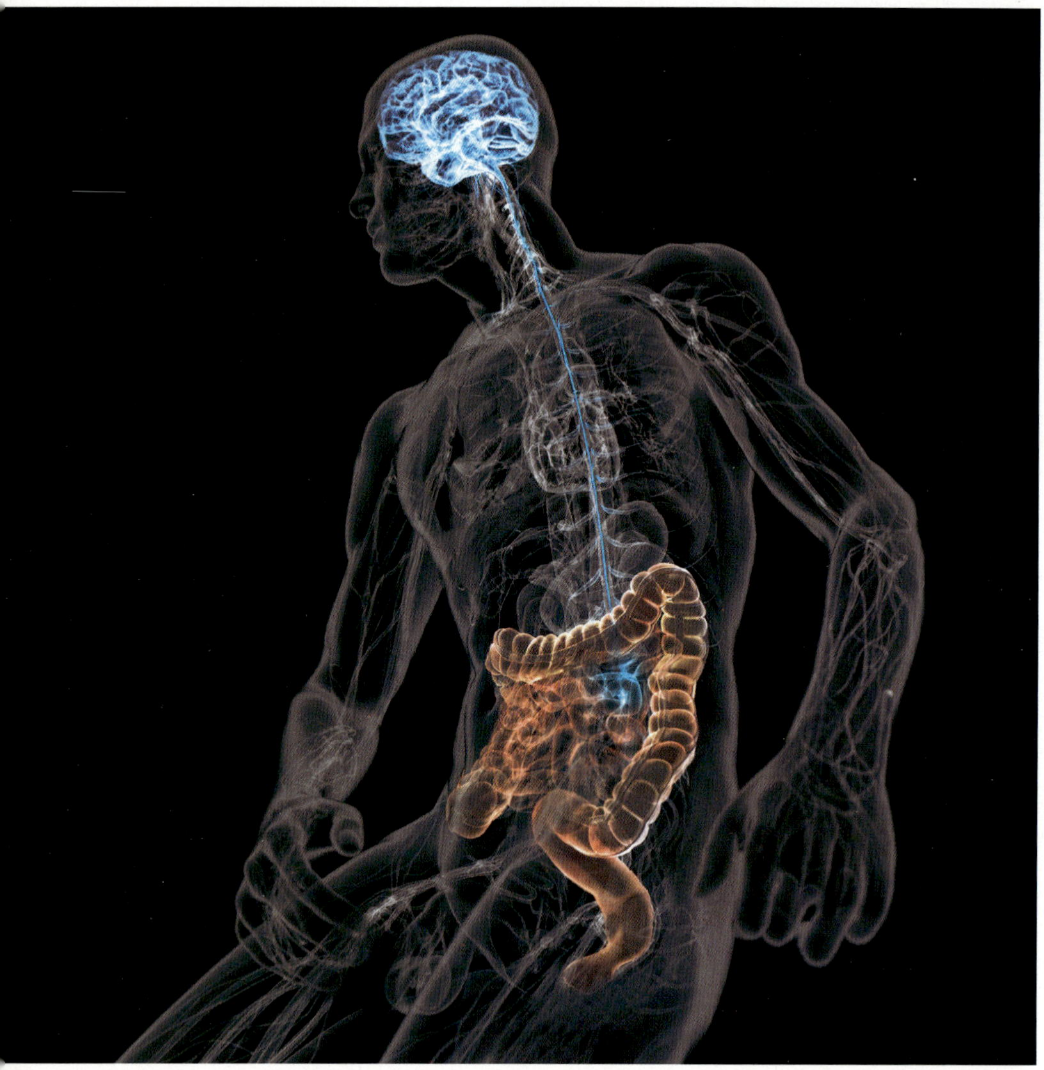

Das Gehirn hat im Darm nicht viel zu melden: Nur rund zehn Prozent der Nervenverbindungen zwischen den beiden Organen verlaufen von oben nach unten. Der Darm arbeitet weitgehend autonom, erst am Rektum und Anus regiert das Gehirn mit bewusster Steuerung mit

in Notsituationen soll der Mensch sich seines Bauches bewusst werden und sich gemäß der Notsituation verhalten: Erbrechen, Krämpfe, Entleerung.

Ein paar Jahrzehnte nach Auerbachs Erkenntnissen entdeckten die englischen Mediziner William Bayliss und Ernest Starling den „peristaltischen Reflex" – eine weitere überlebensnotwendige Funktion des Verdauungstraktes.

Wenn Gifte in den Körper gelangen, schlägt der Darm sofort Alarm

Diese hoch komplexe Transportmechanik wird, wie Wissenschaftler heute wissen, ebenfalls vom Bauchhirn synchronisiert und reagiert auf feinste Druckreize: Dehnt ein Speiseklumpen ein Darmsegment, werden „mechanosensitive" Zellen in der Schleimhaut aktiviert. Die schütten Botensubstanzen aus, die wiederum andere Nervenzellen im Inneren der Darmwand stimulieren. Die schicken schließlich über Botenstoffe hemmende und aktivierende Signale an Muskelzellen, die dann den wellenartigen Reflex ausführen.

Um den Transport über die große Strecke zu ermöglichen, werden mehrere hemmende und aktivierende Schaltkreise nacheinander angeregt. Und für das Funktionieren dieses hochsensiblen, fein austarierten Gleichgewichts ist das Bauchhirn zuständig: Wird der hemmende Schaltkreis zu stark, entspannt der Darm so sehr, dass er gelähmt wird; chronische Verstopfung ist die Folge. Ist dagegen das erregende System zu stark, erfolgt ein beschleunigter Transport – es kommt zu Durchfall.

Woher die Signale für diese Bewegung stammen, versuchten William Bayliss und Ernest Starling 1899 in ihrem Londoner Labor zu ergründen. Und sie hatten einen Verdacht.

Um dem nachzugehen, schnitten sie bei einem betäubten Hund alle Nervenverbindungen zu anderen Organen und zum zentralen Nervensystem ab. Keine direkte Information aus dem Gehirn oder Rückenmark konnte jetzt mehr den isolierten Darm erreichen. Jedes andere Organ des Körpers wäre auf diese Weise paralysiert worden, denn alle sind Sklaven des großen Gehirns.

Doch als die beiden Forscher auf die Eingeweide drückten, reagierten die mit der absteigenden Welle von Kontraktion und Relaxation. Wenn also dafür Nerven von außen nicht notwendig waren, schlossen die Wissenschaftler, dann mussten Nerven innen diese Arbeit erledigen.

Das war eine Sensation, galt doch damaligen Forschern das Gehirn als uneingeschränkter Herrscher über den gesamten Körper. Bayliss und Starling konnten noch nicht wissen, was ihre Kolle-

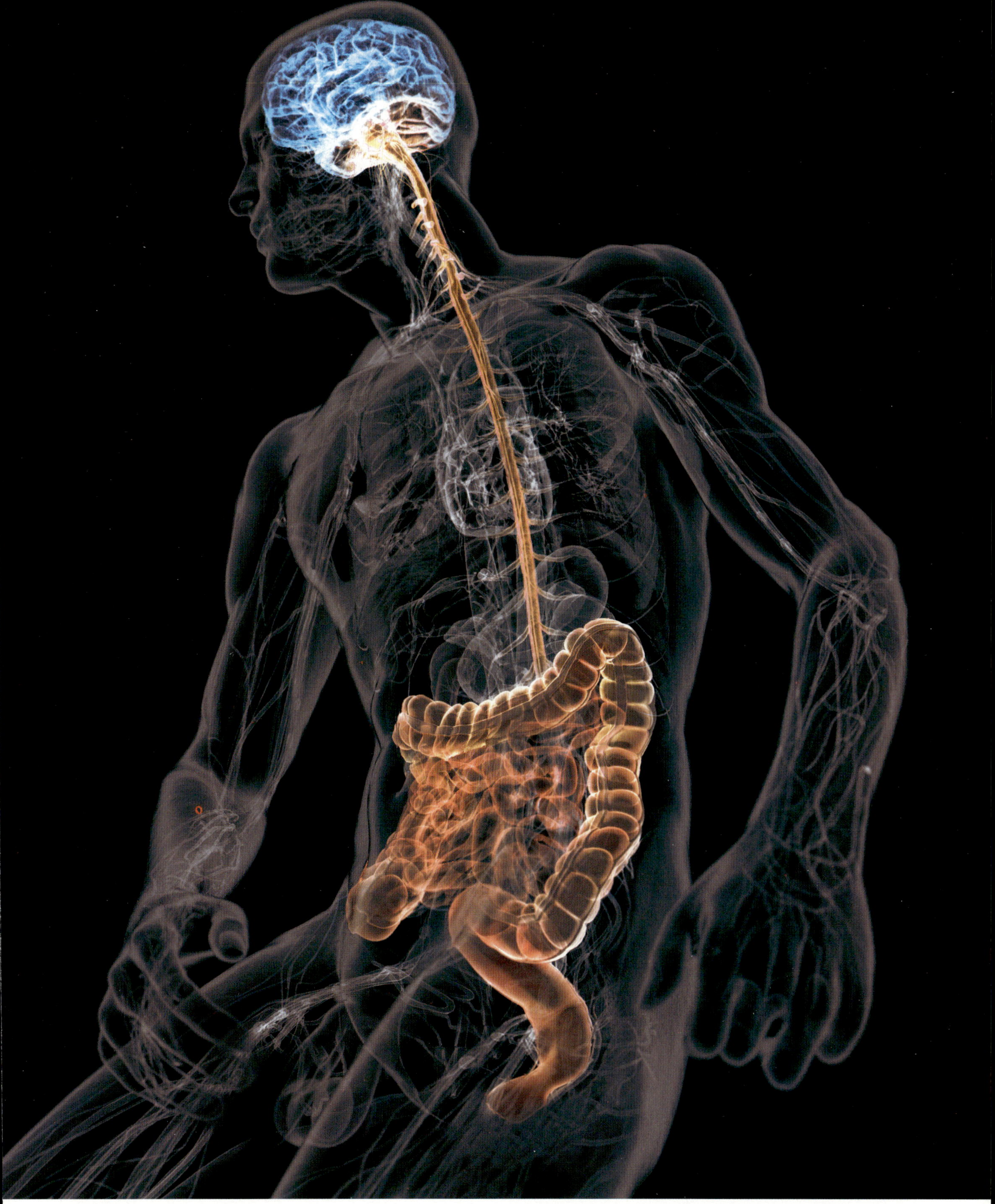

Die Botschaften des Darms an den Körper sind dagegen allgegenwärtig: Rund 90 Prozent der Nervenverbindungen zwischen Kopfhirn und Darmhirn verlaufen von unten nach oben. Manche Signale nehmen wir bewusst wahr, wie Brechreiz oder Schmerzen, andere äußern sich als Bauchgefühl, beispielsweise als Unruhe oder leichte Traurigkeit. Selbst individuelle Grundstimmungen können im Bauch entstehen

gen erst viel später herausfanden: Die Herrschaft des Kopfhirns nimmt im Verdauungstrakt mit der Entfernung ab. Mund, Teile der Speiseröhre und Magen lassen sich temporär noch etwas von oben sagen. Doch hinter dem Magenausgang übernimmt ein anderes Organ die Regie: Was dort wann und wo passiert, entscheidet das Bauchhirn. Erst am allerletzten Ende, an Rektum und Anus, regiert das menschliche Gehirn mit bewusster Steuerung wieder mit.

Deshalb hat es modernen Neurologen vor allem der Darm angetan – jenes schleimige, schlangenartige, meterlange Körperteil, das verschlungen im Hohlraum Bauch seine Arbeit leistet und von der Wissenschaft so lange vernachlässigt wurde.

1917 brachte der deutsche Pharmakologe Paul Trendelenburg mit einem bahnbrechenden Experiment das Wissen um den Bauch entscheidend voran. Er isolierte ein Stück Meerschweinchendarm und hängte es in ein Testgefäß mit einer Nährlösung, die mit Sauerstoff versorgt wurde. Das Präparat überlebte so gut in dieser künstlichen Umgebung, dass es sogar ohne Tier weiterarbeitete: Der Forscher blies mithilfe eines Schlauches Luft in das Darmstück – und das blies, sozusagen, zurück.

Das vom Organismus abgeschnittene Segment des Meerschweinchendarms im Reagenzglas musste also in der Lage sein, die durch das Hineinblasen entstandene Druckerhöhung zu spüren.

Mehr noch: Das Stück Innerei antwortete dem Reiz sogar – mit einer koordinierten Welle von oraler Kontraktion und analer Relaxation, bei welcher Luft entwich. Das Gedärm lebte auf seine Weise weiter.

Und sein Bauchhirn hat Macht: Es kann die Daten seiner Sensoren selbst generieren und verarbeiten, und es kontrolliert einen Set von Reaktionen.

Es gibt den Nachbarorganen Anweisungen, koordiniert die Infektabwehr und die Muskelbewegung, muss schnell entscheiden und gespeichertes Wissen abrufen. Es ist funktionell organisiert, arbeitet mit Kreisläufen. Und es ist in der Lage, unterschiedliche Zustände zu registrieren und darauf zu reagieren. Das zweite Gehirn hat alles, was ein integratives Nervensystem braucht.

„Ja", sagt der Münchener Forscher Michael Schemann, „man kann sagen, das Darmhirn denkt."

Gut 40 Jahre nach Trendelenburgs Entdeckung erfuhr ein junger Student namens Michael Gershon 1958 in einer Vorlesung zum Thema „Die Physiologie des Verhaltens", dass die im Körper produzierte Substanz Serotonin die Gemütslagen des Menschen beeinflussen könne. Fasziniert stürzte er sich in die Arbeit. Wo im Körper, wollte er wissen, wird das Serotonin produziert?

Nach vielen Experimenten erlaubte die Datenlage nur eine einzige Interpretation: 95 Prozent der Substanz werden im Darm synthetisiert und gelagert. Spezielle Nervenzellen senden sie als Botenstoff aus, der unter anderem den peristaltischen Reflex in Gang bringt. 1965 veröffentlichte Gershon seine Ergebnisse.

Mit unerwarteter Wirkung: Er erlebte eine Lawine der Ablehnung.

Denn zu jener Zeit gingen Neurobiologen davon aus, dass im Menschen lediglich zwei Nervensysteme existierten: das zentrale im Kopf und das vegetative, zuständig für alle Organe. Zudem glaubte man, dass die gesamte Kommunikation zwischen diesen beiden Nervensystemen von zwei Botenstoffen erledigt werde.

„Und jetzt kam ich", so erinnert sich Gershon, „und brachte diese schöne Ordnung durch einen unabhängigen Darm und einen dritten Botenstoff, das Serotonin, quasi durcheinander."

Niemand nahm ihn ernst.

Erst 16 Jahre später konnte er sich rehabilitieren. 1981 sollte er bei einem Kongress führender Neurowissenschaftler eine Rede halten. Gershons langjährige Gegner saßen in der ersten Reihe – unter ihnen der Australier Marcello Costa.

Früher Lebensstress ist fest eingebrannt in Gehirn und Bauch

Vor diesen hochkarätigen Forschern, die sich dem edelsten Teil des Menschen widmeten, dem Hirn, sollte er in seinem Vortrag die vergessene Geschichte der Darmforschung nacherzählen. Er sollte an Auerbach erinnern, an die zwei Briten, an Trendelenburg – und an das Serotonin. Von einem „zweiten Gehirn" zu sprechen, das wagte er an diesem Tag nicht. „Die Angst", so Gershon, „ließ mich die Macht der Eingeweide fühlen."

Nach seinem Vortrag sprang Marcello Costa auf, als wollte er den erwarteten vernichtenden Widerspruch formulieren.

Doch dann sagte der Australier: „All die Jahre haben wir behauptetet, dass Michael irrt. Jetzt aber bin ich hier, um mitzuteilen, dass er recht gehabt hat – und ich werde Ihnen den definitiven Beweis vorführen."

Denn mithilfe einer raffinierten Antikörper-Methode hatte Costa Serotonin-Moleküle markiert und so unter dem Mikroskop in den Nervenzellen des Darms sichtbar gemacht.

Der Bann war gebrochen, das Nervensystem im Bauch hatte seinen Platz auf der Neurologen-Landkarte gefunden. Eine neue Ära konnte beginnen.

„Da sprechen zwei die gleiche Sprache", sagt Michael Gershon in seinem New Yorker Labor und meint damit die innige Kommunikation zwischen den beiden Gehirnen – wobei der Bauch ganz offensichtlich mehr mitzuteilen hat: 90 Prozent der Verbindungen verlaufen von unten nach oben.

Warum?

„Weil sie wichtiger sind als die von oben nach unten", sagt Gershon. Experimente legen nahe, dass außer den bewussten Alarmsignalen – etwa dem Brechreiz bei Vergiftungen – vor allem unbewusste Botschaften vom Bauch in die Zentrale im

Schädel eingespeist werden, beispielweise Unruhe oder leichte Traurigkeit.

Umgekehrt empfinden Menschen in subjektiven Notsituationen, etwa vor Prüfungen, ein „mulmiges Gefühl" in der Leibesmitte: Wenn die Zentrale im Kopf bewusst oder unbewusst die Last von Anspannung und Furcht wahrnimmt, dann ruft sie den Satelliten im Bauch über spezialisierte Immunzellen im Darm.

Die schütten Entzündungsstoffe aus, die Nervenzellen im Verdauungsrohr aktivieren. Diese Neuronen schließlich veranlassen Muskelzellen, zu kontrahieren. Krämpfe oder Durchfall sind die Folge – weshalb sich so mancher in Gefahr „vor Angst in die Hose macht". (Aus evolutionärer Sicht war dieser Reflex bei unseren Urahnen deshalb sinnvoll, weil der Stoffwechsel so von Verdauungsarbeit entlastet wurde und mehr Energie für Flucht oder Kampf zur Verfügung stand.)

Diese Alarmstimmung im Darmhirn wird wiederum dem Kopfhirn mitgeteilt, und das funkt zurück nach unten – und so weiter: ein Kreislauf, der manchmal, etwa bei Dauerangst oder „high level stress", sogar chronisch werden kann.

Forschungen haben gezeigt, dass der fortwährende Beschuss mit Signalen aus dem Darm sogar imstande ist, Zellzerstörungen im Gehirn zu verursachen. „Das kann", so Emeran Mayer, „zu einer Schrumpfung bestimmter Hirnregionen führen."

Ein solcher Lebensstress wird schon früh in Gehirn und Bauch eingebrannt und kann ein Leben lang die Sensibilität der Darm-Hirn-Achse bestimmen. So wachsen Säuglinge mit berüchtigten Magenkoliken und Kinder mit chronischen Bauchschmerzen nicht selten zu Erwachsenen mit „irritablem", also besonders reizbarem Darm heran.

Das Bauchhirn lernt jung am besten. Denn wie das Kopfhirn reift es nach der Geburt weiter; es ist für mindestens drei Jahre plastisch und entwickelt sich. Frühe „Erfahrungen" des Darms können so die „Persönlichkeit" beider Gehirne beeinflussen. Exzessive oder lang anhaltende Furcht hinterlässt Spuren nicht nur im Kopf, sondern auch im Darmtrakt, wie Tierexperimente erwiesen haben.

Und das stärkste Indiz für die verhängnisvollen Reaktionsketten zwischen Gedärm und Psyche: 40 Prozent jener Patienten, die unter einem Reizdarm leiden (Kennzeichen: starkes Unwohlsein, Unregelmäßigkeiten beim Stuhlgang, Blähungen und Bauchschmerzen), klagen auch über Angsterkrankungen und Depressionen, wie Studien zeigen.

Kommen Schwermut und Angst also aus dem Darm? „Da ist viel mehr dran, als wir heute exakt beweisen können", meint Emeran Mayer. Es sei anzunehmen, dass manche Grundstimmungen im Bauch generiert werden und dass möglicherweise das Darmhirn sowie Störungen in seinem Serotoninsystem eine Rolle bei der Entstehung mancher Depressionen spielen.

Denn so wie beißender Hunger und wohlige Sättigung bewusst die Gefühlslage eines Menschen beeinflussen, so muss auch die unbewusste Manipulation unseres alltäglichen Daseins gewaltig sein.

Emeran Mayer und viele seiner Kollegen sammeln schon seit einiger Zeit Indizien für die verkannte Macht des Körpers über den Geist.

Ist das Bauchhirn möglicherweise ein Teil des Unterbewusstseins?

Die neue Generation von Neurowissenschaftlern fragt, welchen Einfluss das Darmhirn und andere Körperimpulse nicht nur auf unsere Gefühle haben – sondern letztlich auch auf unseren Verstand.

Viele Lebenserfahrungen und vor allem die damit verbundenen Körperreaktionen sind in unserem Gehirn niedergeschrieben. Und dabei spielen vermutlich die Bauchreaktionen eine besonders wichtige Rolle. Durch die enge Verbindung von Darm- und Kopfhirn, so Mayer, werden Gefühle, negative wie positive, vermutlich in Form von assoziierten Magen-Darm-Reaktionen chiffriert und gespeichert.

Kein Kollege lacht heute mehr, wenn der Neurogastroenterologe vor allem in den so überraschend umfangreichen Nervenfasern, die das kleine mit dem großen Gehirn von unten nach oben verbinden, quasi das biologische Korrelat menschlicher „Bauchgefühle" sieht – und letztlich der Intuition. Sie entsteht aus der Wechselwirkung der zwei intim miteinander verschalteten Gehirne.

Als Resultat postulieren Forscher eine „Emotions-Gedächtnis-Bank" im Kopfhirn, die alle hochgesendeten Reaktionen und Daten des Bauches sammelt – etwa besonders unangenehme Gefühle bei stark beängstigenden Situationen. Aber auch biologische Chiffren der Vorfreude, wie die „Schmetterlinge im Bauch" oder die irritierende Ablehnung beim Augenkontakt mit bestimmten Zeitgenossen.

Jedes Mal, wenn der Mensch eine Entscheidung in einer ähnlichen Situation fällen muss, basiert die nicht nur auf intellektuellen Kalkulationen, sondern wird massiv von jenen unbewussten Informationen aus dem gigantischen Katalog von gespeicherten Emotionen und Körperreaktionen mitgeprägt, eben von den „gut feelings".

Könnte nicht angesichts dieser Erkenntnisse, so fragt Gershon, „der Bauch auch ein Teil der biologischen Matrix für das große Unbewusste sein" – für jene vor 100 Jahren entdeckte psychische Innenwelt des Menschen also, die bis heute relativ unerforscht in uns schlummert?

„Das", sagt Michael Gershon, „ist eines der großen Rätsel der Wissenschaft für die nächsten Jahrhunderte." □

Die GEO-Redakteurin **Hania Luczak** hat bei ihren Recherchen beeindruckt, wie häufig Störungen des Verdauungssystems in Wechselwirkung mit seelischen Irritationen stehen. Der Amerikaner **Bryan Christie**, 36, hat sich darauf spezialisiert, komplizierte Vorgänge im menschlichen Körper anschaulich darzustellen.

INTUITION

Wenn fürs Nachdenken keine Zeit bleibt und es mitunter lebensgefä

AUGEN ZU

Im Wasserfall, sagt Peter Tümmers, spüre er intuitiv, wie er steuern muss, um nicht an der Felswand zerschmettert zu werden. Die Fotos dieser Reportage sind im Norden Portugals entstanden; der Text zeichnet eine Fahrt in Chile nach

ch zugeht, ist die Intuition der wichtigste Ratgeber, sagt der Kajakfahrer Peter Tümmers. Etwa im Wildwasser

– UND DURCH

VON HEINER MÜLLER-ELSNER (FOTOS) UND MARKUS WOLFF (TEXT)

Der Rio Vez gilt als einer der anspruchsvollsten Wildwasserflüsse Nordportugals – an vielen Stellen stürzt er unvermittelt etliche Meter in die Tiefe

Weil es hier um den Bauch und nicht um den Kopf geht, bleibt am Ende wieder diese Frage. Diese fast banal klingende, ewig gleiche, diese „sozialpädagogische Räucherstäbchenfrage", wie Peter Tümmers es augenzwinkernd nennt, die sich aber jeder von ihnen in solchen Momenten stellt.

Sie heißt: „Wie fühlst du dich?"

Es ist ein sonniger Tag in der chilenischen Wildnis, etwa drei Autostunden südlich von Santiago. Peter Tümmers, Co-Trainer der deutschen Wildwasser-Nationalmannschaft und Management-Trainer, ist guter Laune, auch wenn er etwas entkräftet wirkt. Dehydriert, Ringe unter den Augen. Zeichen der Anstrengungen, die hinter ihm liegen.

Er trägt sein Boot durch unwegsames Gelände, springt dann im Kajak Dutzende Wasserfälle hinunter

Seit mehr als zwei Wochen reist er bereits mit vier der besten deutschen Kajakfahrer durch Chile, ein Freizeit-Trip. Statt in Hotels wird in Zelten oder in der freien Natur übernachtet. Von dort sind sie fast jeden Tag aufgebrochen und haben schwere Ausrüstung und Boote auf dem Rücken durch wegloses Gelände getragen, die Kajaks durch reißende Flüsse gesteuert, sind Dutzende Wasserfälle hinuntergesprungen.

Also, wie fühlen sie sich an diesem Tag? Weit besser

als vor einigen Tagen, als sie schon einmal hier standen, am selben Ort, an dem sich genau beobachten lässt, wie der Río Claro an seiner gefährlichsten Stelle, dem „Teufelsschlund“ in die Tiefe stürzt. Wie er in steilen, engen Kurven durch den ausgewaschenen Felsen schießt und dann fällt und fällt.

Zu schwer für einige, hatte Peter Tümmers geurteilt, und es wurde entschieden, dass zwei von ihnen diese Passage nicht fahren sollten.

Eine seltsame Spannung legte sich da über die Gruppe, eine Mischung aus Verärgerung und Gereiztheit, und auch die Erfahreneren setzten sich an diesem Tag nicht mehr in ihre Boote, um den Teufelsschlund zu durchqueren.

Nicht, weil sie nicht wollten. Sondern weil ihnen ihr Bauchgefühl sagte, es sei nach

Eine halsbrecherische Passage im Himalaya hat Tümmers 2009 als Erster überhaupt gemeistert

diesem Konflikt nicht gut, die Passage zu wagen. Selbst für Extremsportler wie Peter Tümmers, der viele Flüsse der Welt kennt, auf denen das Wasser besonders rau, das Gefälle besonders steil ist. Er hat sein Boot durch Stromschnellen in Afrika manövriert, in Lateinamerika, den USA und 2009 als Erster eine halsbrecherische Passage im Himalaya gemeistert. Wo es schwierig wird, wird’s für Tümmers erst interessant.

Der 44-jährige Bayer ist fit und trainiert, aber in Kraft und Kondition inzwischen Athleten unterlegen, die jünger sind als er. Doch darauf

In reißender Strömung muss Peter Tümmers mit seinem Körper das Kajak in der Balance halten und gleichzeitig mit dem Paddel steuern – während er im Kopf schon die nächste Aktion plant

kommt es im Wildwasser nicht an. „Wichtig ist im Wasser in Sekundenbruchteilen die richtige Entscheidung zu treffen."

Also auf dieses unverzichtbare Gefühl zu vertrauen, das auf nicht nachvollziehbare Art, aber doch nicht willkürlich entsteht: die Intuition.

Dieses Gefühl, von dem Albert Einstein einst sagte: „Die Intuition ist ein göttliches Geschenk, der denkende Verstand ein treuer Diener. Es ist paradox, dass wir den Diener verehren und die göttliche Gabe entweihen."

Diese Fähigkeit, die einem Großrechner gleich in Millisekunden alle im Gehirn gespeicherten Dateien auf ähnliche Situationen überprüft und Erfahrung augenblicklich in Aktionen umsetzt. Die „Halt den Kopf unten!" sagt. Oder „Lehn dich in die Kurve – und nicht dagegen". Handeln zu können, ohne nachzudenken.

Niemand besitzt Intuition einfach so – man muss sie sich über lange Zeit hart erarbeiten

Erfahrung in Tun zu übertragen: So definiert es der US-Psychologe Gary Klein. Vor allem riskante Entscheidungen, glaubt Klein, werden oft auf diese Weise getroffen. Das erfordert Muster, die über einen großen Zeitraum angelegt und dann blitzschnell wiedererkannt werden.

Intuition besitzt niemand einfach so, man muss sie sich erarbeiten. Mit zunehmender Praxis gewinnt sie an Deutlichkeit und Schärfe, gilt vielfach auch als „sechster Sinn".

Peter Tümmers ist Routinier, seine Intuition kann

Der Sicht beraubt und inmitten chaotisch strömenden Wassers ruft Peter Tümmers nach einem Sprung blitzartig sein gespeichertes Erfahrungswissen ab – Intuition pur

sich aus einem über Jahrzehnte gesammelten Pool von Erfahrungen bedienen. „Ich weiß zum Beispiel, wie ich mich in s-förmig über Felsen fließendes Wasser reinschleiche, und mit nur einem Schlag steht mein Kajak tipptopp!"

Das beherrscht nicht jeder. Weniger routinierte Fahrer treffen ihre Entscheidungen oft rationaler, analytischer, setzen in ähnlichen Situationen kurze, uneffektive Schläge. „Pitsche-Patsche-Paddeln" nennt Tümmers so etwas – für ihn Zeichen dafür, dass jemand zu sehr auf seinen Kopf hört, weil er dem Bauch nicht vertraut.

Eng und dunkel ist der schwierigste Abschnitt der Tour, »Garganta del Diablo«, der Teufelsschlund

Dabei geht es bei der Intuition, wie der amerikanische Sozialpsychologe David Meyers meint, ja gerade darum, eine Entscheidung unmittelbar zu treffen, ohne Beobachtung oder augenfälligen Grund – und damit richtig zu liegen.

An diesem Morgen sagt Tümmers' Bauch ihm schon im Camp: Es ist ein guter Tag für den Teufelsschlund. Lange frühstücken die Sportler gemeinsam, mit einem umgedrehten Boot als Tischersatz. Ein ausgedehntes Morgenritual. Wie Bergsteiger vor dem Gipfelsturm sitzen sie da. Horchen in sich hinein, lassen die letzten Fahrten Revue passieren und reden miteinander, weil die Intuition den Rückblick genauso braucht wie den Aus-

Auch die Besten kentern mal. Dann ist die Beherrschung der Eskimorolle überlebenswichtig, die einem hilft, sich wieder aufzurichten. Das Entscheidende: Augen auf zur Orientierung und eine lockere Hüfte für die Koordination des Bewegungsablaufs

tausch mit den anderen Fahrern: Wie oft bin ich gekentert in den vergangenen Tagen? Wie kräftig bin ich? Wie empfinden die anderen?

„Das gute Gefühl ist enorm wichtig, wenn es laufen soll“, sagt Tümmers. Zeitdruck gibt es hier nicht, Sachzwänge, die die Konzentration stören, sollten ausgeschaltet sein. Keine Uhrzeit, nach der wie bei Bergsteigern der Gipfel nicht mehr zu erreichen wäre, kein Schneebrett, das plötzlich in die Flanke rutscht.

Río Claro bedeutet „klarer Fluss“. So rein ist sein Wasser, dass es nicht wie an anderen Orten nach Schiefer oder Schnee schmeckt, sondern nach: nichts. Fast lieblich schlängelt sich der Río Claro vorbei an üppigem Grün und breiten Kiesbänken. In seinem oberen Teil durchfließt er 22 schmale Wasserfälle mit einer Fallhöhe zwischen drei und neun Metern, im unteren Teil sieben große Pools.

Beide Abschnitte ist die Gruppe in den vergangenen Tagen gefahren. Übrig blieb der schwierigste Abschnitt, „Garganta del Diablo“, der Teufelsschlund. Den will Tümmers heute mit zwei weiteren Fahrern durchqueren.

Eng und dunkel ist die fast drei Kilometer lange Schlucht und extrem gefährlich. Bedrohlich wie eine Tunneleinfahrt liegt ihr erstes Stück da, das Wasser überzogen mit weißem Schaum.

Wer einmal drin ist, kann weder zurück noch seine Fahrt abbrechen, sie allenfalls auf schmalen Felsplatten unterbrechen. Steil ragen die Wände bis zu 50 Meter auf. „Dieses Wasser versteht keinen Spaß!“, sagt Tümmers.

Sein Gepäck verstaut er im Kajak: Säge, Ersatzpaddel, Erste-Hilfe-Set, Klemmkeile, Aufstiegshilfe, Seile – falls er im schlimmsten Fall aus der Schlucht hinausklettern muss. Er setzt seinen Helm auf und legt die Ellenbogenschützer an. In Schwimmweste und Neoprenanzug gezwängt, nimmt er Platz, schließt die Spritzdecke.

Die Fahrt beginnt.

Im Abstand von etwa 15 Metern folgen die Kajaks einander, vorbei an Wänden aus Basalt und durch kleinere Felsentreppen, die sie zügig, aber nicht hektisch durchfahren. „Lauern! Du musst auf den richtigen Moment lauern!“, sagt Tümmers, „das Wasser für dich arbeiten lassen, dich mit ihm verbinden. Eben viel intuitiv wahrnehmen!“

Doch wer sich nur treiben lässt, macht sein Kajak zum Spielball des Wassers, kentert früher oder später.

Mehrere Wasserfälle liegen im ersten Teil der Strecke. Das Trio wechselt sich in der Führung ab. Wer vorn fährt, mustert an schwierigen Stellen die folgende Passage, steigt ab und zu auf einen glitschigen Felsstreifen, gibt den Nachkommenden Anweisungen, wie der Abschnitt zu nehmen ist: ob der Wasserfall niedrig genug zum „boofen“ ist, also zum Springen und möglichst flachen Landen. Oder ob der Fahrer „melden“ soll, seinen Körper nach vorn klappen, frei fallen und mit dem Boot einem Eisvogel gleich die Wasseroberfläche durchstoßen.

„Nach dem Eintauchen musst du dann intuitiv richtig reagieren“, sagt Tümmers. „spüren, ob du dir Zeit lassen kannst oder sofort wieder nach oben musst, bevor dich ein Sog davonzieht.“

Auf dem Sambesi in Afrika, so die Faustformel, kann der Fahrer bis fünf zählen. Auf dem Río Claro hat er keine Zeit zum Zählen. Schafft er es nicht schnell genug wieder nach oben, wird er womöglich unter Felswände gedrückt – und ertrinkt.

Nach und nach kippen die Boote über die Kanten der Wasserfälle und setzen einige Meter darunter auf der Wasseroberfläche auf, problemlos. Dann gleiten sie wieder dahin, durch eine so anmutige Landschaft, dass sie Tümmers fast „einlullt mit ihrer Schönheit“. Dennoch gilt es, immer wachsam zu bleiben, etwa vor plötzlich auftretenden Strudeln.

Man muss auch loslassen, sich treiben lassen. »Intuition ist nun mal kontrollierter Kontrollverlust«, sagt Tümmers

Bald darauf nähern sie sich dem gefährlichsten Abschnitt des Flusses, einem 15 Meter hohen Wasserfall.

Der obere Teil gleicht einer steilen, zwei Meter schmalen Rutsche. Von deren Ende fällt das Wasser in einen tückischen Felskessel. Darin rotiert es, wird eingezogen und drückt an einer anderen Stelle des Kessels wieder mit Schaumkronen hoch, „pilzt“, wie es heißt.

Kaum mehr als drei Sekunden vergehen zwischen Abfahrt und Auftreffen. Die Hälfte wird gefahren, dann „gemeldet“. Kommt das Boot nicht richtig auf, kann es schmerzhaft enden: abgebrochene Zähne, lädierte Nase, Rippenbrüche. Denn wie mit einem nach unten gerichteten Katapult beschleunigen die Boote in die glatt gewaschene Fahrrinne hinein, die sich nach wenigen Metern um 180 Grad windet. Lediglich 1,5 Sekunden braucht ein Boot für die ersten acht Meter in der Rinne.

„Der Wasserfall ist geschliffen wie eine Skulptur“, sagt Tümmers. „Wo und wie er auf das Becken trifft, wo man am Ende landet, kann man erst sehen, wenn man bereits drin ist.“ Rechts unten entdeckt er bei einer Besichtigung von der Schluchtkante aus pilzendes Wasser; also müssen die Boote möglichst weit links auftreffen, um in keinen Sog zu geraten.

Jürgen Nickles, einer der beiden Mitfahrer, wagt den Sprung als Erster. Er setzt sich ins Kajak, bringt sich in Position. Aber er ist nervös, zwei kurze, hektische Schläge folgen. Dann schießt sein Boot in die Rinne, doch Nickles findet keine optimale Kurvenlage, lehnt sich dagegen – und schießt über die weichere weiße Gischt des Wasserfall hinaus, schlägt auf die grüne, hart gespannte Wasseroberfläche, verliert sein Paddel und muss aus dem Boot heraus.

„Jürgens Gegenlehnen war auch eine intuitive Entscheidung“, wird Tümmers später urteilen, „aber eine falsche.“

Die Intuition kann eben auch für eine falsch abgespeicherte Erfahrung stehen. Dann werden die Erinnerungsmuster zur Falle.

An der Kante des Wasserfalls beschleunigt Peter Tümmers das Kajak – damit er nicht mit der Nase des Boots abtaucht, sondern mit dem Rumpf aufsetzt. Dann heißt es: Weg vom Felsen!

Nun macht sich Tümmers bereit, gleitet in die Rinne, trifft eine bessere Linie, doch auch er meldet nicht optimal. Der Kopf will sehen, obwohl er geduckt bleiben sollte. Das Boot taucht ins Becken ein, die Wucht reißt Tümmers die Klammer von der Nase, die Stöpsel aus den Ohren. Er rollt reflexartig auf.

Mit seiner Pfeife gibt er schließlich Anna Jankowfsky, der dritten Fahrerin, das verabredete Zeichen. Trotz ihrer langjährigen Erfahrung ist auch ihr Sprung nicht ideal, und der Paddelschaft schlägt gegen ihren Nasenrücken – der bricht, wie sich später herausstellt. Das Boot klatscht auf dem Wasser auf, kentert und treibt in Richtung der Unterspülung. Sie müsste jetzt mit einer Eskimorolle nach oben gelangen, doch nichts geschieht.

Erst nach mehreren Sekunden taucht sie auf, das Gesicht blutüberströmt, Karbonsplitter des Paddels haben sich in die gebrochene Nase gebohrt. Nur dank ihrer Nervenstärke gelingt es ihr, vom Wasser nicht unter die Felsen gedrückt zu werden.

Anna Jankowfsky hat sich vermutlich etwas zu früh in die Kurve gelegt, wollte Kontrolle behalten, statt sich auf ihre Intuition zu verlassen.

„Intuition bedeutet nun einmal kontrollierten Kontrollverlust“, sagt Peter Tümmers. Das Vertrauen in die eigene Intuition müsse man trainieren, am besten in Routinesituationen.

Das Blut wird abgewischt. Mit der Säge teilen sie das angebrochene Paddel, verstauen es im Boot. Zu gefährlich, es einfach im Fluss treiben zu lassen, der sich schon wenige Meter weiter zu einem kaum mehr als 1,5 Meter breiten Korridor verengt. Das Paddel könnte sich verkeilen, die Durchfahrt versperren.

Wie steil die Passage ist, durch die das Wasser so wild rauscht, dass seine Oberfläche nur aus Schaum besteht? Ob Hindernisse im Weg sind?

Keiner der drei weiß es mit Bestimmtheit. In der 35 Meter langen Rutsche muss das Boot allein über die Hüfte gesteuert werden.

Wie lange die Intuition das Steuern übernehmen könnte? „Ich würde nie sagen: ‚Fahr den ganzen Fluss nach Bauchgefühl!‘“, meint Peter Tümmers. „In der eigentlichen Aktion handelt der Bauch am kompetentesten! Aber davor gehört die Analyse über den Kopf, sodass der Bauch überhaupt in Aktion treten kann.“

Denn die Intuition hilft da nicht weiter, wo es Dutzende oder gar Tausende von Varianten und Möglichkeiten gibt, die eingehend analysiert werden müssen. Selbst wer sein ganzes Leben lang im Börsengeschäft gearbeitet hat, wird die Entwicklung des Marktes nicht dank seines Bauchgefühls vorhersagen können.

Nacheinander rauschen die Boote über den schattigen Schaumteppich, eingekeilt zwischen hoch aufragenden Felsen. Werden schneller und schneller. Schließlich weitet sich der Korridor, wird das Wasser ruhiger, Sonnenlicht fällt ein – die Teufelsschlucht ist bezwungen, mit Kopf und Bauch.

Ein einziges Mal während der gesamten Chile-Reise lässt die Intuition Peter Tümmers dann doch im Stich: Auf einer holprigen Straße öffnet sich unbemerkt die Ladeklappe des Pick-ups, mit dem die Deutschen an diesem Tag ihre Boote transportieren. Zwei Kajaks fallen herunter, aber niemand bemerkt es im Rückspiegel.

Die Frage, an welcher Stelle in der chilenischen Wildnis seither ein Paar verlorener Boote liegt, ist selbst mit dem besten Bauchgefühl nicht zu beantworten. □

Sechs Kameras – allein vier davon für die Unterwasseraufnahmen – hatte der Hamburger Fotograf **Heiner Müller-Elsner**, 52, ein Spezialist für technisch aufwendige Reportagen, bei seinem nicht ungefährlichen Einsatz in Portugal im Gepäck. Am Ende blieben alle Beteiligten und auch das Equipment unversehrt. **Markus Wolff**, 39, ist GEO-Special-Redakteur.

FÜR KINDER AB
8 JAHREN
GEOlino
Das Erlebnisheft
TIERREKORDE
Wer macht die größten Sprünge?
HERMELINE
RETTUNGSHUNDE
ZEICHENSPRACHE
Volltreffer!
Warum alle Welt Fußball spielt
Mit großem SPIELPLAN zur Fußball-WM
unicef
Wie viele Kakaobohnen stecken in einer Tafel Schokolade?
Alles, was Kinder wissen wollen. Jeden Monat in GEOlino.
www.geolino.de
GEOlino. Wissen macht Spaß

DOSSIER

Welcher Entscheidungstyp sind Sie?

- Tests
- Denkaufgaben
- Ratschläge

TEXTE UND RECHERCHE: **JOCHEN PAULUS** (TESTS), **MARLENE WEISS** (DENKAUFGABEN), **ALEXANDRA RIGOS** (ENTSCHEIDUNGSTECHNIKEN), **KATE DOUGLAS/DAN JONES** (RATSCHLÄGE)
ILLUSTRATIONEN: **CLEMENS MAURER**

Inhalt

Entscheidet bei Ihnen der

Kein Mensch entscheidet ausschließlich intuitiv oder ausschließlich reflektiv. Meist ist eine Herangehensweise jedoch deutlicher ausgeprägt. Die Psychologin Cornelia Betsch von der Universität Erfurt hat einen wissenschaftlichen Test entwickelt, der Ihnen zeigt, wie stark Sie zu jeder der beiden Ausprägungen neigen. Das

Bitte beantworten Sie die Fragen so, dass sie dem entsprechen, wie Sie im Allgemeinen entscheiden. Kreuzen Sie jeweils die Ziffer an, die am ehesten auf Sie zutrifft.

1 Bevor ich Entscheidungen treffe, denke ich meist erst gründlich nach.

stimme nicht zu 1 2 3 4 5 stimme voll zu

2 Ich beobachte sorgfältig meine innersten Gefühle.

stimme nicht zu 1 2 3 4 5 stimme voll zu

3 Bevor ich Entscheidungen treffe, denke ich meist erst über meine Ziele nach, die ich erreichen will.

stimme nicht zu 1 2 3 4 5 stimme voll zu

4 Bei den meisten Entscheidungen ist es sinnvoll, sich ganz auf sein Gefühl zu verlassen.

stimme nicht zu 1 2 3 4 5 stimme voll zu

5 Ich mag Situationen nicht, in denen ich mich auf meine Intuition verlassen muss.

stimme nicht zu 5 4 3 2 1 stimme voll zu

6 Ich denke über mich nach.

stimme nicht zu 1 2 3 4 5 stimme voll zu

7 Ich schmiede lieber ausgefeilte Pläne, als etwas dem Zufall zu überlassen.

stimme nicht zu 1 2 3 4 5 stimme voll zu

8 Ich ziehe Schlussfolgerungen lieber aufgrund meiner Gefühle, Menschenkenntnis und Lebenserfahrung.

stimme nicht zu 1 2 3 4 5 stimme voll zu

9 Bei meinen Entscheidungen spielen Gefühle eine große Rolle.

stimme nicht zu 1 2 3 4 5 stimme voll zu

10 Ich bin perfektionistisch.

stimme nicht zu 1 2 3 4 5 stimme voll zu

11 Wenn ich eine Entscheidung rechtfertigen muss, denke ich vorher besonders gründlich nach.

stimme nicht zu 1 2 3 4 5 stimme voll zu

12 Wenn es darum geht, ob ich anderen vertrauen soll, entscheide ich aus dem Bauch heraus.

stimme nicht zu 1 2 3 4 5 stimme voll zu

Kopf oder der Bauch?

;ebnis sagt nichts über Ihre Intelligenz oder die Fähigkeit zum logischen Denken aus – wissenschaftliche ıdien zeigen, dass Entscheidungsvorlieben davon unabhängig sind. Auch ist keine Methode insgesamt besser ; die andere, es kommt vielmehr darauf an, sie situationsangemessen einzusetzen

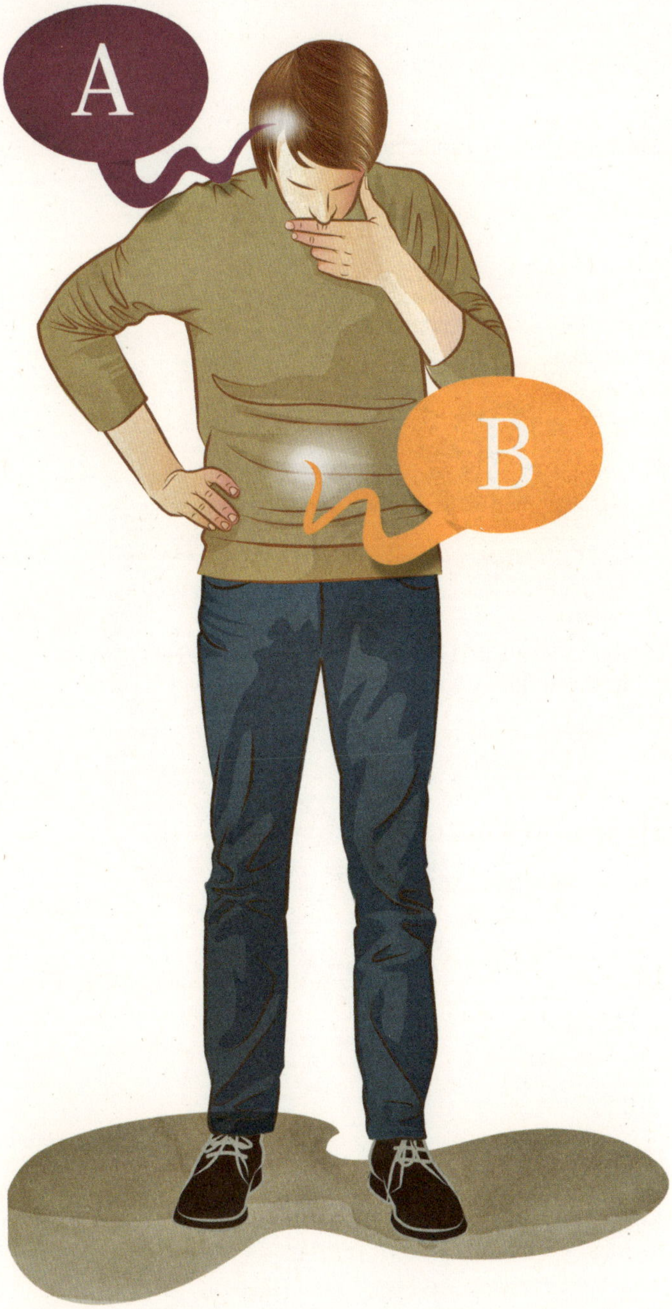

13 **Ich nehme bei einem Problem erst die harten Fakten und Details auseinander, bevor ich mich entscheide.**

stimme nicht zu 1 2 3 4 5 stimme voll zu

14 **Ich denke erst nach, bevor ich handele.**

stimme nicht zu 1 2 3 4 5 stimme voll zu

15 **Ich mag gefühlsbetonte Personen lieber.**

stimme nicht zu 1 2 3 4 5 stimme voll zu

16 **Ich denke über meine Pläne und Ziele mehr nach als andere Menschen.**

stimme nicht zu 1 2 3 4 5 stimme voll zu

17 **Ich bin ein sehr intuitiver Mensch.**

stimme nicht zu 1 2 3 4 5 stimme voll zu

18 **Ich mag emotionale Situationen, Diskussionen und Filme.**

stimme nicht zu 1 2 3 4 5 stimme voll zu

AUSWERTUNG

Neigung zu **intuitivem** Entscheiden

Bitte tragen Sie in die Kästchen ein, wie viele Punkte Sie bei den entsprechenden Fragen haben. Wenn Sie die Werte zusammenzählen, erhalten Sie den Gesamtwert für Ihre Neigung zu intuitivem Entscheiden.

2 4 5 8 9 12 15 17 18

5 + 3 + 5 + 4 + 3 + 4 + 3 + 4 + 3 = 34

35–45 Punkte

Sie entscheiden gern intuitiv. Statt lange nachzudenken, treffen Sie mit Vorliebe schnelle Festlegungen und verlassen sich dabei auf Ihr spontanes Gefühl. Sie sind wahrscheinlich auch besonders offen für Neues, fantasievoll und ein aktiver, enthusiastischer, hilfsbereiter und kooperativer Mensch – das jedenfalls haben Forschungsarbeiten für Personen mit hohen Werten auf dieser Skala gezeigt. Menschen mit einer Vorliebe für intuitive Entscheidungen sind auch meist besonders zufrieden mit ihrer so getroffenen Wahl. Sie sollten allerdings bedenken, dass intuitive Entscheidungen Gefahren bergen können, weil sie auf Erfahrungen basieren. Diese führen jedoch in die Irre, wenn sie nicht mehr auf die aktuelle Situation anwendbar sind. Wenn Sie beispielsweise mit einem örtlichen Versicherungsmakler einen Vertragsabschluss verhandeln, sollten Sie die Erfahrung, dass Sie Menschen mögen, die Ihren Dialekt sprechen, lieber beiseitelassen und stattdessen genau die Konditionen studieren.

24–34 Punkte

Ihre Neigung zu intuitiven Entscheidungen ist durchschnittlich ausgeprägt. Intuitiv zu entscheiden empfiehlt sich, wenn es um nicht viel geht und es großen Aufwand bedeuten würde, alle nötigen Informationen für eine durchdachte Wahl zu sammeln. Bei gewichtigeren Entscheidungen sollten Sie nur dann intuitiv vorgehen, wenn Sie über vielfältige Erfahrung in dem fraglichen Bereich verfügen und diese auch anwendbar ist. Jahrzehntelange Erfahrungen in einem Unternehmen nutzen etwa dann meist nicht viel, wenn gerade alles neu organisiert wurde. Ansonsten können Sie selbst komplizierte Entscheidungen intuitiv treffen – und werden oft richtig damit liegen.

9–23 Punkte

Sie meiden Entscheidungen aus dem Bauch heraus. Das ist in vielen Situationen durchaus sinnvoll. Vor allem in neuen, unvertrauten Lebenslagen sollte man erst einmal nachdenken, bevor man handelt. Doch wenn Sie auf einem Gebiet Erfahrungen haben, können Sie Ihrer Intuition wahrscheinlich mehr trauen, als Sie vielleicht glauben. Denn intuitive Entscheidungen sind keineswegs irrational. Auch hinter ihnen stecken Denkprozesse, die jedoch unbewusst ablaufen. Bei vielen intuitiven Entscheidungen berücksichtigt man absolut gesehen sogar mehr Faktoren und Details, als man bewusst einbeziehen könnte, haben verschiedene Studien gezeigt.

AUSWERTUNG

Neigung zu **reflektivem** Entscheiden

Bitte tragen Sie in die Kästchen ein, wie viele Punkte Sie bei den entsprechenden Fragen haben. Wenn Sie die Werte zusammenzählen, erhalten Sie den Gesamtwert für Ihre Neigung zu reflektivem Entscheiden.

1		3		6		7		10		11		13		14		16		
3	+	2	+	5	+	2	+	4	+	4	+	2	+	4	+	2	=	28

38–45 Punkte

Sie neigen dazu, über Ihre Handlungen intensiv nachzudenken und viel Zeit in die Planung zukünftiger Ereignisse zu investieren. Sie verlassen sich bei Entscheidungen weitgehend auf Ihre Überlegungen und rationale Argumente. Sie neigen wahrscheinlich zu Perfektionismus und bevorzugen klare und strukturierte Situationen; bei Entscheidungen holen Sie gern das Maximale heraus (dies können Sie mit dem „Maximierer-Test" auf der nächsten Seite überprüfen). Forschungsarbeiten haben gezeigt, dass „Nachdenker" besonders dann mit ihrer Wahl zufrieden sind, wenn sie diese reflektiv getroffen haben. Falls eine reflektiert getroffene Wahl negativ ausgegangen ist, empfinden Nachdenker weniger Bedauern, als wenn sie die Entscheidung intuitiv getroffen hätten.

27–37 Punkte

Ihre Vorliebe für ein Entscheiden durch Nachdenken ist durchschnittlich ausgeprägt. Damit liegen Sie rein quantitativ oft richtig. Denn tatsächlich lassen sich viele Entscheidungen gut durch Nachdenken treffen, andere aber nicht. Nachdenken empfiehlt sich vor allem, wenn der Intuition nicht zu trauen ist. Prüfen Sie also, ob Sie sich intuitiv vielleicht zu sehr von äußeren Eindrücken oder gar Vorurteilen leiten lassen, die mit der Sache nichts zu tun haben. So ist beispielsweise der umgänglichste Arzt nicht zwangsläufig auch der beste.

9–26 Punkte

Sie denken nur ungern gründlich über Entscheidungen und Zukunftspläne nach. Das bedeutet nicht zwingend, dass Sie ein rein intuitiver Entscheider sind. Womöglich neigen Sie in vielen Situationen zum Aufschieben und zögern endgültige Festlegungen gern hinaus. Sie sollten sich zumindest vergegenwärtigen, welche Vorteile ein kognitiv-reflektiertes Abwägen hat: Sie müssen sich in dem Fall weder auf Ihre Intuition verlassen noch auf Urteile anderer Menschen. Stattdessen können Sie sich selbst die notwendigen Entscheidungsgrundlagen besorgen und diese bewerten. Welche neuen Notebooks etwa qualitativ hochwertig sind und den eigenen Ansprüchen genügen, können selbst Eingeweihte kaum ohne Testergebnis einer seriösen Quelle beurteilen.

Wundern Sie sich nicht, falls Sie zu den Personen gehören, die sowohl beim reflektiven als auch beim intuitiven Entscheiden auf eine gleichermaßen hohe oder niedrige Punktzahl kommen. Das ist ein Indiz dafür, dass Sie keine ausgeprägte Entscheidungsvorliebe haben – sondern als „situationsabhängiger Typus" ihre Wahl stark von den jeweiligen Umständen abhängig machen.

Quelle: Cornelia Betsch, Präferenz für Intuition und Deliberation (PID). Inventar zur Erfassung von affekt- und kognitionsbasiertem Entscheiden. Zeitschrift für Differentielle und Diagnostische Psychologie.

Wollen Sie stets die beste

Intuitiv erscheint es den meisten Menschen erstrebenswert, vor einer Entscheidung möglichst viele Alternativen prüfen zu können. Anders sieht das der Wirtschaftsnobelpreisträger Herbert Simon: Er hält es für viel zu kompliziert, immer die beste Wahl treffen zu wollen. Die dazu alternative Entscheidungsstrategie taufte er »satisficing« – nur so lange suchen, bis sich etwas findet, was den eigenen Ansprüchen genügt (»to satisfy« = befriedigen). Barry Schwartz

Sind Sie ein Maximierer?

1 Wenn ich im Auto Radio höre, prüfe ich oft die anderen Radiosender daraufhin, ob dort etwas Besseres gespielt wird – sogar wenn ich relativ zufrieden mit dem bin, was ich gerade höre.

stimme nicht zu 1 2 3 4 5 6 7 stimme voll zu

2 Egal wie zufrieden ich mit meinem Beruf bin, es ist immer sinnvoll, nach besseren Optionen Ausschau zu halten.

stimme nicht zu 1 2 3 4 5 6 7 stimme voll zu

3 Es fällt mir häufig schwer, ein Geschenk für einen Freund zu kaufen.

stimme nicht zu 1 2 3 4 5 6 7 stimme voll zu

4 Videos auszuleihen ist sehr schwierig; ich mühe mich stets damit ab, das Beste auszusuchen.

stimme nicht zu 1 2 3 4 5 6 7 stimme voll zu

5 Egal was ich tue: Ich messe mich am höchsten Standard.

stimme nicht zu 1 2 3 4 5 6 7 stimme voll zu

6 Ich gebe mich nie mit dem Zweitbesten zufrieden.

stimme nicht zu 1 2 3 4 5 6 7 stimme voll zu

AUSWERTUNG

Bitte zählen Sie die erhaltenen Punkte zusammen.

31–42 Punkte

Sie sind ein starker Maximierer. Nur 15 Prozent der Bevölkerung legen so viel Wert auf optimale Entscheidungen wie Sie. Allerdings sind Ihre Ansprüche womöglich so hoch, dass sie kaum erfüllbar sind. Maximierern gelingt es dank ihres aufwendigen Entscheidungsprozesses zwar oft, mehr herauszuholen als andere Menschen: In einer Studie mit Studenten suchten Maximierer sehr gründlich nach einer Arbeitsstelle und verdienten tatsächlich 20 Prozent mehr als Vergleichspersonen. Dennoch waren sie mit dieser Stelle weniger glücklich. Maximierer sind überhaupt weniger zufrieden und häufiger depressiv, wie Studien gezeigt haben. Das Problem ist: Je länger Sie suchen und je mehr Alternativen Sie prüfen, desto klarer zeigt sich, dass eine optimale Entscheidung gar nicht möglich ist. Deshalb bereuen Maximierer ihre Wahl besonders häufig.

18–30 Punkte

Sie liegen im Durchschnitt. Wahrscheinlich betreiben Sie nur gelegentlich zu großen Aufwand beim Entscheiden, investieren in der Regel aber nicht viel mehr Mühe, als sinnvoll ist. An die eine oder andere Festlegung könnten Sie also noch ein wenig pragmatischer herangehen. Aber vermutlich haben Sie bereits erkannt, dass Sie keine Chance haben, etwa den optimalen Mobilfunktarif zu ermitteln und obendrein zu berücksichtigen, ob er auch noch ein geeignetes und kostengünstiges Gerät beinhaltet.

6–17 Punkte

Sie gehören in puncto Maximieren zu den 15 Prozent der Bevölkerung mit den niedrigsten Werten. Sie sind eher ein Satisfizierer – entscheiden sich also ohne große Umstände für etwas, was Ihren Ansprüchen genügt. Beim Einkauf lässt es Sie kalt, ob Sie die gleiche Waschmaschine anderswo 20 Euro günstiger bekommen könnten. Wahrscheinlich wenden Sie nicht viel Zeit und Mühe dafür auf, nach Alternativen zu schauen. Deshalb bereuen Sie Ihre Entscheidungen auch nur selten.

Wahl treffen?

vom Swarthmore College in Pennsylvania wollte es genau wissen und hat zwei Tests entwickelt, mit denen sich das Entscheidungsverhalten analysieren lässt: Der erste Test klärt, ob Sie jemand sind, dem auch der Spatz in der Hand reicht, oder ob es immer die Taube auf dem Dach sein muss; Menschen, die letzterer Position zuneigen, werden »Maximierer« genannt. Der zweite Test klärt, wie zufrieden Sie mit Ihren Entscheidungen sind

Bedauern Sie Ihre Entscheidungen oft?

1 Nach jeder Entscheidung, die ich getroffen habe, frage ich mich, was passiert wäre, wenn ich mich anders entschieden hätte.

stimme nicht zu 1 2 3 4 5 6 7 stimme voll zu

2 Wenn ich eine Entscheidung treffe, versuche ich hinterher herauszufinden, zu welchem Ergebnis die anderen Alternativen geführt hätten.

stimme nicht zu 1 2 3 4 5 6 7 stimme voll zu

3 Selbst eine gute Entscheidung empfinde ich als Misserfolg, wenn sich herausstellt, dass eine andere Möglichkeit besser gewesen wäre.

stimme nicht zu 1 2 3 4 5 6 7 stimme voll zu

4 Wenn ich über mein Leben nachdenke, kommen mir oft verpasste Chancen in den Sinn.

stimme nicht zu 1 2 3 4 5 6 7 stimme voll zu

5 Wenn ich mich einmal entschieden habe, hinterfrage ich diese Entscheidung nicht.

stimme nicht zu 7 6 5 4 3 2 1 stimme voll zu

AUSWERTUNG

Bitte zählen Sie die erhaltenen Punkte zusammen.

26–35 Punkte

Sie neigen deutlich stärker als andere Menschen dazu, Ihre Entscheidungen zu bedauern. Das muss keineswegs daran liegen, dass Ihre Entscheidungen schlechter sind. Möglicherweise legen Sie einfach zu viel Wert darauf, die einzig richtige Wahl zu treffen – wahrscheinlich sind Sie ein Maximierer.

15–25 Punkte

Sie liegen im breiten Mittelfeld. Das ist zwar nicht schlecht, bedeutet aber, dass Sie nicht selten mit Ihren Entscheidungen hadern. Vielleicht testen Sie bei Gelegenheit einmal, ob Sie auch lockerer an eine Entscheidung herangehen könnten – und dennoch hinterher mehr Nachsicht mit sich selbst üben können.

5–14 Punkte

Sie neigen sehr viel weniger als andere dazu, Ihre Entscheidungen zu hinterfragen oder verpassten Chancen nachzutrauern. Sie müssen sich aber deswegen nicht sorgen, dass Sie Entscheidungen zu leicht nehmen (was Sie angesichts Ihrer geringen Neigung zur Reue aber wohl ohnehin nicht tun). Wer seine Wahl selten bedauert, zeigen wissenschaftliche Studien, ist vergleichsweise glücklich und selten depressiv.

Quelle: Rainer Greifeneder, Cornelia Betsch. Lieber die Taube auf dem Dach! Eine Skala zur Erfassung interindividueller Unterschiede in der Maximierungstendenz. Zeitschrift für Sozialpsychologie.

Neigen Sie zu **Fehlentsche**

Bei den folgenden zehn Aufgaben geht es jeweils um ein Phänomen, das Psychologen den »Effekt der versunkenen Kosten« nennen. Sie als Person haben in den verschiedenen Situationen Geld oder Mühe investiert, um etwas zu bekommen. Dann ändern sich plötzlich die Rahmenbedingungen – und Sie müssen eine Wahl treffen

Bitte kreuzen Sie jeweils die Ziffer an, die am besten wiedergibt, wie wahrscheinlich Sie sich für die eine oder andere Option entscheiden würden.

1 Sie wollen einen goldenen Ring für einen geliebten Menschen kaufen und lassen ihn zurücklegen. Er kostet 200 Euro, und Sie haben schon 100 Euro angezahlt. Eines Tages sehen Sie in einer Anzeige, dass ein neuer Juwelierladen den gleichen Ring als Sonderangebot für nur 90 Euro verkauft. Sie könnten ihn mit dem noch fälligen Geld für den zurückgelegten Ring bezahlen. Der neue Laden ist gleich gegenüber dem alten. Wenn Sie sich für den Ring aus dem neuen Laden entscheiden, bekommen sie die 100 Euro aus dem alten Laden nicht zurück, aber sie sparen unter dem Strich zehn Euro.

Würden Sie eher den Restbetrag im alten Laden zahlen (a) oder im neuen Laden kaufen (b)?

höchstwahrscheinlich **a** 1 2 3 4 5 6 höchstwahrscheinlich **b**

2 Sie mögen Tennis, aber noch lieber gehen Sie kegeln. Gerade erst sind Sie gleichzeitig einem Tennisklub und einem Kegelklub beigetreten. Die Mitgliedschaft in Ihrem Tennisklub kostet 200 Euro im Jahr, die in Ihrem Kegelklub 50 Euro im Jahr. In der ersten Woche Ihrer Mitgliedschaft ziehen Sie sich eine Ellbogenverletzung zu. Sowohl Tennisspielen als auch Kegeln tut zu weh. Ihr Arzt sagt Ihnen, dass der Schmerz etwa ein Jahr anhalten wird.

Würden Sie in den nächsten Monaten eher Tennis spielen (a) oder kegeln (b)?

höchstwahrscheinlich **a** 1 2 3 4 5 6 höchstwahrscheinlich **b**

3 Zum Abschluss einer üppigen Mahlzeit in einem Restaurant bestellen Sie einen großen Nachtisch mit Schokolade und Eis. Nach ein paar Bissen stellen Sie fest, dass Sie schon sehr satt sind und am liebsten den Teller beiseitestellen würden.

Würden Sie eher weiteressen (a) oder eher aufhören (b)

höchstwahrscheinlich **a** 1 2 3 4 5 6 höchstwahrscheinlich **b**

4 Sie freuen sich schon lange auf die diesjährige Halloween-Party. Sie haben den richtigen Umhang und eine Perücke. Die ganze Woche versuchen Sie schon, Ihr Kostüm perfekt zu gestalten, indem Sie viele kleine Sterne ausschneiden, um sie auf den Umhang und den Hut zu kleben. Das Aufkleben haben Sie noch nicht geschafft. Am Halloween-Tag entscheiden Sie, dass Ihr Kostüm doch besser ohne die ganzen Sterne aussieht, an denen Sie so hart gearbeitet haben.

Würden Sie die Sterne eher aufkleben (a) oder eher nicht aufkleben (b)?

höchstwahrscheinlich **a** 1 2 3 4 5 6 höchstwahrscheinlich **b**

5 Sie übernachten in einem Hotelzimmer und haben 6,95 Euro bezahlt, um einen Film im Bezahl-Fernsehen zu sehen. Dann stellen Sie fest, dass in einem kostenlosen Programm ein Film läuft, den Sie viel lieber sehen wollen. Sie haben nur für einen der beiden Filme Zeit.

Würden Sie eher den Film im Bezahl-Fernsehen ansehen (a) oder den im kostenlosen Programm (b)?

höchstwahrscheinlich **a** 1 2 3 4 5 6 höchstwahrscheinlich **b**

6 Sie sollen bei der Hochzeit eines Freundes eine kleine Rede halten. Sie haben stundenlang an einer Geschichte aus der Zeit Ihrer gemeinsamen Fahrstunden gearbeitet, aber Sie müssen immer noch einiges daran tun. Da wird Ihnen klar, dass Sie mit der Rede viel schneller fertig würden, wenn Sie neu anfangen und die lustigere Geschichte Ihres gemeinsamen Tanzkurses erzählen.

Würden Sie eher die Rede über die Fahrstunden fertig schreiben (a) oder neu mit dem Tanzkurs beginnen (b)?

höchstwahrscheinlich **a** 1 2 3 4 5 6 höchstwahrscheinlich **b**

dungen?

7 Sie haben sich entschlossen, ein Instrument zu erlernen. Nachdem Sie ein teures Cello gekauft haben, stellen Sie fest, dass Sie das Interesse daran verloren haben. Ihre Nachbarin zieht aus, und Sie hören zu Ihrer Begeisterung, dass Sie Ihnen ihre alte Gitarre umsonst überlässt. Sie würden gern lernen, sie zu spielen.

Würden Sie eher Cello üben (a) oder Gitarre (b)?

höchstwahrscheinlich **a** 1 2 3 4 5 6 höchstwahrscheinlich **b**

8 Sie und Ihr Freund sind zusammen im Kino. Aber Sie beide finden die Handlung langweilig. Sie wollen ungern das Geld abschreiben, das Sie für die Kinokarte bezahlt haben, doch Sie haben beide das Gefühl, dass es im Café nebenan weit netter ist. Sie könnten aus dem Kino schleichen, ohne dass andere Leute es mitbekommen.

Würden Sie eher bleiben (a) oder gehen (b)?

höchstwahrscheinlich **a** 1 2 3 4 5 6 höchstwahrscheinlich **b**

9 Sie und Ihr Freund sind schon die halbe Strecke zu einem Ferienort gefahren. Beide fühlen Sie sich krank. Sie haben das Gefühl, dass Sie ein weit angenehmeres Wochenende zu Hause verbringen könnten. Ihr Freund sagt, es sei äußerst bedauerlich, dass Sie schon den halben Weg gefahren sind, weil Sie sicher beide die Zeit viel lieber zu Hause verbringen würden. Sie stimmen zu.

Würden Sie eher weiterfahren (a) oder umkehren (b)?

höchstwahrscheinlich **a** 1 2 3 4 5 6 höchstwahrscheinlich **b**

10 Sie gestalten Ihre Schlafzimmerwände neu, indem Sie mit einem Schwamm mühsam Muster in Ihrer Lieblingsfarbe auftragen. Als Sie mit zwei Wänden fertig sind, wird Ihnen klar, dass Ihnen ein einheitlicher Anstrich besser gefallen würde als das Schwamm-Muster. Sie haben genügend Farbe übrig, um den ganzen Raum mit einer Farbe neu zu streichen. Das würde genauso lange dauern, wie das Schwamm-Muster an den zwei übrigen Wänden zu vollenden.

Würden Sie eher das Schwamm-Muster vollenden (a) oder den Raum mit einer Farbe neu streichen (b)?

höchstwahrscheinlich **a** 1 2 3 4 5 6 höchstwahrscheinlich **b**

AUSWERTUNG

Für alle Aufgaben gilt: Wenn Sie sich für die alternative Handlungsweise entscheiden, waren alle bisherigen Aufwendungen an Geld oder Mühe vergeblich. Trotzdem ist es das einzig Vernünftige, diese Kosten abzuschreiben und zu tun, was Ihnen nun am besten erscheint. Denn was immer Sie für Ihr ursprüngliches Ziel aufgewendet haben, ist sowieso verloren. Doch es fällt Menschen schwer, sich einzugestehen, Geld oder Zeit vergeudet zu haben. Ein klassisches Beispiel sind Theater-Abonnenten, die viel Geld für ihre Karten bezahlt haben und deshalb selbst dann zur Vorstellung gehen, wenn sie eigentlich keine Lust haben.

Bitte addieren Sie die zehn eingekreisten Zahlen. Der Gesamtwert trifft eine Aussage über Ihre Neigung zu Fehlentscheidungen beim Effekt der versunkenen Kosten.

52–60 Punkte

Ihre Antworten verraten nur einen sehr schwachen Effekt der versunkenen Kosten – beziehungsweise gar keinen, falls Sie 60 Punkte erreicht haben. Aller Wahrscheinlichkeit nach treffen Sie auch im Leben überdurchschnittlich gute Entscheidungen. Sie müssen natürlich darauf achten, dass Sie das, was Sie in der Theorie verstanden haben, auch im praktischen Leben anwenden.

37–51 Punkte

Sie gehören zur Mehrheit jener Menschen, die zwar keinem riesigen Effekt der versunkenen Kosten unterliegen, aber doch einem deutlichen. Im Grunde ist Ihnen klar, dass es nicht sinnvoll ist, auf einem falschen Weg zu bleiben, nur weil Sie ihn einmal eingeschlagen haben. Trotzdem fällt es Ihnen immer mal wieder schwer, Fehlinvestitionen abzuschreiben und neu anzufangen. Doch rational betrachtet ist dies häufig das einzig Richtige.

10–36 Punkte

Sie neigen vergleichsweise stark dazu, an überholten Entscheidungen einfach deshalb festzuhalten, weil Sie Geld oder Zeit investiert haben. Das ist verständlich, aber irrational. Für Ihre Entscheidung mag ursprünglich viel gesprochen haben, aber wenn Sie mittlerweile einen anderen Weg als sinnvoller oder angenehmer erkannt haben, sollten Sie ihn verfolgen.

Es gibt noch viele andere Denkfehler, die zu Fehlentscheidungen führen können. Die Psychologin Wändi Bruine de Bruin von der Carnegie Mellon University und ihre Kollegen messen sie mit dem „Adult Decision-Making Competence"-Test. Aus ihm stammen die hier abgedruckten, ins Deutsche übertragenen Aufgaben.

Quelle: W. Bruine de Bruin, A. M. Parker, B. Fischhoff, Individual differences in Adult Decision-Making Competence. Journal of Personality and Social Psychology.

Wenn unsere Intuition ver

Sie halten sich doch sicherlich für halbwegs vernünftig? Lassen sich nicht nur von Emotionen, sondern auch von logischen Erwägungen leiten? Und beherrschen die Grundrechenarten? Sollten Sie dann nicht auch in der Lage sein, die richtigen Denkentscheidungen zu treffen, um die folgenden Logikaufgaben zu lösen?

Die Schlussfolgerung klingt einleuchtend. Doch Verhaltensökonomen wie Dan Ariely vertrauen nicht darauf: „Der Mensch ist vorhersagbar irrational", sagt er; das habe er durch Experimente mit Probanden festgestellt. Viele seien schon von vermeintlich einfachen logischen Entscheidungen überfordert. Vor allem ahnten sie nicht einmal etwas davon: Während sie glaubten, rational zu denken, sei längst auch das Unterbewusste in ihrem Kopf aktiv und ziehe ganz eigene Schlüsse.

Auf welche Weise das Unterbewusstsein uns oft im Weg steht, zeigt sich an den Aufgaben auf diesen Seiten. Viele stammen aus klassischen Versuchen von Verhaltens- und Kognitionsforschern. Auf den ersten Blick erscheinen manche von ihnen sehr simpel, aber die Mehrheit der Testpersonen hatte große Schwierigkeiten, auf die richtige Lösung zu kommen. Der Grund ist nicht mangelnde Intelligenz, sondern die Struktur der Aufgaben: Sie sind so angelegt, dass die üblichen Strategien, mit denen unser Gehirn Probleme angeht, nicht weiterhelfen.

Beispielsweise können wir ein exponentielles Wachstum, um das es in dem Seerosenproblem geht (Aufgabe 1), nicht sonderlich gut abschätzen. Dafür sind Menschen aber Meister im Extrapolieren gleichförmiger Prozesse: Wenn wir sehen, wie weit sich ein Auto in einer Sekunde auf uns zu bewegt hat, können wir gut einschätzen, ob wir es noch rechtzeitig über die Straße schaffen. An dem Kerzen- sowie dem Streichholzproblem (Aufgaben 6 und 7) zeigt sich, dass als abwegig eingestufte Lösungsansätze vom Gehirn aussortiert werden, ohne je unser Bewusstsein zu erreichen – obwohl sich darunter oft die richtigen Antworten finden. Experimente haben gezeigt, dass Menschen mit einem bestimmten Gehirndefekt Aufgaben wie das Streichholzproblem leichterfallen; bei ihnen ist der intuitive Automatismus ausgeschaltet, der dem bewussten Nachdenken vorgelagert ist.

In jedem Fall ist es hilfreich, sich der Fehlbarkeit der eigenen Intuition bewusst zu sein. Wer in der Lage ist, einen Schritt zurückzutreten und seine spontanen Entscheidungen zu hinterfragen, wird die hier vorgestellten Aufgaben leichter lösen. Diese Fähigkeit wird in Intelligenztests nicht gemessen, aber Forscher wie der kanadische Psychologe Keith Stanovich halten sie für mindestens ebenso wichtig wie die klassische Intelligenz. Die meisten Menschen, glaubt er, seien „kognitive Geizhälse": Sie wählten die Lösung, die ihnen zuerst in den Sinn komme. Verschiedene Möglichkeiten – wie in dem Dreiecksproblem in Aufgabe 5 – erwägen wir meist nur widerwillig.

Die gute Nachricht ist: Mit ein wenig Übung lässt sich die eigene Entscheidungskompetenz verbessern.

Elementar-Mathematik

1 In einem See wachsen Seerosen. Jeden Tag verdoppelt sich die Fläche, die die Seerosen bedecken. Nach 48 Tagen verschwindet die Wasseroberfläche vollständig unter dem Seerosenteppich. Wie lange dauert es, bis die Seerosen den See zur Hälfte bedecken?

sagt

2 Wenn fünf Maschinen in fünf Minuten fünf Spielzeugautos herstellen, wie lange brauchen 100 Maschinen, um 100 Spielzeugautos zu produzieren?

3 Ein Schläger und ein Ball kosten zusammen 1,10 Euro. Der Schläger kostet einen Euro mehr als der Ball. Wie teuer ist der Ball?

Lösung:
47 Tage / 5 Minuten / 5 Cent; der Schläger kostet 1,05 Euro.

Kommentar:
Diese drei Fragen, die der amerikanische Marketing-Professor Shane Frederick fast 3500 Studenten stellte, sind tückisch. Nur 17 Prozent der Probanden konnten alle Fragen richtig beantworten, jeder Dritte lag sogar bei allen drei falsch. Mehr als von den mathematischen Fähigkeiten der Studenten hing der Erfolg von der Fähigkeit ab, intuitive Antworten kritisch zu hinterfragen. Diese Eigenschaft hatte auch Auswirkungen auf andere Kompetenzen: Studenten, die alle drei Fragen richtig beantwortet hatten, schnitten in der Einschätzung von Risiken und in Intelligenztests besser ab als ihre Kommilitonen.

Logik

4 Vier Karten tragen auf einer Seite eine Zahl und auf der anderen Seite einen Buchstaben. Eine Regel besagt, dass auf der Rückseite einer Karte mit einem A eine 2 steht. Welche zwei Karten muss man umdrehen, um zu testen, ob die Regel bei diesen vier Karten eingehalten wird?

Lösung:
A und 5

Kommentar:
Die große Mehrheit der Versuchspersonen wählt das A und die 2. Dabei lautet die richtige Antwort A und 5. Denn wenn auf der Rückseite der 5 ein A steht, wäre die Regel nicht eingehalten. Was sich auf der anderen Seite der 2 verbirgt, ist hingegen gleichgültig für die Einhaltung der Regel. Der britische Kognitionspsychologe Peter Wason, der diese Aufgabe 1966 erdachte, erklärt den „Fehlgriff" der Probanden damit, dass Menschen dazu neigen, Annahmen lieber bestätigen als widerlegen zu wollen.

5 Paul schaut Marie an, und Marie betrachtet Fred. Paul ist verheiratet, Fred nicht. Schaut eine verheiratete Person eine unverheiratete an?

Lösung:
Ja. Denn Marie kann nur verheiratet oder unverheiratet sein. Ist sie verheiratet, schaut sie den nicht verheirateten Fred an; ist sie unverheiratet, betrachtet der verheiratete Paul die ledige Marie.

Kommentar:
In Experimenten des kanadischen Psychologen Keith Stanovich behaupteten 80 Prozent der Probanden, die Frage lasse sich so nicht beantworten. Erst auf den ausdrücklichen Hinweis, alle Möglichkeiten zu durchdenken, wird den meisten klar, dass die Antwort in jedem Fall ja ist. Die These von Stanovich: Viele Menschen setzten ihre kognitiven Kapazitäten sparsam ein. Da es meist mühsam ist, alle Möglichkeiten zu durchdenken, verzichteten sie erst einmal darauf – auch auf die Gefahr hin, die richtige Antwort zu übersehen.

6 Auf dem Tisch liegt eine Schachtel mit Reißzwecken, eine Kerze und ein Streichholzbriefchen. Wie kann man damit die Kerze in Augenhöhe an der Wand befestigen?

Lösung:
Die Schachtel als Kerzenhalter verwenden und mit Reißzwecken an die Wand pinnen.

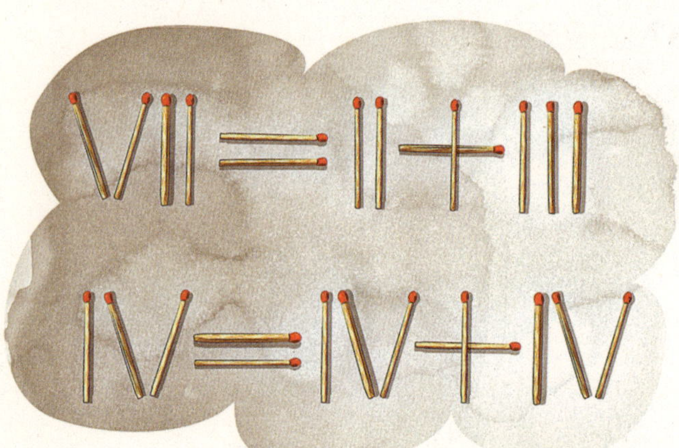

7 Wie lassen sich aus diesen beiden Gleichungen durch Verschieben von je einem Streichholz korrekte Aussagen machen?

Lösung:
(VI = III + III, IV = IV = IV)

Kommentar:
Bei diesen zwei Aufgaben wirken die Strategien des Gehirns zur Effizienzsteigerung ungünstig: Statt sich mit allen möglichen Lösungsansätzen zu befassen, sortiert es abwegige Ansätze aus, bevor sie die bewusste Denkebene erreichen. Das zeigt sich etwa an dem Kerzenproblem: Dass die Schachtel als Halter verwendet und damit zweckentfremdet werden kann, kommt den wenigsten Menschen spontan in den Sinn – es sei denn, die Schachtel wird leer neben den Reißzwecken gezeigt. Ähnlich beim Streichholzproblem: Während die Mehrheit der Versuchspersonen die erste Aufgabe noch löst, scheitern die meisten an der zweiten. Die Rechenzeichen zu verändern und noch dazu eine Doppelgleichung zu produzieren, empfinden sie unbewusst als Regelverletzung und denken gar nicht erst darüber nach. Deutlich erfolgreicher bei dieser Aufgabe waren Probanden, bei denen der seitliche Frontallappen der Großhirnrinde geschädigt ist; bei ihnen ist die Sortierfähigkeit des Hirns offenbar ausgeschaltet.

Statistik und Wahrscheinlichkeit

8 In einer Fernsehshow stehen hinter zwei Türen Ziegen, hinter einer der Hauptgewinn, ein Auto. Diese Tür gilt es zu erraten. Nachdem sich der Kandidat eine der drei geschlossenen Türen ausgesucht hat, zeigt ihm der Showmaster die Ziege, die sich hinter einer der beiden anderen verbirgt. Danach muss der Kandidat sich entscheiden, ob er bei seiner ursprünglichen Wahl bleibt oder stattdessen auf die dritte Tür setzt. Erhöht er seine Gewinnchancen, wenn er wechselt?

Lösung:
wenn der Showmaster die andere geöffnet hat. Die Wahrscheinlichkeit, das Auto zu gewinnen, beträgt bei einem Wechsel also zwei Drittel.

Ja. Die Wahrscheinlichkeit, dass das Auto hinter der zuerst gewählten Tür steht, beträgt ein Drittel. In einem Drittel der Fälle wird also das Beharren auf der ursprünglichen Wahl mit einem Auto belohnt. In den verbleibenden zwei Dritteln der Fälle dagegen wird das Auto hinter einer der beiden anderen Türen stehen, und zwar hinter derjenigen, die übrig bleibt.

Kommentar:
Wenn es um Statistik und Wahrscheinlichkeit geht, liegt die Intuition oft falsch, wenn dafür die Alltagserfahrung fehlt. Das Ziegenproblem, das auf die amerikanische Fernsehshow „Let's Make A Deal" zurückgeht, ist ein bekanntes Beispiel dafür. Als dieses Problem 1990 im US-Wochenmagazin „Parade" erschien, löste es einen Sturm der Entrüstung unter den Lesern aus. Grund war die angegebene Lösung, der Wechsel sei sinnvoll, weil er die Gewinnchancen auf zwei Drittel erhöhe. Das widersprach jeder Intuition und entrüstete zahlreiche Leserbriefschreiber – viele davon mit einem Doktortitel der Naturwissenschaften.

9 a) Frau Müller und Herr Maier treffen sich im Kegelverein. Herr Maier erzählt von seinen zwei Kindern, von denen eines nach dem Großvater Jonathan heißt. Mit welcher Wahrscheinlichkeit ist auch das zweite ein Junge?
b) Frau Müller trifft Herrn Maier auf dem Elternabend. Sein Sohn Jonathan ist in der gleichen Klasse wie ihre Tochter Lisa. Auf Frau Müllers Frage, ob Jonathan auch ein Einzelkind sei, antwortet Herr Maier: Nein, er habe noch ein Kind. Mit welcher Wahrscheinlichkeit ist auch das zweite Kind ein Junge?

Lösung:
a) ein Drittel, b) 50 Prozent

Kommentar:
Paradoxerweise sind die Wahrscheinlichkeiten unterschiedlich. In der Formulierung a) wird die Wahrscheinlichkeit dafür gesucht, dass ein Vater mit zwei Kindern zwei Söhne hat. Grundsätzlich gibt es vier gleich wahrscheinliche Möglichkeiten für die Kinder, die Herr Maier haben könnte: zwei Töchter, zwei Söhne, einen älteren Sohn und eine jüngere Tochter oder eine ältere Tochter und einen jüngeren Sohn. Zwei Töchter sind ausgeschlossen, weil Herr Maier mindestens einen Sohn hat. Also ist die Wahrscheinlichkeit ein Drittel für einen Bruder und zwei Drittel für eine Schwester. Im zweiten Fall (Formulierung b) dagegen wird die Wahrscheinlichkeit dafür gesucht, dass ein Junge (es sind insgesamt zwei Kinder) einen Bruder hat. Nun gibt es folgende Kombinationen: Jonathan kann der ältere von zwei Söhnen, der jüngere von zwei Söhnen, ein älterer Sohn mit einer jüngeren Schwester oder ein jüngerer Sohn mit einer älteren Schwester sein. Die Wahrscheinlichkeit für einen Bruder ist also 50 Prozent.

10 Sie haben eine Diagnose auf eine seltene Krankheit erhalten, die einen von 10 000 Menschen trifft. Der Test hat eine Zuverlässigkeit von 99 Prozent. Müssen Sie sich ernsthaft Sorgen machen?

Lösung:
Nein, eigentlich nicht. Denn die Wahrscheinlichkeit, dass Sie die Krankheit nicht haben, beträgt mehr als 99 Prozent.

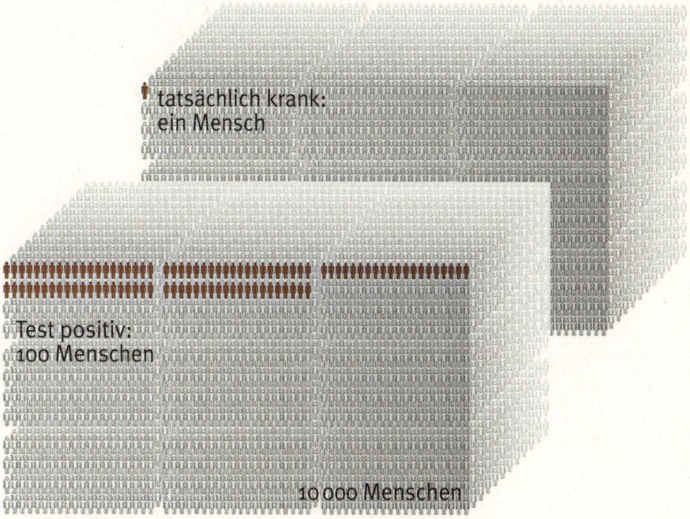

Kommentar:
Hat der Test eine Zuverlässigkeit von 99 Prozent, so wird von 10 000 Untersuchten neben dem einen tatsächlich Erkrankten auch ein Prozent aller Untersuchten fälschlich als positiv getestet. Das sind 100 Menschen. Insofern liegt die Wahrscheinlichkeit, dass ein positives Testergebnis eine tatsächliche Erkrankung anzeigt, bei unter einem Prozent. Von den Ärzten, die Wissenschaftler im Jahr 1998 mit Aufgaben dieses Typs konfrontierten, konnte nicht einmal jeder Fünfte die Wahrscheinlichkeit richtig einschätzen. □

Mystische Entscheidungs

Wer Tarot-Karten befragt, im Kaffeesatz liest oder das chinesische I Ging anwendet, ist nicht unbedingt abergläubisch – hat aber oft festgestellt, dass er mit sorgfältigem Abwägen allein nicht weiterkommt. Orakeltechniken regen dagegen die Fantasie an und können sichtbar machen, was man intuitiv wünscht

Das Orakel von Delphi galt in der Antike als die wichtigste Kultstätte der Griechen. Eine Priesterin mit dem Titel Pythia (nach der Schlange Python, die in der Mythologie das Orakel bewacht) saß dort auf einem Dreifuß über einer Erdspalte. Aufsteigende Dämpfe versetzten sie in eine Art Trance; dann gab sie Fragern rätselhafte Auskünfte darüber, wie sie handeln sollten. Andere Priester übersetzten ihre unartikulierten Laute in verständliche Sprüche und deuteten sie.

Ein Beispiel von vielen, wie Menschen sich in allen Kulturkreisen und zu allen Zeiten seltsam erscheinender Techniken bedient haben, um Hilfe bei quälenden Entscheidungen zu finden.

Im alten Ägypten waren es die Tempelkatzen, deren kleinste Regungen schicksalhafte Fragen entscheiden konnten. Die Etrusker und später auch die Römer suchten Antworten in den Eingeweiden geschlachteter Tiere; vor allem der Zustand der Leber entschied oft darüber, wo Siedlungen gebaut wurden oder wer welches Amt bekam.

Und im Zeus-Heiligtum von Dodona, dem vermutlich ältesten Orakel Griechenlands, interpretierten die Priester das Rauschen der heiligen Eiche.

Die Chinesen wandten sich an das Orakel I Ging, das verschiedene Methoden der Weissagung kennt. Für das Schafgarbenorakel etwa wurde traditionellerweise ein Bündel von 49 Stängeln der Pflanze einem komplizierten Sortierverfahren unterzogen, das 64 mögliche Muster aus kurzen und langen Schafgarbenstängeln hervorbrachte. Jedem davon ist in dem etwa 3000 Jahre alten „Buch der Wandlungen" ein Spruch zugeordnet.

Alles Humbug?

Man muss nicht an höhere Mächte glauben, um Orakeln einen psychologischen Nutzen bei Entscheidungen zuzusprechen. Ansonsten ließe sich kaum erklären, dass etwa das Orakel von Delphi mehr als 1000 Jahre lang existierte.

„Eine solche Beständigkeit ist erstaunlich", so der französische Sozialhistoriker Georges Minois. „Sie beweist, dass das Orakel einem realen Bedürfnis entsprach, trotz aller Kritik seitens der Intellektuellen und Skeptiker."

Ein Vorzug der meisten Orakeltechniken besteht darin, dass im Prinzip jeder sie anwenden kann, sofern er die Spielregeln kennt. Schon in der Antike gab es simple Techniken, die Würfel oder mit Buchstaben versehene Lose nutzten – Vorläufer der Glückskekse aus dem China-Restaurant.

Heute heißen alle Weissagungsformen, die zu Ja-Nein-Entscheidungen führen, „Losorakel" – die einfachste und bekannteste Methode ist der Wurf einer Münze.

Und anders als die Hellseherei ist die Funktion eines Orakels nicht an übersinnliche Fähigkeiten eines Mediums gebunden. Selbst die Pythia war austauschbar; bei großem Andrang an den Orakel-Tagen lösten sich mehrere Priesterinnen in Schichtarbeit ab.

Abseits des Aberglaubens und der rituellen Verbrämung liefert ein typisches Orakel zunächst ein Zufallsergebnis: Kopf oder Zahl, ein beliebiger von 64 Sinnsprüchen, ein paar unartikulierte Wortfetzen einer berauschten Priesterin; doch eben dieser Zufall kann in schwierigen Entscheidungssituationen ein guter Ratgeber sein.

Denn wer ein Orakel konsultiert, ist sich bewusst, dass er mit seiner Vernunft, mit logischem Denken und sorgfältigem Abwägen an Grenzen stößt. Allein diese Einsicht ist kostbar, denn tendenziell überschätzen Menschen ihr Wissen und ihre Fähigkeiten.

„Einzugestehen, dass man etwas nicht weiß oder dass man etwas Falsches angenommen hat, als man eine bestimmte Entscheidung traf – das überfordert die meisten Menschen", so der Bamberger Psychologe Dietrich Dörner.

Selbst Alltagsentscheidungen wie die Frage nach dem besten Urlaubsquartier sind in ihren Auswirkungen nicht mehr überschaubar. Auch wer sich umfassend informiert, etwa Dutzende Bewertungen in Hotelportalen liest und die Wetterstatistiken der letzten Jahre auswertet, kann nicht ausschließen, dass Dauerregen die Ferien vermiest oder laute Zimmernachbarn den Schlaf stören.

Oft bringen einen Vernunft und Logik einfach nicht weiter

Obwohl es in solchen Fällen kein „absolut richtig" oder „absolut falsch" geben kann, neigen viele dazu, sich über solche Entscheidungen tage- und nächtelang den Kopf zu zerbrechen.

Und dann – vor allem wenn viele Optionen annähernd gleichwertig sind – kann es sinnvoll sein, den in der Regel fruchtlosen Grübeleien durch einen Zufallsentscheid ein Ende zu machen.

Aber Orakel können noch mehr. Denn in vielen Entscheidungssituationen sind die Optionen gar nicht klar definiert: Wie soll ich mit meinem neuen Chef umgehen? Wohin soll ich mich beruflich orientieren?

Mitunter verrennen Menschen sich beim Nachdenken auch derart, dass sie nicht mehr in der Lage sind, Alternativen zu erkennen. Dann ist Kreativität gefragt. Um sie anzuregen,

techniken

ILLUSTRATION: DANIEL MATZENBACHER

Manchmal brauchen Menschen vor Entscheidungen einen Zufallsgenerator, um ihren Kopf freizubekommen – und sei es durch einen Münzwurf

empfehlen Psychologen Methoden, die Ähnlichkeit mit Orakeln aufweisen. Der britische Kreativitätslehrer Edward de Bono etwa propagiert, willkürlich ausgewählte Begriffe mit dem zu lösenden Problem in Beziehung zu setzen. So entstehen scheinbar absurde Wortpaare wie „Kopierer" und „Nase", die zu originellen Ideen führen können – etwa der, einen Gerätedefekt durch das Freisetzen eines Duftstoffs zu signalisieren.

Wie einst Rat suchende Gläubige an zufälliger Stelle die Bibel aufzuschlagen pflegten, so empfiehlt de Bono, mit geschlossenen Augen auf eine Zeitungsseite zu tippen, um einen Begriff zu finden:Damit wir den Ausgangspunkt nicht „in Übereinstimmung mit den im Gedächtnis gespeicherten Handlungsvorlagen" auswählen, so de Bono, „brauchen wir einen Zufallsgenerator". Gerade bei Denkblockaden sei das Verfahren hilfreich.

Vor allem Werbeagenturen und Produktentwickler nutzen diese sogenannte Random-Input-Technik. Ein solcher Zufallsgenerator kann aber auch der Kaffeesatz in der Tasse sein oder das Tarot-Kartenspiel.

Gemein ist den Orakeltechniken, dass sie vieldeutige Sprüche oder Bilder produzieren, die die Fantasie anregen. Das Ritual, das die Befragung des Orakels umgibt, verstärkt die Wirkung noch. So gelingt es dem Fragesteller, Distanz zu seinen rationalen Gedankengängen zu gewinnen.

„Ein Orakel", so Dietrich Dörner, „bietet die Möglichkeit, sichtbar zu machen, was man intuitiv wirklich will." Denn der Mensch neige zur „affirmativen Wahrnehmung" und registriere daher von den Tarot-Bildern oder I-Ging-Versen vornehmlich die Aspekte, die zu seinen inneren Befindlichkeiten passen.

Freilich empfehlen die Experten, eine mit Orakelhilfe gefundene Entscheidung anschließend mit aller Vernunft nochmals kühl und rational zu überprüfen. Denn absolute Wahrheiten oder gar den Rat höherer Mächte dürfen sich nur Abergläubische von Tarot, I Ging und ähnlichen Praktiken erhoffen.

Sonst könnte es dem Fragesteller ergehen wie dem antiken König Krösus, der vom delphischen Orakel wissen wollte, ob er gegen die Perser Krieg führen solle. Wenn er den Grenzfluss überschreite, werde er ein großes Reich zerstören, lautete die Antwort.

Derart ermutigt, fiel Krösus in Persien ein, wurde geschlagen und vernichtete so tatsächlich ein Reich.

Sein eigenes. □

Wie **entscheide** ich besser?

1. Fürchten Sie nicht die Konsequenzen

Ob es um einen Skiausflug in die Berge geht oder um den richtigen Ehepartner – meist wählen wir jene Option, von der wir annehmen, sie werde uns glücklich machen. Aber wir liegen damit oft falsch. Die Folgen der meisten Entscheidungen, so wissen Psychologen, machen uns jedoch nicht nur weniger glücklich, als wir denken, sondern auch weniger unglücklich – weil der Mensch eine große psychische Widerstandskraft hat. Insofern sind die Folgen unseres Handelns weniger schmerzlich oder erfreulich, als wir es uns vorstellen.

2. Vertrauen Sie Ihrer Intuition

Meist glauben wir, eine gute Entscheidung sei nur nach systematischer Abwägung möglich. Aber im Alltag sind manchmal ein rasches Urteil oder ein instinktiver Entschluss genauso gut, wenn nicht sogar besser. Vor allem, wenn in komplexen Situationen sehr viele Informationen vorliegen – ob bei der Wahl der richtigen Schule für das Kind, bei neuen Möbeln oder bei der Suche nach dem passenden Urlaubsort.

3. Achten Sie auf Ihre Gefühle

Emotionen sind nicht der Feind unserer Entscheidungsfindung, sondern ihr integraler Bestandteil. Sie haben sich einst entwickelt, um unseren Vorfahren in lebensbedrohlichen Situationen schnellere Reaktionen zu ermöglichen. Daher ist bei allen Entscheidungen, die wir treffen, das Gefühlszentrum des Gehirns beteiligt. Bei sehr starken Emotionen, wie Wut, kann das allerdings zu Reaktionen führen, die wir später bereuen. Daher sollte man in dem Fall Entscheidungen auch mal aufschieben.

4. Misstrauen Sie Ihrem eigenen Urteil

In Diskussionen über kontroverse Themen akzeptieren die Beteiligten oft nur Argumente, die ihre Auffassung unterstützen. Das entspricht der Tendenz, nach Bestätigung für die eigene Meinung zu suchen. Bei anderen kann uns das zur Weißglut treiben, aber niemand vermag sich davon frei zu machen. Wenn Sie gute Entscheidungen treffen wollen, sollten Sie aktiv nach Belegen dafür suchen, dass Sie falsch liegen. Das hilft dabei, weniger dogmatisch an den eigenen Ansichten festzuhalten.

5. Konzentrieren Sie sich auf Wichtiges

Unsere Entscheidungen unterliegen oft sogenannten Ankereffekten. Etwa wenn wir in einem Geschäft ein Hemd oder Kleid sehen, dessen Preis heruntergesetzt ist. Der ehemalige Preis ist der Anker für den derzeitigen Preis. Im Vergleich dazu sieht die reduzierte Ware wie ein Schnäppchen aus, selbst wenn sie absolut gesehen immer noch teuer ist. Je weniger wir wissen, desto stärker machen wir uns oft von solchen Informationen abhängig. Vermeiden lässt sich der Effekt kaum, allenfalls kann man versuchen, sich selbst Ankerpunkte zu setzen.

6. Trauern Sie Verlusten nicht nach

Oft fühlen wir uns umso stärker zu etwas verpflichtet, je mehr wir dafür aufgewendet haben – das Phänomen der „versunkenen Kosten“. Das gilt gleichermaßen für finanzielle Fragen wie beispielsweise auch für ein langweiliges Buch, an dem wir festhalten, obwohl es klüger wäre, es beiseite zu legen. Denken Sie stets daran, dass Vergangenes vergangen und Ausgegebenes ausgegeben ist. Niemand macht gern Verluste, aber in der Regel ist es klüger, schlechtem Geld nicht auch noch gutes hinterherzuwerfen.

7. Wechseln Sie auch mal die Perspektive

Die Darstellungsweise von Alternativen hat einen großen Einfluss auf unsere Entscheidungen – das Phänomen des „Rahmeneffekts“. So macht es einen Unterschied, ob etwa ein Snack als „90 Prozent fettfrei“ oder mit „Fettgehalt 10 Prozent“ angepriesen wird. Wir bevorzugen jene Option, die Vorzüge betont. Wer über viel Lebenserfahrung verfügt und Optionen aus mehreren Blickwinkeln betrachtet, kann dem Rahmeneffekt entgegenwirken.

8. Entziehen Sie sich dem Gruppendruck

Zahllose Experimente haben offenbart, dass selbst die ausgeglichensten Menschen durch Autoritäten oder Gruppen Gleichgesinnter zu falschen Entscheidungen bewegt werden können. Gehen Sie daher nie davon aus, dass eine Gruppe es besser weiß als ein Einzelner. Spielen Sie ruhig den Querdenker. Und vermeiden Sie Situationen, in denen Sie nur geringe persönliche Verantwortung verspüren, denn dann neigen Sie schnell zu unverantwortlichen Entscheidungen.

9. Begrenzen Sie Ihre Auswahl

Der Nachteil einer großen Auswahl besteht darin, dass sie mit mehr Aufwand verbunden ist: Der Entscheidungsprozess stellt höhere Anforderungen an die Informationsverarbeitung, er kann verwirrend sein, Zeit fressen und schlimmstenfalls zu gar keiner Entscheidung führen. Viele Optionen erhöhen demnach die Wahrscheinlichkeit einer Fehlentscheidung. Von daher können Sie durchaus damit zufrieden sein, wenn Sie nur zwischen vier Sorten Schokolade statt zwischen 30 Sorten wählen können.

10. Lassen Sie auch mal andere entscheiden

Wir glauben meist, dass wir zufriedener sind, wenn wir die Dinge selbst in die Hand nehmen. Doch manchmal ist es ratsam, die Kontrolle abzugeben. Experimente zeigen, dass Testpersonen, die Entscheidungen ohne jede Informationsgrundlage treffen mussten, oft unzufriedener sind als andere Probanden, denen eine Option zugeteilt wurde – Erstere hatten noch lange Zweifel, ob sie tatsächlich die bestmögliche Wahl getroffen hatten. Unter Umständen werden Sie glücklicher, wenn Sie manche Entscheidungen dem Staat oder Experten überlassen. □

In ihrem Beruf als Qualitätsberaterin ist Cornelia Oehlert erfolgreich, privat steht sie jedoch seit Anbeginn im Schatten ihrer Mutter, der sie sich nie ernsthaft widersetzt hat

FAMILIENDRAMA

»ICH HABE FUNKTIONIERT WIE EIN ROBOTER«

Cornelia Oehlert lässt sich seit ihrer Kindheit passiv durchs Leben treiben und andere über sie entscheiden. Ihre Mutter setzt durch, dass sie als junge Frau ihr Kind weggibt. Jahre später, nach einer erneuten Schwangerschaft, zwingt ihr Mann sie, in eine Abtreibungsklinik zu gehen. Cornelia Oehlert ahnt, dass bei ihr einiges falsch läuft – aber warum kann sie nicht heraus aus ihrer Haut?

VON SUSANNE FRÖMEL (TEXT) UND DANIEL ROSENTHAL (FOTOS)

Am 8. August 1969 wird Cornelia Oehlert um kurz vor neun Uhr morgens eine Kanüle in die Ader im Arm geschoben, damit sie endlich ihr Kind gebärt. Während sie im Bett liegt und das Pochen des Blutes in ihrem Arm stärker werden fühlt, blickt sie aus dem Fenster. Draußen ist es warm, ein schöner Sommertag.

Cornelia, 18 Jahre alt, der Körper vor Angst verkrampft wie eine geballte Faust, liegt auf weißer Baumwolle und wartet. „Wir geben ihr die doppelte Menge", hat der Arzt gesagt, wenn sie ihn richtig verstanden hat. „Das Kind muss raus", gab ihre Mutter dem Mann zu verstehen, „je schneller, desto weniger Schaden kann es anrichten."

Das Medikament fängt langsam an zu wirken. Es lockert das Gewebe um den Muttermund. Bald darauf kontrahieren die Muskeln des Unterleibs. Als das Kind gegen 15 Uhr kommt, ist sich Cornelia sicher, dass alles doch noch gut ausgehen wird.

Sie hält das Baby, betrachtet lächelnd das blonde Haar und die schöne Form der Augen, der Nase, alles. Sie wiegt es ein wenig im Arm, füttert es mit der Flasche. Ihre Mutter entscheidet, wie das Kind heißen soll. Es ist eine schöne Woche.

Am Ende dieser Woche sieht sie ihr Kind zum letzten Mal.

DER MENSCH trifft Entscheidungen, weil sich sein Wille einen Weg bahnt. Bereits Kleinkinder erlernen die Fähigkeit, Ja und Nein zu sagen. Ja, Nein, selbst ein Vielleicht sind Formgeber für die spätere Persönlichkeit eines Menschen.

Cornelia Oehlert vermutet, dass ihr die Kraft fehlt, selbst

Ihre frühe Kindheit empfand Cornelia Oehlert als glücklich, doch dann trennten sich die Eltern. Auf dem Heidelberger Schloss verbrachte sie als junge Frau viel Zeit mit ihrem Freund

Entscheidungen zu treffen. Kleiner Körper, dünne Frau, was kann sie schon groß ausrichten, fragt sie sich. Fremdbestimmte Entscheidungen, Verfügungen anderer nimmt sie als gegeben hin, die Augen zu Boden geschlagen, unfähig aufzubegehren.

MEMMINGEN, 41 Jahre später. Aus dem Fenster im 9. Stock sieht man die Alpen, davor teilt eine Bahnstrecke das Gelände zwischen braunen und grauen Hochhäusern, sie ist nicht viel befahren. „Sieht trostlos aus, ist es aber nicht", sagt Cornelia Oehlert. „Ich kann von hier aus bei klarer Sicht auf die Berge schauen."

Sie sitzt am Wohnzimmertisch und fächert vergilbte Fotos auf das Holz. Cornelia als Baby, als Kleinkind, als Mädchen, als junge Frau. „Sie müssen verstehen", sagte sie, „dass mich niemals jemand ermutigt hat. Wenn ein Mensch immer nur klein gehalten wird, steht er nicht plötzlich auf und wehrt sich. Das hätte ich nie gewagt."

Sie ist jetzt 59 Jahre alt, knapp 1,60 Meter groß. Zu ihrem Job als Qualitätsmanagerin einer Rehabilitationsklinik fährt sie mit zwei verschiedenen Autos. Im Sommer mit einem Cabrio, im Winter mit einem Coupé. Das braune Haar trägt sie fransig geschnitten, silberne Herzen an den Ohren, am Ringfinger, an der Türklinke des Wohnzimmers. Herzen gefallen ihr, überall baumelt Liebe in metallener Form.

Cornelia Oehlert zeigt Fotos, auf denen ist sie vielleicht vier oder fünf Jahre alt. „Das sieht doch glücklich aus, nicht wahr? Ich hatte bis zur Trennung meiner Eltern eine sehr glückliche Kindheit."

Sie wiederholt den Satz im Gespräch vier oder fünf Mal, als mache sie daran den Ursprung

In ihrer Jugend ging Cornelia Oehlert oft auf dieser Anhöhe im Odenwald spazieren. Dort, so sagt sie, konnte sie am besten über sich nachdenken

ihres Unglücks fest: Es gab ein Leben vor und nach der Trennung. Also muss es auch eine Cornelia davor und danach gegeben haben. Sie zeigt Fotos, die fünf Jahre später aufgenommen wurden.

„Da, sehen Sie?", fragt sie und tippt auf die Bilder. „Diese Augen, die sehen doch traurig aus, nicht wahr? Das ist doch kein glückliches Kind, oder was sagen Sie?"

Sie lässt sich zurückfedern in ihren Sessel. „Ich weiß gar nicht, wie ich das alles ertragen habe. Ich habe eben immer blind darauf vertraut, dass das Leben schon gut wird. Das war vielleicht ein bisschen dumm."

Hätte sich die Cornelia aus der Zeit davor anders entwickelt? Das fragt sie sich manchmal. Wäre sie mutiger geworden, wenn sich weiterhin ein Kindermädchen um sie gekümmert hätte und nicht die strenge Mutter? Hätte sie später trotzdem nur funktioniert, oder hätte sie genug Selbstbewusstsein

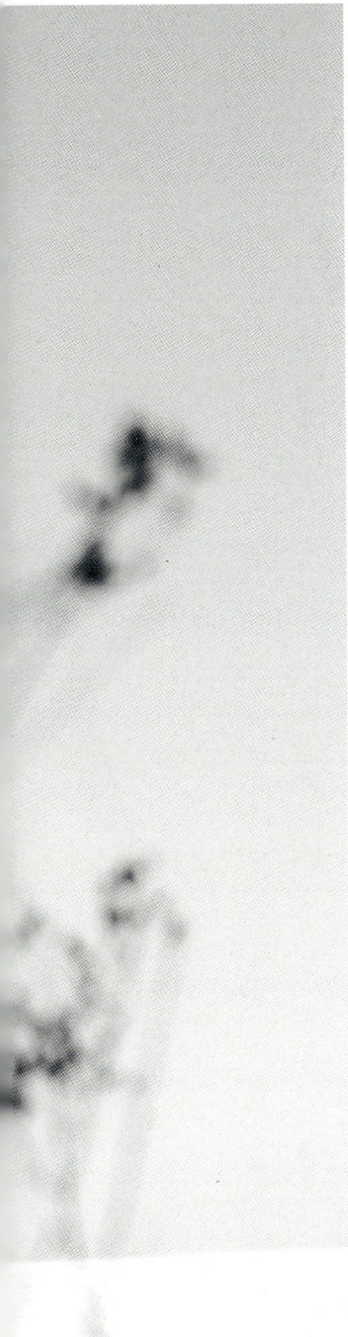

entwickelt, um manchmal Nein zu sagen?

„Mein Vater hat mich ja sehr geliebt", sagt sie, „immerhin."

ALS AM 8. AUGUST 1969 ihr Kind vorehelich geboren wird, sagt sie nicht Ja. Sie sagt auch nicht Nein. Sie sagt nicht mal Vielleicht.

Sie sitzt mit vor Schreck geweiteten Augen im Krankenzimmer und sieht wieder einmal zu, wie jemand anderes eine Entscheidung für sie trifft. Ihre Mutter beschließt, dass das Kind unauffällig verschwinden soll. Es zu behalten, das könne sie sich „aus dem Kopf schlagen". Ein Satz, der genügt, um Cornelia für knapp 40 Jahre mundtot zu machen.

Die Mutter ist dominant. „Mutter kommt nicht, sie erscheint", sagt Cornelia Oehlert oft. Die Frau ist inzwischen 85 Jahre alt, kaum 1,65 Meter groß, aber mit einer kerzengeraden Haltung, als wäre ihre Wirbelsäule vernagelt.

Wenn Cornelia wie jeden Sonntag zum Mittagessen kommt, packt ihre Mutter am Ende Frikadellen oder Rotkohl in Plastikdosen, reicht dazu Videokassetten mit Dokumentationen an die Tochter: „Ich habe dir darauf notiert, was du dir ansehen sollst."

Es sei, sagt Cornelia, immer so gewesen, dass die Mutter ihr den Willen aufgezwungen habe. „Was sollte ich da tun", fragt sie, „man kann sich doch der Mutter nicht permanent widersetzen."

Die erwachsene Cornelia verschwindet jedes Mal in Gegenwart der Mutter. Sie gibt dann patzige Antworten wie ein Teenager, verdreht hilflos die Augen. Sortiert die Dosen mit dem Essen und die Kassetten in eine Tasche. Bedankt sich. Verspricht, am folgenden Sonntag wiederzukommen.

„Mich fragen viele Leute, warum ich den Kontakt zu ihr nicht abbreche. Aber ich frage mich dann, was das bringen soll. Sie ist alt, im Grunde kann sie mir nur noch leid tun. Nicht wahr?"

Die Mutter war schön, ist es noch. „Sie lebt dafür, was andere von ihr denken", sagt Cornelia. „Wenn ich flache Schuhe trage, schlägt sie die Hände zusammen und ruft: Kind, ich wollte, aus dir wäre eine Dame geworden!"

Die flachen Schuhe sind der Anflug von Trotz, den die Tochter sich gestattet.

IHRE MUTTER sieht sich als Dame. Nach einer ersten gescheiterten Ehe heiratet sie einen wohlhabenden Architekten, gebiert ihm einen Sohn und eine Tochter, Cornelia. Als sie sieben Jahre alt ist, trennen sich die Eltern im Streit, die Mutter flieht mit den Kindern in eine Wohnung.

Der Vermieter begrapschte sie. Sie schwieg aus Angst vor der Reaktion der Mutter

Ab da beginnt Cornelias Leben nach der Trennung. Der Vermieter, selbst Vater zweier Töchter, begrapscht sie mehrfach.

Sie schweigt aus Angst vor der Mutter. Erst als ein Nachbar von den Übergriffen erfährt, hören die Attacken auf.

Auf die Hilfe der Mutter kann Cornelia ohnehin nicht hoffen. Einmal stürzt sie mit dem Fahrrad und reißt sich das Gesicht auf. „Wie kannst du dich nur so verschandeln", schreit die Mutter und gibt ihr eine Ohrfeige. Cornelia duckt sich weg, lernt, dass die am wenigsten Ärger bekommen, die am wenigsten sichtbar sind.

Die Mutter heiratet wieder, diesmal einen vermögenden Spediteur, für den die Kinder nichts sind als lästige Anhängsel.

Im Schwimmbad lernt die pubertierende Cornelia einen Jungen kennen, Wolfgang. „Meine große Liebe", sagt sie. Sie sind beide nicht aufgeklärt, ahnen aber bald, dass Cornelia schwanger sein könnte.

„Wir haben nicht gewusst, an wen wir uns wenden sollen. Meine Mutter hätte mich totgeschlagen", sagt sie und nimmt es sofort zurück: „Aber nicht, dass Sie denken, meine Mutter wäre ein schlechter Mensch. Das ist sie gar nicht."

Im bayerischen Burgau arbeitet Cornelia Oehlert in einem Therapiezentrum zur neurologischen Frühbehandlung von Hirnschäden; in ihrer Wohnung in Memmingen lebt sie mit alten Möbeln – denen ihrer Mutter

Sie hüllt den schwellenden Leib in weite Kleider. Wartet, dass eine Entscheidung wie von selbst fallen wird. Sie tippt auf ein Foto aus jener Zeit: „Das sieht doch ein Blinder, dass ich schwanger bin."

Die Mutter sieht es nicht. Auch in der Schule sagt niemand etwas. Cornelia hofft, dass die Sportlehrerin sie anspricht. Doch nichts geschieht. Stattdessen quält sie sich noch im neunten Monat durch die Bundesjugendspiele.

Die Sommerferien sollen Cornelia und ihr Bruder auf einem Bauernhof verbringen. Die Bauern sind die Ersten, die die Mutter auf den Zustand der Tochter hinweisen. „Bist du schwanger?", fragt die und weist das Mädchen an, sofort die Sachen zu packen.

Der Freund trennt sich von der jungen Mutter. Er kann nicht glauben, dass sie das Kind einfach weggibt

Mit dem Auto geht es in eine Privatklinik, wo Cornelia zum ersten Mal in ihrem Leben gynäkologisch untersucht wird. Der Geburtstermin ist in zwei Wochen. Zu lange, entscheidet die Mutter. Und so wird schon am nächsten Morgen die Geburt eingeleitet.

Die Mutter ist bei der Arbeit, Cornelia liegt allein im Krankenzimmer und wartet auf ihr Baby.

Die Trennung eine Woche danach wird sie nie verwinden.

Ich weiss, wie leicht ich es anderen mache, mich zu verachten", sagt sie. „Dass ich nie etwas gesagt habe, versteht keiner."

Sie habe sich inzwischen frei gemacht vom Einfluss ihrer Mutter. Doch das zu glauben, fällt schwer. Ihre Wohnung ist voller Möbel, die schon auf alten Familienfotos zu sehen sind. Schweres Holz. „Als meine Mutter mir die Möbel angeboten hat, konnte ich nicht Nein sagen. So gute Stücke, die kann ich doch nicht einfach wegschmeißen."

Am Tag nach der Geburt kommt Wolfgang, der Vater des Babys, ins Krankenhaus. „Dass meine Mutter das erlaubt hat, ist eigentlich erstaunlich." Der junge Mann und sie fassen einen Plan: wie sie in seinem Elternhaus unterkommen könnten, wie beide das Abitur beenden, während seine Mutter das Baby hütet.

„Daraus wird nichts", gibt ihr die eigene Mutter zu verstehen und malt ihr eine Zukunft aus, wie sie schwärzer nicht sein könnte.

In Wahrheit, sagt Cornelia, habe ihre Mutter wohl Angst vor der Schande gehabt. Ein uneheliches Kind – das wäre unweigerlich auf sie zurückgefallen. Stattdessen organisiert sie die Adoption.

Wolfgang trennt sich von Cornelia; er kann nicht glauben, dass sie das Kind einfach weggibt.

Nach der Geburt meldet ihre Mutter sie vom Gymnasium ab. Cornelia protestiert nicht. Auch nicht, als sie gedrängt wird, eine Ausbildung als Chemisch-technische Assistentin zu beginnen.

„Ich habe einfach funktioniert", sagt sie. „Wie ein Roboter."

Entscheidungen sind die kleinen Schwestern des Mutes. Ein Leben ohne jede Bereitschaft, auch mal einen Fehler zu machen, ist ein Leben, in dem man alles wie durch einen Filter wahrnimmt. Es ist stumpf. Aber es ist einfach.

„Meinen ersten Ehemann", sagt Cornelia Oehlert, „habe ich im Grunde nur geheiratet, um von zu Hause wegzukommen."

Sie gibt einen Teil ihres Erbes her für den Bau des Hauses, das sich der Mann so sehr wünscht. Neben dem Schlafzimmer sind im Obergeschoss noch zwei Zimmer eingeplant.

„Ich dachte, dass ich jetzt endlich Kinder bekommen kann", sagt sie. „Allein schon, um es besser zu machen."

Doch als sie schwanger wird, zwingt ihr Mann sie, nach London in eine Abtreibungsklinik zu fahren, dann, einige Zeit später, ein zweites Mal. Sie fügt sich, wieder einmal. „Vielleicht wusste ich instinktiv, dass diese Kinder keine glückliche Kindheit haben würden. Ich weiß es nicht."

Den zweiten Mann heiratet sie, weil der Mann es möchte und die Mutter darauf drängt. „Noch am Abend davor wollte ich schreiend weglaufen", sagt Cornelia Oehlert. „Aber es waren ja schon alle eingeladen."

Die Mutter hat ein Hochzeitsalbum zusammengestellt. Auf den Fotos lächelt Cornelia nicht. Neben einem der Fotos klebt ein Smiley-Aufkleber, aber kein lächelnder, sondern einer, bei dem die Mundwinkel nach unten gezogen sind. Daneben hat die Mutter mit Kugelschreiber geschrieben: „Die glückliche Braut."

Die Ehe, die auf Wunsch des Mannes kinderlos bleibt, scheitert nach wenigen Jahren. „Er war ein schrecklicher Macho", sagt Cornelia. „Im Grunde habe ich mit ihm nur meine Mutter geheiratet."

Im Jahr 2003 fasst Cornelia Oehlert endlich den Mut, nach ihrer Tochter zu suchen; das Jugendamt hilft ihr dabei. „Ich wusste ja gar nicht, ob ich das darf", sagt sie. „Man hat mir immer gesagt, es sei nicht gestattet, nach meiner Tochter zu suchen."

Ein Irrtum, wie sie herausfindet.

Vom Jugendamt erfährt sie, dass ihre Tochter eine Suchanfrage nach ihrer Mutter gestellt hat. Cornelia Oehlert schreibt ihr einen Brief, den das Amt weiterleitet.

Die Tochter ist da schon 33 Jahre alt. „Ich war schon ziemlich überrascht über deinen plötzlichen Wissensdrang", schreibt sie in ihrer Antwort, „möchte dir aber dennoch nicht einige Informationen vorenthalten, denn ich denke, eine Mutter hat das Recht zu erfahren, was mit ihrem Kind passiert ist und wie es ihm geht."

Dieser Satz habe einen bitteren Nachgeschmack hinterlassen, sagt Cornelia Oehlert. „Es war ja nicht so, als hätte ich nicht jeden Tag an sie gedacht und mir gewünscht, dass es anders gekommen wäre."

Sie erfährt, dass die Tochter ihre Kindheit in der gleichen Kleinstadt verbracht hat, in der sie mit ihrem ersten Mann lebte. „Wer weiß, wie oft ich an ihr vorbeigegangen bin, ohne es zu wissen."

Sie zeigt Fotos, auf denen eine Frau zu sehen ist, der Köchin Sarah Wiener nicht unähnlich, nur weicher. „Sie ist so schön, nicht wahr?" Lisa arbeitet als Key Account Managerin bei einem großen Softwareunternehmen.

Der Briefwechsel sei freundlich verlaufen, sagt Cornelia Oehlert. Sie hätte gern eine Beziehung zu ihrer Tochter. Keine Mutter-Kind-Beziehung, denn sie habe ja Eltern, schreibt sie Lisa, eher etwas wie eine Freundschaft.

Doch die Tochter weicht aus, antwortet, vielleicht sei ein Treffen später möglich.

Cornelia Oehlert ahnt, dass sie ihr Kind zum zweiten Mal verlieren wird. Der eigenen Mutter sagt sie lange Zeit nichts von dem Kontakt, „aus reiner Boshaftigkeit", wie sie sagt. Bis es vor etwas mehr als zwei Jahren zu einem heftigen Streit kommt: Cornelia knallt das Foto eines schönen Mädchens auf den Tisch.

„Was ist das? Wer soll das sein?", fragt die Mutter.

„Das ist deine Enkelin!", ruft Cornelia, „Siehst du nicht, dass sie genau aussieht wie du?" Es ist das erste Mal, dass sie die Adoption anspricht. Da ist sie 56 Jahre alt.

Als die Tochter heiratet, selber ein Kind bekommt, werden die Briefe seltener, schließlich im Ton schärfer.

„Es ist gut, dass es damals so gelaufen ist", schreibt Lisa in ihrem letzten Brief. „Das Einzige, das mir sehr leid tut, ist, dass du es nie geschafft hast, dich gegen dein Umfeld zu stellen. Dass du mit 18 Jahren beeinflusst wurdest von deiner Mutter, war schrecklich, aber sicher zeitgemäß. Aber mit 25 – 30 – 35 – 40 etc. immer wieder solche Situationen zu erleben – das hat mich echt entsetzt!"

Ihre Tochter, die sie einst zur Adoption freigegeben hat, lehnt ein Treffen ab. »Ich weiß nicht, was falsch gelaufen ist«, sagt Cornelia Oehlert

Auf Cornelias anschließenden Brief, in dem sie noch einmal um Verständnis wirbt, antwortet Lisa nicht mehr.

Sie wolle erst einmal kein persönliches Treffen, schrieb die Tochter kürzlich in einer E-Mail.

„Ich weiß nicht, was falsch gelaufen ist", sagt Cornelia Oehlert. „Ich kann nur hoffen und warten."

Auch das ist eine Entscheidung, die ihr abgenommen wird. □

Susanne Frömel, 36, hat die Lebensgeschichte von Cornelia Oehlert auch deshalb sehr bewegt, weil sie selbst adoptiert wurde. **Daniel Rosenthal**, 36, ist Reportage-Fotograf und lebt in Berlin.

NEUROMARKETING

WARUM WIR **KAUFEN**,

Weil es heute immer mehr vom Gleichen gibt, muss vor allem das Image eines Produktes stimmen. Marketir

WAS WIR **KAUFEN**

xperten setzen dabei auch auf die Hirnforschung – und wollen so unsere Entscheidungen beeinflussen

Übervolle Supermarktregale, in Szene gesetzt von dem Pariser Fotografen Samuel Bollendorff. Bald werden an einigen Stellen Lücken klaffen – wo genau, das wüssten die Hersteller gern

Drei von vier neuen Produkten erweisen sich im Regal als Flop, Hirnforscher wollen das Marketing verwissenschaftlichen – un

VON BERTRAM WEISS (TEXT) UND SAMUEL BOLLENDORFF (FOTOS)

Er nennt sich „Brand Futurist". Er entwirft Marken und Werbestrategien, belehrt Firmenchefs und Kommunikationsexperten.

Er ist in zahlreichen Fernsehshows zu Gast, seine Bücher sind in einem Dutzend Sprachen erhältlich, seine Vorträge sind effektvoll inszeniert. Zu seinen Kunden zählen Mercedes-Benz, McDonald's und Microsoft. Und das US-Magazin „Time" hat Martin Lindstrom zu einem der 100 „einflussreichsten Menschen der Welt" erklärt.

Seine Mission: Lindstrom will die „Buyology" des Menschen ergründen. So nennt er all jene Gedanken, Gefühle und Wünsche, die mitbestimmen, was genau Menschen kaufen. Sein Kunstwort hat er aus den englischen Wörtern für „Biologie" und „Einkauf" geformt.

Die Fragen, die mit diesem Begriff verknüpft sind, beschäftigen Unternehmer und Wirtschaftsforscher weltweit: Warum kaufen Kunden, was sie kaufen? Warum entscheiden sie sich für dieses Produkt und ignorieren ein anderes, gleichartiges? Was entfacht das Verlangen, genau diesen Schokoladenriegel zu besitzen oder genau jene Armbanduhr?

Lindstrom glaubt zu wissen, wie sich diese Fragen beantworten lassen: mithilfe des Neuromarketings.

Er verspricht seinen Klienten in den Wirtschaftsunternehmen, die Kaufentscheidungen von Kunden in Boutiquen und Supermärkten mit den Methoden der Hirnforschung zu entschlüsseln – und so den Markterfolg eines Produktes vorzuzeichnen.

Im Hirnscanner lässt sich die emotionale Reaktion des Käufers auf eine bestimmte Marke testen

In Lindstroms Auftrag studieren Forscher die neurobiologischen Grundlagen des Kaufverhaltens. Aus den Ergebnissen entwickelt er dann Konzepte, die Unternehmen erfolgreicher machen sollen. Die Agentur „Brand sense", für die der gebürtige Däne Firmen berät, hat sich unter anderem darauf spezialisiert, zu erkunden, wie Marken alle fünf Sinne auf einmal ansprechen können.

Lindstrom ist der wohl prominenteste Prophet der Idee, die Konsumforschung mit den Neurowissenschaften zu verknüpfen. Auch Hochschulforscher in den USA und Europa befassen sich seit einiger Zeit mit den neurobiologischen Grundlagen des ökonomischen Verhaltens. Doch es ist nicht immer leicht, die Grenze zwischen glaubwürdiger Forschung und unseriösen Versprechungen zu erkennen.

Vor gut zehn Jahren haben Wissenschaftler damit begonnen, Hirnscanner zu anderen Zwecken zu nutzen, als Hirntumore oder Schädelverletzungen aufzuspüren. Mit ihrer Hilfe lässt sich auch messen, in welchen Arealen des Denkorgans sich etwa die Aktivität des Stoffwechsels verändert – also beispielsweise herausfinden, was geschieht, wenn ein Proband eine bunte Schachtel, ein Markenlogo oder eine Anzeige betrachtet. Welche Emotionen die Bilder hervorrufen – und welche Waren dann womöglich im Einkaufskorb landen.

Dieses Wissen ist ungemein wertvoll. Denn bislang gleicht die Einführung neuer Produkte und Marken einem Glücksspiel. Etwa 75 Prozent aller neuen Artikel erweisen sich als Flop; die Kosten dafür addieren sich allein in Deutschland auf jährlich zehn Milliarden Euro.

nführung neuer Marken gleicht daher einem Glücksspiel.
ufentscheidungen der Konsumenten vorhersagen zu können

Hinzu kommt die Hoffnung, jene weltweit rund 23 Milliarden Euro effizienter einzusetzen, die für klassische Marktforschung ausgegeben werden. Die gleicht oft einem Stochern im Nebel. Konsumforscher beobachten dafür Kunden, verfolgen ihre Schritte in den Geschäften, inspizieren ihre Einkaufswagen und zählen die Sekunden, die sie in der Frischwarenabteilung verbringen. Befragen sie via Internet, am Telefon oder im Versuchslabor nach ihren Wünschen und Sehnsüchten, Vorlieben und Hoffnungen.

Heraus kommen meist Statistiken und Zahlen, die einen Erfolg oder Misserfolg beschreiben – ihn aber nicht erklären. Denn die Antworten der Interviewten entsprechen nicht unbedingt ihren wahren Motiven. Oft erfüllen sie unwillkürlich die vermuteten Erwartungen des Fragestellers („Der neue fettreduzierte Käse schmeckt aber wirklich gut!").

In anderen Situationen können die Befragten selbst nur spekulieren. Denn nur selten entscheiden Menschen beim Griff ins Regal mit Bedacht, selten nur kalkulieren sie rational und reflektieren ihre Wahl. Rund zwei Drittel aller Einkaufsentscheidungen werden nicht lange geplant, sondern fallen erst im Geschäft – innerhalb eines kurzen Augenblicks.

Der Mensch wird dabei von Emotionen und erlernten Regeln geleitet, von Automatismen und Assoziationen. Von der Ratio nicht kontrollierbar, bestimmt dieses „implizite System" der Psyche, wie Forscher es nennen, das Handeln des Käufers.

Das Gehirn entscheidet also im Verborgenen, ohne dass seinem Besitzer die wahren Beweggründe bewusst wären.

Auf diesen Autopiloten hat es das Neuromarketing abgesehen: Es soll das Fenster zum mächtigen Unbewussten öffnen. Soll aufdecken, wie weit die bewusste Wahrnehmung des Kunden und sein wirklicher Antrieb mitunter auseinanderliegen.

So untersuchte Christian Elger von der Universität Bonn im Auftrag eines Kosmetikherstellers, welche Wirkung die Werbung der Marke Dove im weiblichen Gehirn auslöst. Die Anzeigen, mit denen die Marke ihre Körperpflegemittel bewirbt, zeigt Frauen, die nicht sehr jung und nicht sehr schlank sind. Diese Kampagne wurde vielfach als wichtiges Signal gegen das herrschende Schönheitsideal gelobt. Auch die Mehrzahl von Elgers 22 Probandinnen gab an, die Dove-Damen seien sympathischer als die perfekt wirkenden Schönheiten der Konkurrenzmarke Pantene. Die Chancen, dass sie künftig Dove kaufen würden, schienen gut zu stehen.

Dann aber setzte Elger die funktionelle Kernspintomographie ein: eine Technik, die mittels eines starken Magnetfeldes sichtbar macht, welche Gehirnbereiche kräftig durchblutet und folglich aktiv sind. Der Scanner offenbarte, dass die Pantene-Werbung das Hirn der Betrachterinnen stärker aktivierte, vor allem in Bereichen, die an positiven Empfindungen und Erinnerungen beteiligt sind.

In der Befragung, so vermutet Elger, hatten die Probandinnen versucht, sich politisch korrekt zu verhalten. Doch tatsächlich sprachen die Dove-Models sie weniger an, als sie behaupteten.

Martin Lindstrom konnte in Zusammenarbeit mit der britischen Hirnforscherin Gemma Calvert einen ähnlichen Effekt nachweisen: Es ging um die Frage, ob Warnhinweise auf Zigarettenpackungen tatsächlich so wirksam sind, wie viele Politiker hoffen.

Gemma Calvert fragte zunächst 32 Personen, ob die abstoßenden Fotos von Lungenkrebs, Zahnlücken und anderen Folgen des Rauchens, die auf den Verpackungen zu sehen sind, ihre Lust auf eine Zigarette dämpften. Die Probanden bejahten.

Eine große Auswahl überfordert das menschliche Hirn. Experime
setzen sollten, in ihrem Segment zum unumschränkten Marktfü

Als die Forscherin den Befragten aber die Warnhinweise präsentierte, während deren Gehirn im Kernspintomographen unter Beobachtung stand, ergab sich ein ganz anderes Bild: Das Verlangen zu rauchen wurde keineswegs unterdrückt. Mehr noch: Es nahm sogar zu.

Die Bilder wirkten als visuelle Stimuli und aktivierten den Nucleus accumbens – ein Hirnareal, das auch als „Suchtzentrum" bezeichnet wird, weil dort das unbezwingbare Verlangen nach Alkohol, Drogen und Sex entsteht.

Ob ein Produkt sympathisch ist, entscheidet sich, bevor der Verstand urteilt

Der bloße Anblick der Verpackung vermochte also bei den Probanden eine unkontrollierbare Wirkung zu entfalten, die vermutlich großen Einfluss auf ihr Handeln hat. Demnach ist es nur folgerichtig, dass Unternehmen nicht nur gewaltige Summen in die Entwicklung ihrer Produkte investieren, sondern auch in die Gestaltung der Marken.

Welche Macht der Nimbus einer Marke entfalten kann, stellte der US-Neurowissenschaftler Read Montague unter Beweis. Er widmete sich einem Dilemma, mit dem sich der Getränkegigant Pepsi seit Jahrzehnten plagt: Kunden greifen häufiger zu Coca-Cola als zu Pepsi – doch wenn man ihnen bei einem Test nicht verrät, welche Cola sich im Glas befindet, schmecken ihnen beide Proben gleich gut oder Pepsi sogar etwas besser. Warum bevorzugen die Menschen beim Einkauf dann trotzdem meist Coke?

Der Neurowissenschaftler ließ 33 Probanden die Getränke kosten, ohne ihnen die jeweilige Marke dabei zu enthüllen. Ergebnis: Weder eine Befragung noch der Kernspintomograph konnten einen Unterschied ausmachen.

Dann wiederholte Montague den Test mit 34 anderen Probanden. Doch diesmal offenbarte er ihnen die Marken. Das Resultat: Die Mehrheit gab an, den Geschmack von Coca-Cola mehr zu schätzen. Und ihre Hirnscans zeigten: Das bloße Wissen um die Marke stimulierte bei Coke auch den dorsolateralen präfrontalen Kortex und den Hippocampus – beides Hirnbereiche, die Erinnerungen und Emotionen modulieren.

Montagues Experiment zeigt: Innerhalb einer Gruppe ähnlicher Waren verbindet das Gehirn immer nur eine Marke mit so außergewöhnlich positiven Gefühlen, dass es diese anderen vorzieht. Man kann also keine zwei Lieblingszahnpasten haben, keine zwei Lieblingsschokoladenriegel.

Diese Eigentümlichkeit des Gehirns lässt Unternehmen darum kämpfen, ihr Produkt mit allen Mitteln zum unumschränkten Marktführer zu machen.

Untersuchungen einer Forschergruppe um den Neurologen Michael Deppe von der Universität Münster zeigten überdies: Marken, die bei Kunden besonders beliebt sind, vermindern im Stirnhirn gerade dort die Aktivität, wo Neurowissenschaftler analytische Geistesleistungen verorten. In gewisser Weise bewirkt diese „kortikale Entlastung", dass der Verstand weniger aktiv ist – und die emotional geprägte Intuition Vorrang hat.

Mit welchen Gefühlen das Gehirn eine Marke verbindet, hängt möglicherweise auch von den sogenannten „somatischen Markern" ab.

Diesen Begriff hat der amerikanische Neurologe Antonio Damasio eingeführt, der die biologischen Grundlagen von Emotionen erforscht. Wie auf geistigen Karteikarten, so vermutet er, sind in den Nervenzellen im Hirn unbewusst alle Gefühle versammelt, die eine bestimmte Erfahrung jemals ausgelöst hat.

der Neuroforschung zeigen, dass Unternehmen alles daran-
werden – denn das entlastet die Käufer bei ihrer Entscheidung

Auch Erlebnisse mit Marken und Produkten zählen dazu. Innerhalb von Sekundenbruchteilen kann diese Erinnerung an Glück, Furcht, Ekel oder andere Emotionen aktiviert werden und mitentscheiden, ob sich der Käufer einer Marke zuwendet oder nicht – lange bevor er beginnt, sich reflektiert mit seiner Wahl auseinanderzusetzen.

Es sind oft weniger rationale Argumente wie Nutzen oder Qualität, die einen Kunden überzeugen. Sondern die Gefühle, die eine Marke auslöst. Erst die in somatischen Markern gespeicherten Emotionen, so legt es die Hirnforschung nahe, verleihen Marken oder Produkten einen entscheidenden Wert.

Das Rezept für erfolgreiches Verkaufen heißt demnach: somatische Marker erschaffen und Emotionen verstärken.

Damit dies gelingt, machen sich Unternehmen eine Erkenntnis zunutze, die Hirnforscher „Priming" nennen: Eine Entscheidung lässt sich demnach durch bestimmte Bedingungen beeinflussen.

Ein Beispiel: Das Wort „Nagel" finden Menschen in einer Liste von Begriffen weitaus schneller, wenn sie zuvor in einer anderen Liste das Wort „Hammer" präsentiert bekommen haben.

In der Warenwelt erweist sich dieser Mechanismus als äußerst nützlich. So wies der Konsumforscher Richard Feinberg nach, dass Restaurantbesucher spendabler sind, wenn in der Umgebung für Kreditkarten geworben wird. Unmerklich registrieren ihre Gehirne die Reize und verbinden sie mit Assoziationen, Erinnerungen und Gefühlen, die signalisieren: Geld ist genug da.

Neurologen haben mit Hirnscannern verfolgt, was beim Priming vor sich geht. Meist zeigt sich: Die Aktivität der Nervenzellen in der Großhirnrinde nimmt deutlich ab – in einem Areal, das vornehmlich an Planung, Bewusstsein und Selbstkontrolle beteiligt ist. Daniel Schacter, Psychologe an der Harvard University, folgert daraus, dass jene „Regionen frühzeitiger mit anderen synchronisiert werden und somit eine engere Verknüpfung von Reiz und Entscheidung ermöglicht wird".

Das Gehirn schlägt beim Priming also unbewusst eine Abkürzung ein, weil es Neues mit Bekanntem verschmelzen kann.

Unternehmen versuchen längst, diesen Effekt gezielt auszulösen. So wollte der Tabakkonzern Philip Morris auf diese Weise den Verkauf seiner Zigaretten fördern: Er bot Gastwirten an, Raucherbereiche mit Marlboro-roten Sofas auszustatten sowie mit großen Bildschirmen, auf denen Filme von Prärielandschaften zu sehen waren. Der Markenname selbst war nirgends zu sehen. Stattdessen sollte die suggestive Kraft der typischen Merkmale bei den Gästen das Bedürfnis wecken, sich eine Marlboro-Zigarette anzustecken.

Diese Taktik könnte erfolgreich sein. Das legt zumindest eine Untersuchung von Martin Lindstrom und Gemma Calvert nahe. Sie zeigten Testpersonen zum einen Bilder, die mit dem Markenlogo explizit für Marlboro warben. Und zum anderen eine Vielzahl anderer Fotos. Manche, etwa von Reitern in ausgetrockneten Prärien, waren aus der Marlboro-Werbung bekannt.

Messungen eines Kernspintomographen ergaben anschließend: Die scheinbar neutralen Bilder regten das Suchtzentrum der Versuchsteilnehmer ebenso stark an wie das Logo.

Unternehmen können also Eindrücke etwa von Landschaftsbildern so eng mit ihrem Produkt verknüpfen, dass Kunden sie nicht mehr von der Marke trennen.

Auch Gerüche und Geräusche vermögen das Gehirn für ein Produkt zu begeistern. Erklingt etwa in einer Weinhandlung französische Musik, greifen die Kunden unwillkürlich eher zu französischen Weinen. Tönen aus den Lautsprechern hingegen deutsche Blaskapellen, steigt der Absatz deutscher Weine.

Ein Produkt sollte mit mehr als seiner Verpackung oder einem Slogan überzeugen, sagen Neuromarketing-Experten. Denn auch Gerüche und visuelle Assoziationen können das Hirn wirkungsvoll für eine bestimmte Marke begeistern

Manche Firmen versuchen, ihre Erzeugnisse mit einer speziellen Klangwelt zu verbinden: Der Backwarenhersteller Bahlsen feilt an einem charakteristischen Kaugeräusch für Butterkekse; Kellogg's beantragte für den unverkennbaren Sound der Frühstückszerealien im Mund gar ein Patent.

Besonders wirkungsvoll ist es, verschiedene Sinneswahrnehmungen zu kombinieren. So tragen Stewardessen von Singapore Airlines nicht nur ein markentypisches Kostüm, sondern verteilen an Bord der Flugzeuge Erfrischungstücher mit einem Aroma, das als Duftnote auch in ihrem Parfüm enthalten ist.

Manipuliert das Neuromarketing die Sinne und den Verstand der Kaufwilligen?

Und Martin Lindstrom experimentiert für die britische Royal Mail mit duftenden Werbebriefen: Dank eines speziellen Verfahrens sollen sie einen Geruch enthalten, der den Empfängern beim Öffnen vertraut erscheint.

Eine Marke, so verkündet Lindstrom, muss künftig nicht nur visuell überzeugen – sondern sich auch anfühlen und anhören, riechen und schmecken lassen.

Möglicherweise wird die Welt in naher Zukunft nicht mehr von Markenlogos und Werbesprüchen, Leuchtreklamen, Prospekten und Postern erfüllt sein, sondern, so Lindstrom, in betörenden Düften und Tönen schwelgen. „Dieser Angriff auf ihre Sinne wird sie erfolgreicher zu Kundentreue verführen und ihnen effektiver das Geld aus der Tasche ziehen, als sie es je für möglich hielten."

Damit aber beschwört er ein Szenario herauf, das jene Kritiker bestärkt, die befürchten, dass Neuromarketing Kunden heimlich verführt; dass es sich hinterhältig die Macht des Unbewussten dienstbar macht und Sinne, Verstand und Entscheidung der Kaufwilligen manipuliert.

Bis dahin scheint der Weg aber noch weit: Die Theorie, es gäbe im Hirn ein ganz bestimmtes Areal, das beim Einkauf entscheidet, gilt inzwischen als widerlegt – dafür ist das Gehirn ein viel zu kompliziertes Gebilde.

Obwohl sich Veröffentlichungen zur Neurobiologie des Kaufverhaltens in den letzten Jahren mehren, steht die Forschung auf diesem Gebiet noch am Anfang.

Eines der großen Probleme: Bislang lässt sich das Gehirn von Käufern nur im Labor untersuchen, mit millionenteuren Geräten. Vor dem Supermarktregal aber ist noch niemand bei seiner Kaufentscheidung durchleuchtet worden. □

Seit der Autor **Bertram Weiß**, 26, zum Thema Neuromarketing recherchiert hat, verbringt er mehr Zeit als üblich im Supermarkt – um herauszufinden, warum sich sein Gehirn gerade wofür entschieden hat. **Samuel Bollendorff**, 35, lebt in Paris; er ist bekannt geworden für seine sozialkritischen Fotoreportagen.

Jetzt im Handel

AUSWANDERER

NEUE HEIMAT IN DER FREMDE

Sie haben ihr altes Leben hinter sich gelassen, sind aufgebrochen ins Unbekannte – nach Indien. Doch wie lebt es sich in einem fremdartigen Kulturkreis? Wie lässt sich der Alltag dort organisieren? War die Entscheidung richtig? Die Modedesignerin Miriam Strehlau und andere haben den großen Schritt gewagt

Mo, 26

Nach seiner Schulzeit in **FRANKREICH** wusste Mo (die meisten Porträtierten wollten nur ihren Vornamen verraten) nicht, was er studieren sollte. Aber er hatte vor, die Welt zu entdecken. Und so ist Mo inzwischen seit sieben Jahren unterwegs. In Goa stellt er Schmuck aus Fundstücken und Lampen aus Palmblättern her, die er auf Märkten verkauft. Meist lebt er in den Tag hinein und plant nur den jeweils nächsten Schritt. »Es geht nur darum, zu vertrauen, Ängste abzulegen«, sagt er. »Und wenn du dich daran hältst, dann merkst du, dass dich das ganze Universum trägt und auf dich aufpasst«

Michael, 23, und Ganesh, 29

Sie sehen sich als Weltbürger ohne festen Wohnsitz. Daher leben Michael und Ganesh auch nur den Winter über in Goa. Die übrigen Monate verbringen sie in verschiedenen Ländern. Gemeinsam entwerfen die beiden Männer Ledermode. Sie lernten sich kennen, als der KANADIER Michael (im Bild links) nach dem Schulabschluss auf Indienreise ging; der ISRAELI Ganesh lebte schon einige Jahre zeitweise in Goa. »Ich habe nirgendwo einen anderen Ort gefunden, der mir so viel bieten konnte«, sagt er. »Meine Lebensqualität ist hier so hoch, dass auch meine Kreativität sehr stark ist.« Zuvor arbeitete er als Friseur in einem Edel-Salon in Manhattan, doch er merkte, dass ihm diese Lebensweise nichts bedeutete

Sanaka, 41

Der gebürtige DEUTSCHE Sanaka leitet eine Pflegestation für kranke und verletzte Rinder in Vrindavan im Bundesstaat Uttar Pradesh. Nach einer exzessiven Punker- und Drogenzeit fand er vor 20 Jahren einen Platz im dortigen Hare-Krishna-Tempel. Mit 20 Pilgern und zwei Ochsenkarren wanderte er Tausende Kilometer durch Indien und verteilte Schriften. Auf der Pilgerschaft erzählte er einem Mann, dessen Tochter ebenfalls zur Hare-Krishna-Bewegung gehört, das er heiraten wolle. Und so wurde eine Ehe arrangiert. »Bei solchen Hochzeiten verläuft es genauso wie normalerweise auch. Erst lernt man sich kennen, dann verliebt man sich«, sagt er – »nur ist das Heiraten vorher.« Nach der Eheschließung beendete Sanaka sein Pilgerdasein und wurde sesshaft

Jana, 52, Fee, 11, und Lili, 13

Zum ersten Mal reiste Jana 1988 ins südindische Auroville, eine von der UNESCO geförderte internationale Stadt, in der alternative Lebensformen praktiziert werden. Damals war sie erfolgreiche Architektin in DEUTSCHLAND. »Mein Leben war wunderbar in Ordnung, es hätte nicht besser sein können. Doch in Auroville zu leben und den integralen Yoga noch stärker in mein Leben einzubeziehen war eine willkommene Herausforderung für mich.« Acht Jahre später gab sie Architektenbüro, Dozentenstelle und Yoga-Schule in Deutschland auf, um mit ihren Töchtern Fee und Lili ein neues Leben zu beginnen. Für die Auroville-Gemeinschaft forscht sie seither zu Themen wie Stadt- und Lebensraum sowie nachhaltige Architektur

Cesare, 65

In ITALIEN wurde Cesare 1970 wegen des Besitzes von Marihuana angeklagt. Daraufhin floh er mit fremden Papieren nach Indien, lebte mehr als 20 Jahre im Freien und in Tempeln. Schließlich entschied er sich für ein asketisches Leben als Sadhu (Mönch) in einem kleinen Ashram im südindischen Bundesstaat Karnataka. »Ob es schwierig war, als weißer Sadhu akzeptiert zu werden? Ja, vielleicht. Aber ich kümmere mich nicht darum, was die anderen sagen.« Kürzlich war er zum ersten Mal seit Langem wieder in Italien – um endlich einen neuen Ausweis zu erhalten

VON JÖRG-UWE ALBIG (TEXT) UND ISADORA TAST (FOTOS)

Indien ist keine Wahl, sondern ein Schicksal. „Dass ich da hin muss, dass ich da was zu tun hätte", sagt Miriam Strehlau, „das war mir immer klar."

Miriam Strehlau ist schön, schmal und 30 Jahre alt; sie raucht eine Zigarette nach der anderen. Badisch weich fließen ihre Sätze; doch in Afrika, erzählt sie, hat man sie oft für eine Inderin gehalten. In kurzen Jeans und ärmellosem T-Shirt sitzt sie am Marmortisch in ihrer Werkstatt; auf der Platte stapeln sich Stoffballen. In der Ecke sitzt eine junge Frau an der Nähmaschine. Eine Verkäuferin tritt aus dem Durchgang zum Laden, fragt lächelnd nach dem Preis eines Kleides: „Three thousand", gibt Miriam Strehlau lächelnd zurück.

Draußen rollen Wellen an den Strand; sie rollen wie das Rad der Wiedergeburt. Hier, in Anjuna im Bundesstaat Goa, neigen sich Palmen über jeden, der das Geld für den Langstreckenflug erübrigen kann. Männer mit Sonnenbrille bieten flüsternd Kokain, Marihuana und Massagen an. In der „Shore Bar" umhüllt schon mittags süßer Rauch die französischen, englischen und italienischen Dialoge, legt sich um Cocktailgläser und Bierflaschen. Bob Dylan krächzt aus den Boxen, und falbe Hunde lagern auf Steinstufen.

Wer nach Indien geht, will nicht vorwärts, sondern zurück: zurück zu sich selbst

Kleine Mädchen wandern über den Strand, um Touristen an ihre Verkaufsstände zu locken, zu den Umhängetaschen und Pluderhosen, den bestickten Blusen und den T-Shirts mit dem tanzenden Schiwa. In Miriam Strehlaus Laden aber, gleich hinter der „Shore Bar", gibt es keine Souvenirs und keinen Hippie-Kitsch. Sie macht Mode. Und auch diese Mode ist eine Wiedergeburt.

Ausgedienten indischen Kleidern schenkt sie ein neues Leben in westlichen Formen. Sie näht weiße Mutter-Teresa-Saris mit blauen Borten zu Jacken um, bestickt sie mit bunten Paspeln. Sie entwirft Bomber-Blousons aus gebatikten Seidentüchern. Und längst verkauft sie nicht mehr nur an Touristen, sondern auch an Einheimische, an Bauunternehmer, Models und Bollywood-Stars, leuchten ihre Kleider auf den Seiten der indischen Ausgaben von „Vogue" und „Elle".

„Ich habe", sagt sie in aller Bescheidenheit, „einen Draht zum kollektiven Unterbewusstsein."

Schon als Kind hatte Miriam die Gabe, den Geschmack ihrer Umwelt vorauszuahnen. Sie trug Kuhfelljacken, bevor ihre Mitschülerinnen sie trugen, ließ sich für ihre marokkanischen Pantoffeln auslachen, bis die in jedem Schaufenster lagen. Ihre Mutter empfahl ihr, Design zu studieren: „Immer, wenn du etwas machst, wird es ein, zwei Jahre später zum Trend."

Doch was nach Indien führt, sind nicht Karriereschritte, sondern Träume. „Ich habe immer von Indien geträumt", sagt Miriam Strehlau. Und der Stoff, aus dem die Träume bestanden, war – Stoff: Webkunst aus Rajasthan, handbedruckte Baumwolle aus Jaipur, Khadis aus Gujarat, Seide aus Varanasi, schwere Gewebe, mit Spiegeln, Perlen und Pailletten verziert.

Wer nach Indien geht, will nicht vorwärts, sondern zurück: zurück zu sich selbst. Auch Miriam Strehlau glaubt, dass sie in einem früheren Leben vielleicht schon einmal in Indien gelebt hat. In ihrer Heimat Freiburg warben die Flyer in den Kneipen nicht für Flatrate-Partys, sondern für Reiki und Chakrenlehre, für Schamanen-Workshops und tibetanische Tempelrituale.

Doch für eine studierte Modedesignerin gab es in Freiburg nicht viel zu tun. Der Laden, in dem sie exotische Stoffe zu Kunstwerken vernähte, lief nicht wie erhofft. Und der Wirtschaft wollte sie sich nicht andienen: „Es kann nicht sein", sagte sie sich, „dass ich mit meinem Talent irgendwo im Laden stehe."

Doch den Zeitpunkt, der einen nach Indien führt, sucht man sich nicht aus. Für Miriam Strehlau war es die Geburt ihrer Tochter und die Trennung von deren Vater; dessen Nachstellungen hatten sie so sehr bedrängt, dass sie im neunten Monat einen Herzinfarkt erlitt. Das Kind kam per Kaiserschnitt zur Welt.

„Es stand einfach an", sagt sie, „dass ich mich räumlich von meinen Eltern und Salomées Vater trenne." Doch sie beschloss, ihre Zukunft nicht ihrer Intuition zu überlassen, sondern eine höhere Instanz um Rat zu bitten.

„Ich habe die Frage formuliert, wie es für mich weitergehen soll", erzählt sie. „Dann habe ich mich einen Moment hingesetzt und die Frage an das Universum weitergegeben."

Eine Woche später klingelte das Telefon. Eine Frau namens Katja war am Apparat. Sie hatte eine Modenschau mit Miriam Strehlaus recycelten Saris gesehen und suchte eine Teilhaberin für eine Werkstatt mit sechs nepalesischen Schneidern in Goa. Sie brauche nur drei, dafür aber Hilfe beim Entwerfen von Schnitten. „Ich habe gehört, du möchtest nach Indien", sagte die Frau.

„Und du bist von der Wunschzentrale da oben", antwortete Miriam Strehlau. Sie verriet nichts von der Gänsehaut, die ihr in diesem Moment über den Rücken lief. Und sie wunderte sich kaum, dass diese Katja, als sie ihr leibhaftig begegnete, hellblond war und überhaupt „wie eine reinkarnierte Elfe" aussah: „Sie hat mich überzeugt."

Zwar war Goa nicht das Indien, von dem sie geträumt hatte. Goa – das bedeutete für sie Drogen und jenen Trance-Techno, den sie von Partys im Schwarzwald kannte. „Aber man bekommt nicht immer, was man bestellt", sagt sie. Und trotz ihrer Skepsis wusste sie ja, dass Katjas Anruf die Antwort auf ihre Frage war.

Zur Sicherheit stellte sie den Ort ihrer Verlockung auf die Probe. Sie befragte Tarot-Karten. Sie nahm an einer jener Familienaufstellungen teil, bei denen Stellvertreter der beteiligten Perso-

Miriam, 30, und Salomée, 4

Die Farbenpracht des Landes und seine Stoffe hatten Miriam Strehlau schon immer fasziniert. Nach der Trennung von Salomées Vater beschloss die Freiburgerin, mit ihrer Tochter nach Goa auszuwandern. Heute ist sie erfolgreiche Modedesignerin. »Meine Heimat ist natürlich DEUTSCHLAND. Als ich aber zuletzt da war, habe ich gedacht, ich habe nun hier in Indien mehr Wurzeln als dort«

nen durch ihre Position im Raum unbewusst die Beziehungen zwischen den Protagonisten ausdrücken. Dort schickte auch sie Darsteller für sich und ihre Tochter ins Feld: Unbeirrbar strebten die Doppelgänger auf eine Palme mit einem hinduistischen Symbol zu, die in der Ecke stand – und auf die auch noch plötzlich auf wunderbare Weise ein Lichtschein fiel.

„Kommt nach Hause“, sagte diese Palme, so erschien es Miriam Strehlau.

„Es war ein Sprung ins kalte Wasser“, sagt sie. Auf Freiburger Flohmärkten verkaufte sie ihr Hab und Gut bis zur letzten Gabel. Allein die Nähmaschine erbrachte das Geld für die Tickets.

Sie ging ja nicht nach Indien, um auszusteigen: „Ich bin“, sagt sie, „eher eingestiegen.“

Es gab Menschen wie ihre Eltern, die ihren Schritt unterstützten. Es gab andere wie jenen Cousin, der sie spontan für verrückt erklärte – aber drei Jahre später bekennen musste: „Jetzt beneide ich dich.“

Es gab auch welche, die es ein Verbrechen nannten, ein zwei Jahre altes Kind in ein Land zu verschleppen, in dem Cholera, Polio und Pest grassieren. „Ich konnte Salomée nicht fragen“, sagt Miriam Strehlau, „aber auch nicht warten, bis ich sie fragen konnte.“

Rechtzeitig vor der Indienfahrt habe sie das Helfersyndrom abgelegt, das ihr lange das Leben beschwert hatte: „Ich habe gelernt, Nein zu sagen“, erklärt sie. „Von da an war alles an seinem Platz.“

In Goa stieg sie aus dem Flugzeug, nahm ein Taxi ins nächste Hotel. Sie fand ein Ein-Zimmer-Haus im Süden von Anjuna und eine Nachbarsfamilie, die ihr beim Einleben half; die ihr sagte, wo sie einen Schneider finden und auf welchem Markt sie ihre Ware verkaufen konnte. Zweimal behalf sie sich mit einem Touristenvisum, das sie auf Zwischenaufenthalten in den Arabischen Emiraten verlängerte; dann erhielt sie das begehrte Business-Visum für fünf Jahre.

Und zwischen einem Tattoo-Studio und der „Shore Bar“ fand sie schließlich dieses Haus, das zehn Jahre lang leer gestanden hatte, 100 Jahre alt und mit einem kirchhohen Hauptraum, mit Tauben unter dem Dach und vier weißen Eulen, die auf den Balken thronten.

Die Zusammenarbeit mit Katja hielt nicht lange. Die nepalesischen Näher, welche die Partnerin rekrutiert hatte, waren nicht glücklich in Goa. Sie vermissten das heimische Essen.

Es half auch nichts, dass Miriam Strehlau versuchte, sie mit Räucherstäbchen und Radiomusik bei Laune zu halten. Miriam hatte das Gefühl, sie ständig überwachen zu müssen, ihnen Arbeit nachzulegen und darauf achten zu müssen, dass die Nähte nicht schief wurden oder die Stoffe auf dem Fußboden verdarben. Zum nächsten Monsun waren die Nepalesen verschwunden.

Jetzt hat sie in Goa eigene Schneider gefunden, denen sie vertraut, denen sie Schnitte und Stoffe vorlegt und zuverlässig die fertigen Kleider zurückbekommt. Sie hat drei Mädchen aus der Nachbarschaft eingestellt, die bei ihr nähen lernen und zugleich auf den La-

Birgit, 22

Mukesh und Birgit sind seit Kurzem verheiratet. Kennengelernt hatte die ENGLÄNDERIN den INDER während eines sechsmonatigen Aufenthalts im Land. Schnell war beiden klar, dass sie zusammenbleiben wollten – und Birgit zog endgültig nach Pushkar in Rajasthan. Mit dem Erbe ihrer Großmutter ließen die beiden eine kleine Pension bauen. »Anfangs war es hart«, sagt Birgit. »Vielleicht muss ich einfach akzeptieren, dass ein Teil von mir immer fremd sein wird in diesem Land«

den aufpassen; sie können schon Patchwork-Decken aus Stoffresten stückeln.

Zwar hatte das Indien, das Miriam Strehlau vorfand, nicht viel mit dem Indien ihres Traums gemein – dem Indien der Erleuchtung, der Chakrenlehre und der alten Handwerkskunst: „Hier sind alle sehr westlich orientiert."

Sie musste feststellen, dass die Häuser nicht mehr aus Palmblättern waren wie auf den Fotos aus den 1970er Jahren, die sie gesehen hatte, sondern aus Beton und Linoleum. Dass sie mit Ölfarbe gestrichen waren anstatt mit Muschelkalk: „Darunter fängt's dann gleich an zu schimmeln." Dass die Straßen im Müll erstickten und die heiligen Kühe an Plastiktüten knabberten.

Es war auch nicht leicht, sich daran zu gewöhnen, dass die kleine Salomée 20 Mal am Tag betastet und über die Wange gestreichelt wurde. Dass die Menschen nicht nur inneren Frieden ausstrahlten, „nicht nur shantih, shantih, shantih", sondern auch „Aggression und unterdrückte Sexualität". Dass Monsunregen das Land überfielen – Güsse, so stark, dass der letzte ihren Computer ertränkte.

Wenn Miriam Strehlau je einen Kulturschock verspürt hat, dann beim Heimaturlaub in Deutschland

Doch dann gab es wieder unerwartete Freundlichkeit. Und natürlich die tägliche Sonne, die sie verlässlich wärmte, während Miriam Strehlau auf dem Weg zum Strand Kokosmilch trank.

Und wenn sie je einen Kulturschock verspürt hat, dann erst beim Heimaturlaub in Deutschland: im Flughafenterminal, auf der Autobahn; in den Hightech-Wüsten des Westens, in denen sich die Menschen verirren.

„Mir fehlt hier nichts", beteuert Miriam Strehlau. „Man kriegt hier alles, sogar Schoko-Croissants." Auch die winterlichen Care-Pakete, die ihr die Eltern Jahr für Jahr in die neue Heimat schicken, gefüllt mit Spekulatius, Lebkuchen und Pumpernickel, können ihr Heimweh nicht dauerhaft entfachen.

„Es ist zwar toll, das zu essen", sagt sie. „Aber ich brauche es nicht."

Jetzt ist sie selbst Teil dieser kosmopolitischen Strandwelt von Goa; dieser Welt aus Guesthouses, Internetcafés und Reisebüros, aus Schmuckläden und „German Bakerys". Selbst den Trance-Techno, den ihr die Partys im Schwarzwald verleidet hatten, hat sie wieder schätzen gelernt. „Früher habe ich gedacht, ich will nach Indien aufs Dorf", sagt sie. „Aber mit einem Kind sieht das anders aus. Und ich genieße es auch, in meiner Heimatsprache sprechen zu können."

Es gebe hier eine „gute Community", sagt sie. Man trifft sich auf Partys, sammelt gemeinsam Müll von den Straßen, und Salomée hat Freunde gefunden, die Deutsch sprechen. Sie besucht eine überkonfessionelle Schule und lernt neben Englisch auch Hindi und das örtliche Konkani – auch wenn sie damit ihre Mutter überfordern würde.

„Sie hat sich sofort allen Umständen angepasst", sagt Miriam Strehlau, „als ob es gar keinen Unterschied gibt. Sie hat sogar die Sprache, den Gang und die Gestik übernommen. Und mir ist wichtig, dass es mir gut geht und ich so die Energie für sie habe."

Sie habe ihren Schritt nie bereut, beteuert sie. „Indien ist ja groß", sagt sie, „man bleibt nicht stecken." Im Mai möchte sie in die Berge. Und dann nach Rajasthan, um traditionelle Stickereien und Spiegelapplikationen zu studieren.

Was hülfe es auch, sich gegen das Universum aufzulehnen, das sie schließlich nach Indien geschickt hat?

„Hier hat sich mein Vertrauen bestätigt", sagt Miriam Strehlau, „dass alles seinen Weg geht." □

Jörg-Uwe Albig, 50, wurde am von Europäern besonders geschätzten Strand von Goa von einem indischen Mädchen angesprochen, er sehe aus wie ein Einheimischer. Auf die Frage, wie es denn darauf komme, antwortete das Kind: „Weil Sie Hemd und Hose tragen." Dreimal ist **Isadora Tast**, 36, nach Indien gereist, um Auswanderer für ihr Projekt „Mother India. Searching for a Place" zu fotografieren.

GEO WISSEN

Gruner + Jahr AG & Co KG, Druck- und Verlagshaus, Am Baumwall 11,20459 Hamburg. Postanschrift der Redaktion: Brieffach 24, 20444 Hamburg
Telefon 040/37 03–0, Telefax 040/37 03 56 48, Telex 21 95 20.
Internet: www.geo.de

HERAUSGEBER
Peter-Matthias Gaede

CHEFREDAKTEUR
Michael Schaper

GESCHÄFTSFÜHRENDE REDAKTEURE
Claus Peter Simon (Text + Konzept); Ruth Eichhorn (Fotografie), Jutta Krüger (Art Direction)

ART DIRECTOR
Andreas Knoche

LAYOUT
Jutta Janßen (freie Mitarbeit)

BILDREDAKTION
Bärbel Edse; Katrin Kaldenberg (freie Mitarbeit)

VERIFIKATION
Jörg Melander

MITARBEITER DIESER AUSGABE
Jörg-Uwe Albig, Katrin Blawat, Ute Eberle, Susanne Frömel, Elisabeth Hussendörfer, Dr. Hania Luczak, Martin Paetsch, Susanne Paulsen, Jochen Paulus, Alexandra Rigos, Dr. Marion Rollin, Katja Trippel, Marlene Weiss, Bertram Weiß, Andreas Wenderoth, Sebastian Witte, Markus Wolff

REDAKTIONSASSISTENZ: Angelika Fuchs

SCHLUSSREDAKTION
Ralf Schulte; Brigitte Gajser

BILDADMINISTRATION UND -TECHNIK
Stefan Bruhn

TECHNISCHER CHEF VOM DIENST: Rainer Droste

HONORARE/SPESEN: Angelika Györffy

VERANTWORTLICH FÜR DEN REDAKTIONELLEN INHALT
Michael Schaper

VERLAGSLEITUNG: Dr. Gerd Brüne, Thomas Lindner

GESAMTANZEIGENLEITUNG: Heiko Hager

VERTRIEBSLEITUNG: Ulrike Klemmer, DPV Deutscher Pressevertrieb

MARKETING: Antje Schlünder (Ltg.), Patricia Korrell

HERSTELLER: Oliver Fehling

ANZEIGENABTEILUNG: Anzeigenverkauf: Sabine Plath, Tel. 040/37 03 38 89, Fax 040/37 03 56 04; Anzeigendisposition: Anja Mordhorst, Tel. 040/37 03 23 38, Fax 040/37 03 58 87.
Es gilt die Anzeigenpreisliste Nr. 6 vom 1. Januar 2010.

Bankverbindung: Deutsche Bank AG Hamburg, Konto 0322800, BLZ 200 700 00.

Heft-Preis: 9,00 € (mit DVD: 15,90 €) · ISBN-Nr. 978-3-570-19941-1 (978-3-570-19984-8)

ISSN-Nr. 0933-9736

Druck: Prinovis Itzehoe GmbH
Printed in Germany

VÄTER

Die nächste Ausgabe von GEO WISSEN erscheint am 10. November 2010

Lange Zeit wurde den Vätern nur eine eher marginale Rolle in der Familie zugebilligt. Mal galten sie als emotionale Außenseiter, mal als überflüssig, reduziert darauf, für das wirtschaftliche Wohlergehen zu sorgen. Und wenn sie dann doch einmal gebraucht wurden, waren sie abwesend.

Die fundamentale Frage, welche Bedeutung Väter für ihre Kinder haben, wie sie deren Leben durch ihr Verhalten beeinflussen, behandelte die Wissenschaft bis vor einigen Jahren nur am Rande.

Inzwischen aber erkennen Forscher, dass eine aktive Vaterschaft tiefe evolutionäre Wurzeln hat. Väter prägen ihre Kinder demnach sehr viel stärker als bislang angenommen – auch deren Gefühlsleben. Kinder, die ohne jede Vaterfigur aufwachsen, kommen oft generell schlechter zurecht im Leben.

Gute Väter können Kinder also stark machen für das ganze Leben. Sind sie jedoch zu dominant, entstehen – gerade in Beziehungen zu Söhnen – häufig Konflikte, die sich bis ins hohe Alter fortsetzen.

Dem viel strapazierten Schlagwort von der „vaterlosen Gesellschaft" setzen Experten heute die „Re-Familiarisierung des Mannes" entgegen: Wurde der Vater im Zuge der Industrialisierung aus den Familien gerissen, so kehrt er nun – am Ende des Industriezeitalters – wieder heim.

GEO WISSEN stellt sie vor, die neuen und nicht ganz so neuen Väter – und befasst sich mit dem Mythos und der Wirklichkeit des Vaterbildes.

Erhältlich im ausgewählten Buch- und Zeitschriftenhandel oder unter www.geo.de

NR. 40

SPRACHE
Wie der Mensch zum Wort kam – und wie es das Denken bestimmt

NR. 41

PUBERTÄT
Jungen und Mädchen auf der Suche nach ihrem neuen Ich